Febru

Sehr geehrter Herr Kopp,

Ihnen gratulieren wir herzlich zu Ihrem erfolgreichen Abschluß des Seminars „Management in Genossenschaftsbanken".

Wir wünschen Ihnen weiterhin viel Erfolg bei der Leitung Ihres Bereiches, vor allem viel Freude hierbei.

Ihre Personalentwicklung

Dieter

Cornelia Wünsch

Coaching als Führungsinstrument

Ulrich Dehner ist Diplom-Psychologe und mit seinem Unternehmen Konstanzer Seminare seit 1987 im Führungskräftetraining und -coaching tätig; er bietet bereits seit mehreren Jahren Fortbildungen zum Thema »Die Führungskraft als Coach« an. Bei Campus erschienen von Ulrich Dehner *Die alltäglichen Spielchen im Büro* und *Als Chef akzeptiert*.

Renate Dehner ist Trainerin für Persönlichkeitsentwicklung und führt im Rahmen der Konstanzer Seminare ebenfalls Seminare und Coachings durch.

Ulrich und Renate Dehner

Coaching als Führungsinstrument

So fördern Sie Mitarbeiter in schwierigen Situationen

Campus Verlag
Frankfurt/New York

Bibliografische Information der Deutschen Bibliothek

Die Deutsche Bibliothek verzeichnet diese Publikation in der Deutschen Nationalbibliografie.
Detaillierte bibliografische Daten sind im Internet über
http://dnb.ddb.de abrufbar.
ISBN 3-593-37305-X

Umschlaggestaltung: Guido Klütsch, Köln
Satz: Publikations Atelier, Dreieich
Druck und Bindung: Druckhaus »Thomas Müntzer«, Bad Langensalza
Gedruckt auf säurefreiem und chlorfrei gebleichtem Papier.
Printed in Germany

Inhalt

Einleitung

Coaching ist die effektivste Form, wie Sie als Führungskraft Ihre Mitarbeiter weiterentwickeln können, denn im Coaching stellen Sie sich gezielt auf den Mitarbeiter und seine spezielle Situation ein.

Wenn Sie sich als Führungskraft so intensiv für die Förderung Ihrer Mitarbeiter einsetzen wollen, sollten Sie jedoch unbedingt langfristig rechnen, denn Sie werden zunächst viel Zeit investieren. Immerhin eröffnet sich Ihnen damit die Chance, dass Ihr Mitarbeiter sich in einem Maß entwickelt, wie Sie beide es nicht für möglich halten. Coaching kostet fraglos Zeit, andererseits ähneln viele Teams ohne diese Förderung einer Schulmannschaft, die mit mehr oder weniger viel Spaß spielt, gelegentlich ein paar hilfreiche Tipps vom Sportlehrer bekommt, aber letzten Endes nie wirklich weiterkommt. Und das, obwohl sie viel mehr leisten könnte, wenn die Spieler von einem Coach individuell auf Wettkämpfe vorbereitet würden.

Wer den Zeiteinsatz scheut, der sollte sich klarmachen: Die Mitarbeiter, die man hat, sind die besten, die man derzeit bekommen kann – und das lohnt doch den Einsatz.

Außerdem ist zu bedenken, dass den mittleren und unteren Ebenen in Konzernen, was Unternehmenserfolg betrifft, eine weitaus größere Bedeutung zukommt, als gemeinhin angenommen wird. Ein Artikel im Wirtschaftsteil der *Zeit* (Nr. 20 vom 8. Mai 2002) zitiert den Wirtschaftspsychologen Oswald Neuberger von der Universität Augsburg: »Vorstände werden in ihrer Wirkung auf Erfolg oder Misserfolg maßlos überschätzt. Es mag damit zusammenhängen, dass Medien und Unternehmen personale Götter erschaffen, um eine unübersichtliche Wirtschaftswelt in den Griff zu bekommen.« Neuberger, so schreibt die *Zeit*, forscht seit Jahren über Führungskräfte und zitiert Studien, »die ergeben haben, dass sich höchstens 15 Prozent der Ergebnisse direkt aus dem Handeln der Spitzenleute ableiten lassen.« 85 Prozent des Unternehmenserfolges hängen also von anderen Faktoren ab! Und dabei spielt die gute Arbeit der mittleren und unteren Ebenen eine entscheidende Rolle. Erfolgreiches Coaching der Mitarbeiter wirkt sich unmittelbar auf den Unternehmenserfolg aus!

In dieser Hinsicht könnten so manche großen Konzerne übrigens durchaus etwas von kleinen und mittelständischen Unternehmen lernen. Einige Mittelständler erzielen weit überdurchschnittliche Ergebnisse. Sie schaffen das, weil die Firmenleiter sich die Entwicklung ihrer Mitarbeiter auf die eigene Fahne geschrieben haben und dabei selbst sehr viel gelernt haben über Motivation, Menschenführung und Wege zum Erfolg. Wenn Manager also glauben, keine Zeit zu haben für ein systematisches Coaching ihrer Mitarbeiter, sollten sie vielleicht zunächst einmal ihr Zeitmanagement einer kritischen Prüfung unterziehen.

Es mag zwar so aussehen, als habe hiermit wieder einmal eine neue Mode die Chefzimmer erreicht: *Die Führungskraft als Coach des Mitarbeiters*. Da mag der eine oder andere im Stillen vielleicht denken: »Wenn ich das schon höre: Die Mitarbeiter coachen! Wenn ich den Hund zum Jagen tragen muss, dann kann ich den Hasen auch selber beißen!« Aber Mitarbeiter zu unterstützen, sie in ihrer Entwicklung zu fördern, gehört doch seit je zu den Grundaufgaben einer Führungskraft! Coaching ist also genau das, was ein guter Chef schon immer tun sollte und worum sich gute Führungskräfte auch schon immer bemüht haben. Gute Führungskräfte wissen sehr wohl, wie sie mit etwas Training ihre Mitarbeiter fördern können.

Aber auch da wird mancher denken: »Training? Aus einem Ackergaul machen Sie kein Rennpferd – da hilft auch alles Training nichts!« Doch darum geht es gar nicht.

Natürlich wird aus einem müden Ackergaul auch mit noch so viel Training kein Rennpferd, aber das beste Rennpferd wird niemals Spitzenleistungen erbringen, wenn man es nicht trainiert! Der Begriff Coaching kommt ja ursprünglich aus dem Sport. Und wie im Sport, so sollte sich auch im Wirtschaftsleben der Coach nicht darauf beschränken, einfach nur Feedback zu geben. Oder glauben Sie, aus Steffi Graf wäre eine so erstklassige Tennisspielerin geworden, wenn ihr Coach ihr immer nur nach dem Spiel ein paar Tipps gegeben hätte, wie sie es das nächste Mal besser machen kann? Nein, ein guter Coach analysiert die Schwachstellen, erarbeitet ein Trainingsprogramm, übt mit dem Mitarbeiter und lässt ihn mit dem neu Gelernten Erfahrungen machen.

Vieles von dem, was in diesem Buch zum Thema gemacht wird, gilt in gleicher Weise für den externen Coach wie für die Führungskraft als Coach der

Mitarbeiter. In allererster Linie sollte ein Coach seinen Klienten oder Mitarbeiter in die Lage versetzen, die Dinge zu tun, die anstehen!

Deshalb beinhaltet ein gutes Coaching immer eine vernünftige Problemanalyse. Es ist sehr wichtig, genau zu untersuchen, welches die Ursachen für die vorhandenen Probleme sind. Der Coach muss also viele, viele Fragen stellen, um das Problem zu verstehen. Das kann so weit gehen, dass er sich im Rollenspiel bestimmte Situationen vorspielen lässt, um sie genau zu verstehen. Wenn der Coach herausgefunden hat, was alles zum Problem beiträgt, kann er schließlich daran gehen, Maßnahmen zu entwickeln, die zu einer positiven Veränderung führen, sodass das Problem gelöst werden kann.

Das bedeutet aber auf gar keinen Fall, dass der Coach nun zum Dauer-Beistandleister werden soll. Der Einwand, man könne einem Mitarbeiter schließlich nicht ewig Händchen halten, wird häufig gemacht, doch ein seriöser Coach wird immer zielorientiert arbeiten. Das gilt auch für die Führungskraft als Coach. Sie wird ein ganz bestimmtes, eng umrissenes Problem mit dem Mitarbeiter bearbeiten, das dieser bisher nicht allein bewältigen konnte. Es sollte allen klar sein: Ist das Problem gelöst, ist das Coaching zu Ende.

So, wie ein Fußballtrainer das Ziel hat, aus dem einen Spieler einen guten Stürmer zu machen, aus einem anderen einen guten Verteidiger oder einen guten Torwart, und nicht einfach nur Fußballspielen trainieren will, hat die Führungskraft als Coach das Ziel, bestimmte Fähigkeiten oder Fertigkeiten ihres Mitarbeiters zu entwickeln, die jener braucht, um seine Aufgabe so gut wie irgend möglich zu erledigen. Diese Zielorientierung ist wichtig, damit es eben nicht zu Endlos-Coachings kommt.

Coaching soll den Mitarbeiter ja gerade befähigen, selbstständiger zu arbeiten. Es kommt immer wieder mal vor, dass ein Mitarbeiter mit einer für ihn sehr schwierigen neuen Aufgabe konfrontiert wird, die ihn zunächst überfordert. Dann kann Coaching sehr sinnvoll sein, um über diese Hürde hinwegzuhelfen. Die nächste Hürde sollte er anschließend wieder selbst nehmen können. Ein Coaching bis ins Rentenalter halten wir keineswegs für ein gutes Coaching.

Nun gibt es natürlich auch Leute, die unter Coaching verstehen, eine Führungskraft dauerhaft zu begleiten und ständig als Reflexionspartner zur Verfügung zu stehen. Das kann auch sehr hilfreich sein, vor allem für Manager in Spitzenpositionen, wo ja, wie alle wissen, die Luft sehr dünn ist und viele Menschen sehr allein sind und niemanden zum Reflektieren haben – schon gar nicht jemanden, der ihnen auch einmal Widerpart bietet, Kritikpunkte offen ausspricht, sie herausfordert. In unseren Augen ist Coaching jedoch mehr als reine Reflexion.

Unserem Verständnis nach umfasst Coaching im wesentlichen fünf Schritte:

- Der erste Schritt ist die *Auftragsklärung*. Es mag zwar zunächst nicht so scheinen, aber dieser Schritt ist für ein erfolgreiches Coaching äußerst wichtig. Nur wenn der Auftrag, im Fall der Führungskraft als Coach nennen wir es das Ziel, das erreicht werden soll, sauber und klar herausgearbeitet ist, weiß man als Coach, worauf man hinarbeiten muss. Oft kommt man im Coaching allein deshalb nicht weiter, weil nicht klar ist, was eigentlich das Ziel ist.
- Der zweite Schritt besteht darin, den Kontakt zum Klienten aufzunehmen und einen guten *Rapport*, das heißt, eine gute Verbindung zu ihm herzustellen. Ein guter Rapport ist dann erreicht, wenn beide das Gefühl haben, erfolgreich miteinander arbeiten zu können. Beim Coaching von Mitarbeitern hieße das, das nötige Vertrauensverhältnis aufzubauen, sodass der Mitarbeiter nicht etwa befürchten muss, seine vertraulichen Äußerungen in seiner Personalakte wiederzufinden.
- Im dritten Schritt erfolgt die *Problemanalyse*. Die Problemanalyse wird sehr häufig unterschätzt, weil viele Menschen viel zu schnell glauben, das Problem verstanden zu haben. Sie stellen drei, vier Fragen und fangen danach sofort an, wie wild zu intervenieren. Wenn das klappt, ist es bestenfalls ein Zufallstreffer; meistens braucht es aber sehr viele und tiefgehende Fragen, um die Konstruktion des Problems wirklich zu verstehen. Erst, wenn ich ganz genau weiß, wie es dazu kommt, dass ganz genau dieses Problem überhaupt entstanden ist, kann ich sinnvoll intervenieren. Ansonsten handelt es sich eher um den Typ »Zufallsreparatur«, so wie man sie in Studententagen ausgeführt hat, wenn der uralte Fernseher mal wieder Mucken gemacht hat: Man hat ganz fest mit der Faust draufgehauen, dann ging es wieder für eine Weile. Ein ordentlicher Mechaniker jedoch hätte erst einmal ganz genau überprüft, woran es liegt, dass der Fernseher nicht funktioniert – und dann wäre er imstande gewesen, die Fehler dauerhaft zu beseitigen.
- Im vierten Schritt geht es darum, *Interventionen* zu entwickeln. Es gibt sehr vielfältige Möglichkeiten für sinnvolle und hilfreiche Interventionen: Verhaltenstraining kann eine sinnvolle Maßnahme sein. So kann jemand

zum Beispiel mit Hilfe von Rollenspiel und Video lernen, wie er eine bestimmte schwierige Situation bewältigen kann. Manchmal besteht eine Intervention ganz einfach nur darin, dem Mitarbeiter oder Klienten bestimmte Arbeitstechniken beizubringen. Erstaunlicherweise sind es sehr häufig Planungstechniken, die vielen Menschen fehlen. Gelegentlich hilft es, Organisationsstrukturen zu verändern, um ein Problem zu lösen. Oder auch den Bezugsrahmen, in dem eine Person sich sieht und bewertet. Je nach Problem kann eine Intervention auch darin bestehen, die Ängste vor bestimmten Situationen durch gezieltes Training abzubauen. Interventionsmöglichkeiten gibt es viele, es würde den Rahmen sprengen, sie alle hier aufzuzählen.

- Im fünften Schritt findet ein *Maßnahmencontrolling* statt. Gemeinsam überprüfen Coach und Mitarbeiter, wie die Umsetzung geglückt ist und ob die bisherigen Maßnahmen ausgereicht haben. Falls die Umsetzung nicht zufrieden stellend verlaufen ist, analysiert man gemeinsam die Ursachen und untersucht, ob die Problemdefinition denn die richtige war.

Unserer Einschätzung nach sind diese fünf Phasen, mehr oder weniger ausgeprägt, Bestandteil eines jeden guten Coachings. Ein professioneller externer Coach hat natürlich andere Möglichkeiten der Intervention als eine Führungskraft, weil er ein ganz anderes Vertrauensverhältnis aufbauen kann. Aber wenn ein paar Voraussetzungen erfüllt sind, dann funktioniert auch das Coaching zwischen Führungskraft und Mitarbeiter.

Zu diesen Voraussetzungen gehört, dass ein Vorgesetzter, der seine Mitarbeiter coachen will, über eine entsprechende Vor- oder Fortbildung verfügt. Er sollte etwas von der Sache verstehen und Coaching-Kompetenz besitzen.

Denn ohne fundierte Kenntnisse wird ein »selbst gestricktes« Coaching wahrscheinlich eher Schaden als Nutzen anrichten. Gerade ein fachlich guter Chef läuft zum Beispiel schnell Gefahr, die eigenen, bewährten Rezepte einem Mitarbeiter einfach überzustülpen, egal ob sie passen oder nicht. Oder er entwickelt viel zu schnell Maßnahmen, ohne das Problem ausreichend analysiert zu haben. Diese Maßnahmen lösen dann natürlich das Problem des Mitarbeiters nicht, was wiederum dazu führt, dass der Vorgesetzte an der Kompetenz seines Mitarbeiters zweifelt – an den Maßnahmen kann es ja nicht liegen, die haben ihm ja auch immer geholfen. So entsteht ein negativer Kreislauf, der für niemanden förderlich ist. Denn eine Maßnahme kann noch so brillant sein, wenn sie nicht zum Problem passt, taugt sie nichts!

Welche Qualitäten braucht ein Chef, wenn er Mitarbeiter coachen will?

Ein guter Coach sollte auf jeden Fall in der Lage sein, sich in andere Menschen hineinzufühlen, und er sollte imstande sein, schnell eine Vertrauensbasis herzustellen. Er sollte gut zuhören können. Das sind keineswegs Eigenschaften, über die man quasi von Geburt aus verfügen muss – man kann sie lernen und auch trainieren.

Außerdem braucht ein guter Coach ein Instrumentarium, um tragfähige Problemanalysen machen zu können. Und er sollte natürlich über genügend Selbsterfahrung und auch Selbstkritik verfügen, damit er erkennen kann, wann in der Auseinandersetzung mit seinem Mitarbeiter seine eigenen Probleme zum Vorschein kommen. Ein guter Coach verfügt über sehr viel Selbstreflexion und kennt seine eigenen Grenzen.

Und wie ein Arzt, der auf den ersten Blick die Symptome einer Grippe erkennen können muss, sollte er Problemmuster parat haben, um nicht jedes Mal wieder ganz von vorn anfangen zu müssen, sondern gleich die richtigen Fragen stellen zu können. Außerdem sollte er einen ganzen Handwerkskasten an Interventionsmöglichkeiten besitzen. Und ein Coach, auch ein Chef als Coach, braucht die nötige professionelle Distanz.

Ein Coach muss sich zwar weitgehend auf den Klienten einstellen, um eine gute Beziehung zu ihm herzustellen, aber er braucht trotzdem genügend Distanz, um den Überblick nicht zu verlieren. Er darf sich auch nicht von den Geschichten, die sein Klient ihm erzählt, einwickeln lassen, sondern muss immer nach den Mustern suchen, die in den Geschichten stecken, sonst findet er genauso wenig wie sein Klient den Ausweg aus der Geschichte.

Ein Coach muss ein gutes Verständnis der inneren, psychologischen Dynamik seines Klienten haben, um zu erkennen, wie sie zum Problem beiträgt, wie sie aber auch zur Lösung beitragen kann. Doch auch von der Dynamik, die in einem Team herrscht, sollte er etwas verstehen, von den psychologischen Spielen, die in einem Team gespielt werden.

Obwohl diese Aufzählung noch nicht einmal vollständig war, lässt sich schon erkennen, dass ein guter Coach eine ganze Menge können muss. Das Wichtigste davon wollen wir Ihnen in diesem Buch vermitteln.

Führungskräfte sind häufig mit einer Fülle von komplexen Problemen konfrontiert. Wenn die Zahl der Probleme oder ihr Komplexitätsgrad zuviel werden, so führt das zu einem Phänomen, welches der Psychologe Dietrich Dörner in seinem Buch *Die Logik des Misslingens* beschreibt: Menschen, die Probleme in komplexen Situationen lösen müssen, begehen häufig den Fehler, sich nicht mehr um die wirklich dringenden Probleme zu kümmern, sondern nur noch um jene, von denen sie am meisten verstehen, sodass die dringendsten Probleme unter Umständen einfach liegen bleiben! Der beste Spieler eines Teams versteht am besten den Umgang mit den Problemen des Spiels – deswegen lösen so viele Führungskräfte am liebsten die Probleme ihrer Mitarbeiter und nicht diejenigen, die eigentlich anstehen.

Dem Coach einer wirklich guten Mannschaft stellt sich diese Schwierigkeit jedoch nicht, weil er auf keinen Fall besser spielt als seine Leute, sondern eher schlechter. Seine Stärken liegen eben auf einem ganz anderen Gebiet. Sein Wissen ist nicht nur Spielerwissen, sondern vor allen Dingen Wissen darüber, wie er aus jedem seiner Spieler das Beste machen kann. Dazu muss man wissen, wie man jemanden mit guten Anlagen am besten fördert, wie man ihn über schwierige Hürden bringt, wie man ihn motiviert und seine Leistungsfähigkeit erhöht. Das zu können erfordert, wie gesagt, einiges an psychologischem Wissen. Es erfordert auch die Fähigkeit, ein Feedback so zu geben, dass der andere es annehmen kann, und viel Einfühlungsvermögen.

Mit diesem Buch wollen wir einen Einblick geben in die psychologischen Theorien, die ein Coach zum Verständnis der menschlichen Verhaltensweisen braucht. Wir werden auch vermitteln, worauf es bei einem guten Feedback ankommt. Einfühlungsvermögen jedoch kann man nicht aus einem Buch lernen, es entsteht durch den Wunsch, andere Menschen zu verstehen, durch Nachdenken und Übung!

Der Chef als Coach – Chancen und Grenzen

Das Ziel jedes Coachings sollte es sein, den Mitarbeiter zu selbstständigem Handeln zu befähigen. Daher die wichtigste Maxime gleich zu Beginn: Der Coach darf nicht auf das Spielfeld! Auch wenn der Coach die Führungskraft ist, muss er seinen Mitarbeiter das Spiel, also seine Aufgabe, allein machen lassen. Die Arbeit eines Coachs besteht darin, die Schwächen des Mitarbeiters zu analysieren und ein geeignetes Training zu entwickeln, um den Mitarbeiter gezielt zu fördern. Die Führungskraft als Coach lernt, eine passiv anmutende Rolle einzunehmen, nämlich Fragen zu stellen statt Anweisungen zu geben. Wer seine Mitarbeiter lediglich als Funktionsträger betrachtet, wird als Coach nicht viel Erfolg haben. Denn Vertrauen entwickelt sich nur auf der Grundlage gegenseitiger Achtung. Vertrauen braucht überdies Information, deshalb ist es wichtig, dem Mitarbeiter deutlich zu machen, was er von einem Coaching zu erwarten hat. Fördern und Entwickeln braucht mehr soziales Fingerspitzengefühl als Anordnen. Die wichtigsten sozialen Kompetenzen, über die eine Führungskraft verfügen sollte, um das Vertrauen des Mitarbeiters zu erringen, sind

- die Fähigkeit, gutes Feedback geben zu können,
- Diskretion,
- Einfühlungsvermögen,
- die Zurückhaltung, dem Mitarbeiter im Gespräch den nötigen Raum zu lassen,
- aktives Zuhören
- die Einsicht, die Stärken des Mitarbeiters ausreichend zu würdigen.

Wer im Grunde nichts von einem Mitarbeiter hält, kann ihn auch nicht coachen. Denn das führt auf dem Weg der Self-fulfilling-Prophecy nur zu einem Misserfolg. Gerade Coaching-Anfänger neigen dazu, die Wirksamkeit des eigenen Tuns zu verkennen. Aus Angst, das Coaching könnte doch nicht zum gewünschten Erfolg führen, verunsichern sie den Mitarbeiter – und das hemmt den Coaching-Prozess.

Vor dem Coaching sollte bedacht werden, was das Coaching für den Mitarbeiter bedeuten kann. Wird Coaching als Nachhilfe betrachtet? Oder haben Mitarbeiter, die noch nicht gecoacht werden, Angst, zu kurz zu kommen? Ist etwa ein Personalabbau geplant? Dann wäre es ratsam, auf ein Coaching von Mitarbeitern zunächst zu verzichten. Sowohl für die Führungskraft als auch für die Mitarbeiter wären die damit verbundenen Unsicherheiten zu groß. Coaching verfolgt ja das Ziel, ein beim Mitarbeiter vorhandenes *Entwicklungspotenzial* zu aktivieren. Ein Coaching, das darauf abzielt, jemanden zur Führungskraft zu machen, der gar keine sein will, ist jedoch ebenso fruchtlos, wie einen Mitarbeiter durch Coaching auf eine Kompetenzstufe zu bringen, für die in der Firma gar keine Jobs vorhanden sind.

Wenn es im Coaching-Prozess klemmt, weil die Führungskraft mit Eigenschaften des Mitarbeiters nicht klar kommt oder sich gar über ihn ärgert, könnten *Projektionen* die Ursache sein. Eine Projektion liegt dann vor, wenn man ein Verhalten bei einem anderen ablehnt, das man bei sich selbst nicht wahrhaben will. Eine Führungskraft mit den gleichen Schwierigkeiten wie der Mitarbeiter hat beim Coaching nicht viel Aussicht auf Erfolg. Denn wenn er Lösungswege hätte, wäre das Problem für ihn keines mehr. Es ist kein Kunstfehler, sich und dem anderen einzugestehen, dass es mit der Zusammenarbeit nicht so klappt, wie man sich das wünscht, und deshalb ein Coaching zu beenden. Manchmal findet man zu jemandem einfach nicht den richtigen Zugang. Ein Kunstfehler wäre es jedoch, das dem anderen anzulasten. Coaching ist weder Therapie, noch kann es eine Therapie ersetzen. Das Ziel von Coaching ist berufliche Weiterentwicklung. Wenn Probleme, die Krankheitswert besitzen, die Ursache beruflicher Schwierigkeiten sind, muss ein professioneller Therapeut in Anspruch genommen werden.

Coaching ist also dann sinnvoll, wenn Mitarbeiter das Potenzial zur Weiterentwicklung besitzen und eine neue oder anspruchsvollere Aufgabe übernehmen wollen und sollen. Auch die Ursachen regelmäßig auftretender Fehler können durch ein Coaching erkannt und behoben werden. Und nicht zuletzt ist Coaching immer dann hilfreich, wenn es um Fragen des Sozialverhaltens geht. Wenn eine Führungskraft ein Coaching plant, sollte sie sich über den damit verbundenen Zeitaufwand im Klaren sein, denn besonders der Einstieg mit Problemanalyse und Zielfindung lässt sich nicht in Minuten abwickeln. Ein Coaching ist etwas Anderes als die üblichen Alltagssituationen, deshalb sollte es sich auch davon abheben. Es liegt in der Verantwortung der Führungskraft, dafür zu sorgen. Dazu gehört unter anderem, dass Termine vereinbart und eingehalten werden und dass Coaching-Sitzungen störungsfrei ablaufen.

Was ändert sich, wenn der Chef zum Coach wird?

Wenn eine Führungskraft den Entschluss fasst, einen oder mehrere Mitarbeiter mittels Coaching gezielt zu fördern, bringt das auf vielen Ebenen Veränderungen mit sich. Auf der Verhaltensebene wird sich einiges ändern, auf der Beziehungsebene ebenso. Eine der wesentlichsten Änderungen muss jedoch im Selbstverständnis der Führungskraft stattfinden.

Der Coach ist Coach und kein Spieler

Ein Chef, der coacht, muss sich die Maxime aus dem Sportbereich zu eigen machen, die lautet: Der Coach darf nicht auf das Spielfeld!

Das heißt, auch wenn die Dinge nicht gleich so laufen, wie sie sollen, darf der Chef nicht in gewohnter Machermanier das Ruder sofort wieder in die Hand nehmen, um die Angelegenheit zu regeln. Für die Führungskraft als Coach heißt das, den Mitarbeiter mehr durch Fragen zu fördern als ihm durch direkte Handlungsanweisungen einen Weg vorzugeben. Man kennt das ja vielleicht aus dem Fußballstadion oder aus dem Fernsehen: Das Spiel steht für die eigene Mannschaft nicht zum Besten, und der Trainer steht voller Wut und Verzweiflung neben dem Spielfeld, versucht gar durch den Einsatz von Mimik, Gestik und Körpersprache zu zeigen, worauf es denn nun ankommt oder er schreit seinen Spielern Kommentare zu – aber mitspielen darf er nicht!

Als guter Coach macht man die Arbeit vor dem Spiel. Das bedeutet in diesem Fall, die Schwächen eines Spielers herauszuarbeiten, sie zu besprechen und ein Training zu entwickeln, das dem Spieler hilft, sie zu überwinden. Das gilt nicht nur für den Sport, das ist auch im beruflichen Kontext so. In dieser Hinsicht unterscheidet sich ein Mitarbeiter-Coaching eben von der »normalen Führungsarbeit«, wo die Führungskraft so etwas wie der Teamkapitän und als solcher immer im Spiel ist; der notfalls auch allein nach vorn geht, um das Tor zu schießen.

Die Tagesarbeit einer Führungskraft besteht üblicherweise darin, mit den Mitarbeitern Feedbackgespräche oder Zielvereinbarungsgespräche zu führen, Aufgaben zu delegieren, Zielvorgaben zu machen. Außerdem sehen sich viele Führungskräfte immer noch als Problemlöser für ihre Mannschaft, weil sie den Anspruch an sich selbst haben, der beste Spieler im Team zu sein. Oft genug werden ja auch die besten Spieler zu Führungskräften gemacht. Dann ist Mitspielen vielleicht das, was ihnen am meisten Spaß macht und wovon sie am meisten verstehen. Im Führungsalltag löst das allerdings manchmal Schwierigkeiten aus. Denn wenn der Chef auch noch den Job seiner Mitarbeiter übernimmt, führt das entweder zu hoffnungsloser Überlastung oder dazu, dass er aus Zeitmangel seine Führungsaufgaben vernachlässigt.

Was die im Coaching gebotene Zurückhaltung betrifft, da hat es der Sportcoach leichter als der coachende Chef: Das strenge Reglement im Sport verbietet ja ohnehin, dass der Coach während des Spiels eingreift. An Führungskräfte wird jedoch gemeinhin die Erwartung gestellt, dass sie die Dinge in die Hand nehmen, mit gutem Beispiel vorangehen, Schwierigkeiten bereinigen. Da ist es für manchen gar nicht leicht, nun plötzlich geduldig zuzusehen, wie die Mitarbeiter das Spiel bewältigen – und was noch schlimmer ist: Manchmal akzeptiert das auch die Firmenspitze nicht.

Der Geschäftsführer des Tochterunternehmens eines großen Konzerns hat diese Erfahrung machen müssen. Er hatte mühsam ein »richtiges« Management aufgebaut, das heißt, seinen leitenden Angestellten beigebracht, nicht die Lösung eines jeden Problems von ihm zu erwarten. Besonders jedoch hatte er seine Verkaufsabteilung geschult, indem er seine Vertriebsmitarbeiter darin trainierte, ihre Verkaufsprobleme mit möglichst hoher Eigenverantwortung vor Ort selbst zu klären. Er wurde mit der Begründung entlassen, man wolle einen Manager, der nahe dran sei an den Kunden und möglichst oft selbst zu den Kunden fahre!

Mitarbeiter fördern heißt Zeit investieren

Will man als Führungskraft die Mitarbeiter dahin bringen, ihre Arbeit so selbstständig und eigenverantwortlich wie möglich zu machen, ist dieser Weg kurzfristig wahrscheinlich schwieriger und erfordert mehr Zeit, als aktuelle

Probleme eben mal schnell selbst zu regeln. Auf längere Sicht gesehen ist dieser Einsatz von Zeit und Mühe trotzdem sinnvoll: Auch eine noch so belastbare Führungskraft kann nicht andauernd auf mehreren Plätzen gleichzeitig spielen.

Letzten Endes führt es zu einem Teufelskreis, wenn man sich diese Zeit nicht nimmt: Wer die Förderung und Weiterentwicklung der Mitarbeiter vernachlässigt, gerät täglich in eine Vielzahl von Situationen, in denen er selbst eingreifen muss; er wird also auch weiterhin viel zu überfordert sein, um sich auch noch um das Coaching kümmern zu können, was wiederum bedeutet, dass er auch weiterhin vieles selbst erledigen muss und so weiter. Es erinnert an die Geschichte vom Mann mit der Säge, die der amerikanische Erfolgsautor Steven Covey in einem seiner Bücher erzählt:

Ein Spaziergänger trifft im Wald auf einen Arbeiter, der Holz zersägt. Er schaut dem Waldarbeiter eine Weile zu und spricht ihn dann an: »Es ist enorm, wie viel Arbeitseinsatz und Motivation Sie aufbringen! Aber würde das alles mit einer scharfen Säge nicht noch besser gehen?« Woraufhin ihm der Waldarbeiter zur Antwort gibt: »Leider habe ich zum Schärfen der Säge gar keine Zeit. Sie sehen ja selbst, wie viel Holz ich noch zu sägen habe!«

Die quasi »passive« Rolle, die eine Führungskraft im Coaching einnehmen muss, weil sie die anstehenden Probleme weder mit Handlungsanweisungen noch selbst lösen darf, hat jedoch nichts mit Untätigkeit zu tun. Die Aktivität verlagert sich nur in Richtung Analyse. Ein Chef als Coach muss lernen, die richtigen Fragen zu stellen, nämlich solche, die den Mitarbeiter weiter bringen. Und er muss lernen, dem Problem des Mitarbeiters so lange auf den Grund zu gehen, bis beiden klar ist, was das eigentliche Problem ist.

Um das zu können, muss er vielleicht einige neue Techniken lernen. Er muss genau überlegen, wie er diesen Mitarbeiter in dieser Situation weiterbringen kann – dazu reicht es natürlich nicht, den Mitarbeiter anzuweisen, das Problem jetzt endlich auf die Reihe zu bringen. Das ist zwar verführerisch, vor allem, wenn man selbst überhaupt kein Problem hätte, mit der Situation umzugehen. Nur bringt es eben leider nichts …

Dem Mitarbeiter fehlen offenbar genau die Kenntnisse, Verhaltensstrategien oder der Mut, den es bräuchte, um die Schwierigkeit zu bewältigen. Der Coaching-Prozess dient genau dazu, ihm das, was ihm fehlt, zu vermitteln. In diesem Prozess wird der Chef den Mitarbeiter viel intensiver kennen lernen, als das in der alltäglichen Arbeit möglich war. Und bei aller Förderung des Mitarbeiters ist es auch wichtig zu lernen, den Mitarbeiter entsprechend zu fordern, zum Beispiel da, wo der Mitarbeiter sich selbst eine Aufgabe oder ein Projekt noch gar nicht zutraut, man als Chef aber erkennt, dass es sehr wohl so weit ist. Das erfordert manchmal eine gewisse wohlwollende Härte.

Um jemanden optimal zu fördern, ist es wichtig, den richtigen Zeitpunkt zu finden, an dem man ihm ein größeres Projekt anvertrauen kann. Man darf es nicht zu früh tun, sonst verheizt man womöglich jemanden, der sich noch besser hätte entwickeln können. Man darf aber auch nicht zu lange damit warten, denn das birgt die Gefahr, den Mitarbeiter zu entmutigen. Zu langes Warten enthält die implizite Botschaft: »Ich traue dir das noch nicht zu!« Es kommt also darauf an zu erkennen, wann ein Projekt für einen Mitarbeiter zwar eine große Herausforderung, aber durchaus machbar ist.

Zusammenfassend könnte man also sagen, eine der Änderungen, die durch das Coaching von Mitarbeitern hervorgerufen werden, ist der Umgang mit dem Zeiteinsatz: Die Führungskraft wendet ihre Zeit nicht mehr auf, um überall, wo es brennt, selbst einzugreifen, sondern investiert kurzfristig möglicherweise mehr Zeit, um in Zukunft Mitarbeiter zu haben, die Probleme eigenverantwortlich lösen.

Mit Coaching werden Beurteilungsgespräche intensiver

Wenn man zu der Auffassung gekommen ist, dass ein Coaching der Mitarbeiter eine sinnvolle Maßnahme wäre, das Konzept »Coaching als Führungsinstrument« aber noch nicht im gesamten Unternehmen oder zumindest in einem ganzen Bereich bereits eingeführt ist, gibt es möglicherweise Akzeptanzschwierigkeiten. Ein Möglichkeit, damit umzugehen, könnte sein, einfach nicht viel Aufhebens davon zu machen und das Coaching als Bestandteil der normalen Führungsarbeit anzusehen. Man muss ja nicht alles an die große Glocke hängen ...

Ist beispielsweise in Ihrer Firma schon ein gutes Beurteilungssystem eingeführt, das auch Zielvereinbarungsgespräche beinhaltet, so kann man ein Beurteilungsgespräch, bei dem der Zielerreichungsgrad des letzten Jahres Thema ist, nutzen, um miteinander zu klären, wo die Schwächen des Mitarbeiters liegen, und miteinander Maßnahmen entwickeln, die den Mitarbeiter weiter bringen. Auf diese Art und Weise ist dem Mitarbeiter der Kontext der Hilfestellung, die ihm gegeben werden soll, ohne weiteres klar. Er braucht sich nicht zu verbiegen, um sich vor einem vermeintlichen Angriff zu schützen. Er weiß, dass es auch im Interesse seines Vorgesetzten liegt, dass er sich weiterentwickelt.

Auf diese elegante Weise kann man, ohne den Begriff »Coaching« zu verwenden, vorhandene Führungsinstrumente wie Beurteilungsgespräche oder Zielvereinbarungsgespräche um die Coaching-Komponente erweitern, ohne dem Mitarbeiter »einen Schrecken einzujagen«.

Der Einstieg in ein solches Coaching-Gespräch könnte vielleicht so aussehen:

»Herr Müller, wir haben jetzt schon zum zweiten Mal im Beurteilungsgespräch festgestellt, dass Ihre Selbstorganisation und damit Ihre Zuverlässigkeit noch nicht ganz den Erwartungen entspricht. Was ist Ihre Idee, wie Sie da weiterkommen könnten, und wie kann ich Sie dabei unterstützen?«

Entweder antwortet Herr Müller nun: »Ich weiß auch nicht so recht, wie ich da weiterkommen soll. Es ist immer wieder schwierig.« Oder er kommt mit den üblichen Vorschlägen, die der Chef schon kennt und die Herr Müller schon damals nicht umgesetzt hat. In diesem Fall sollte der Vorgesetzte ihn durchaus daran erinnern, dass daraus schon einmal nichts geworden ist. Aber er lässt den Mitarbeiter jetzt nicht mit diesem traurigen Stand der Dinge sitzen, sondern fragt ihn: »Würden Sie es vielleicht als Hilfe betrachten, wenn wir gemeinsam einmal stärker daran arbeiten?«

Auf die zu erwartende Frage, wie der Chef sich das denn vorstelle, kann jener antworten: »Aus meiner Sicht ist zum Beispiel ein wesentliches Problem, dass Sie Ihre Prioritäten nicht optimal setzen. Was halten Sie davon, wenn wir über einen gewissen Zeitraum hin täglich morgens die Prioritäten miteinander besprechen und ich Sie dabei berate? Wenn das dann gut funktioniert, können wir dazu übergehen, es nur noch einmal wöchentlich zu machen. So lange, bis wir beide uns sicher fühlen, dass Sie die Prioritäten bei der Arbeit richtig setzen?«

Und das soll realistisch sein? Welcher Vorgesetzte macht denn so etwas?

Leider die wenigsten, weil die wenigsten Vorgesetzten sich als Coach ihrer Mitarbeiter verstehen. Es ist auch zugegebenermaßen ein hoher Zeiteinsatz, der da für einen Mitarbeiter aufgebracht werden soll. Doch dieser hohe Einsatz wird sich nach einigen Wochen deutlich auszahlen – sowohl für den Vorgesetzten, der sich jetzt auf die Zuverlässigkeit seines Mitarbeiters verlassen kann, als auch für den Mitarbeiter, der gelernt hat, seine Arbeit zu strukturieren.

Und der darüber hinaus die Erfahrung gemacht hat, dass sein Chef willens ist, ihm Unterstützung zukommen zu lassen. Wenn die Kommunikation mit dem Mitarbeiter für diesen hilfreich ist, und er erste Erfolgserlebnisse erzielt, wird sein Vertrauen in derartige Gespräche mit der Führungskraft steigen.

Und es wird immer leichter werden, sowohl mit diesem als auch mit anderen Mitarbeitern Coaching-Prozesse in Gang zu bringen. Denn dieses Vertrauen braucht es, damit das Coaching ein Erfolg werden kann.

Vertrauen ist die Grundlage für jedes Coaching

Ein weiterer Punkt, der sich durch das Coaching ändert, ist folgender: Die Führungskraft kann nicht mehr einfach nur sachorientiert mit dem Mitarbeiter umgehen, denn um ein Coaching wirkungsvoll zu gestalten, muss sich ein Vertrauensverhältnis zwischen beiden entwickeln.

Der Mitarbeiter muss zu der Überzeugung gelangen, dass das, was die Führungskraft ihm sagt, ihn auch tatsächlich beruflich weiterbringt. Er muss sich öffnen, um über seine Schwierigkeiten mit dieser speziellen beruflichen Situation sprechen zu können.

Dieses Vertrauensverhältnis kann nur hergestellt werden, wenn Sie als Führungskraft Menschen mögen, an Menschen interessiert sind.

Das trifft keineswegs automatisch auf alle Führungskräfte zu. Viele Führungskräfte, besonders deutsche, wie interkulturelle Studien gezeigt haben, agieren vor allem ziel- und sachorientiert. Sie betrachten Menschen eher als Material, das zu funktionieren hat wie eine Maschine, deren »Innenleben« sie nicht interessiert. Mit dieser Haltung kann ein Coaching schwerlich ein Erfolg werden, davon lässt man dann besser die Finger!

Wenn Sie bereit sind, mit einem Mitarbeiter ein Coaching zu beginnen, und das dem Mitarbeiter gegenüber auch so benennen wollen, so ist es ganz wichtig, dass Sie genau erklären, was unter Coaching zu verstehen ist. Der Mitarbeiter sollte weder befürchten müssen, dass das eine Art Nachhilfe wegen ungenügender Leistungen ist, noch eine psychotherapeutische Maßnahme, in der von ihm womöglich ein »Seelenstriptease« erwartet wird. Ihm sollte ganz deutlich werden, dass es sich um eine zeitlich begrenzte Beratung und Begleitung handelt, die ein klares, vorher gemeinsam vereinbartes Ziel hat, die ihn beruflich weiterbringen und ihm gegebenenfalls über bestimmte berufliche Schwierigkeiten hinweghelfen soll.

Man kann dem Mitarbeiter erklären, dass man sich mit ihm gemeinsam sein Rollenverständnis als Sachbearbeiter, Projektleiter, Verkäufer, was auch immer, ansehen will, gemeinsam mit ihm überprüfen wird, was er für seine Aufgaben hält, klären wird, was sein Verständnis seiner Tätigkeit ist; alles mit dem Ziel, zu einer noch erfolgreicheren Arbeit zu kommen. Man sollte dem Mitarbeiter aber auch vermitteln, dass, anders vielleicht als beim üblichen Führungsverhalten, diesmal der Chef die Dinge nicht einfach vorgeben wird. Erklären Sie Ihrem Mitarbeiter, dass Sie Ihre Rolle hauptsächlich darin sehen, Dinge zu hinterfragen, Feedback zu geben, das, was Sie beobachten, widerzuspiegeln und mit dem Mitarbeiter gemeinsam Lernschritte zu entwickeln, Lernschritte, die dem Ziel dienen, die vorhandenen Stärken weiter auszubauen und an den Schwächen zu arbeiten.

Ist das Coaching als Führungsinstrument in der Firma bereits verankert oder soll es ab jetzt eingeführt werden, dann sollte man dem Mitarbeiter, den man als ersten coachen möchte, auch klar machen, dass man zwar jetzt mit ihm diesen Prozess beginnt, dies aber mit weiteren Mitarbeitern fortgesetzt werden soll, dass es sich also um eine allgemeine Maßnahme zur Personalentwicklung handelt. So können etwaige Ängste der Art: »Bin ich womöglich der Einzige, der so etwas nötig hat?« beschwichtigt werden.

Soziale Kompetenzen helfen, das nötige Vertrauensverhältnis aufzubauen

Die Anforderungen an die sozialen Kompetenzen einer Führungskraft, die andere coachen will, sind noch höher, als wenn es »nur« um Mitarbeiterführung geht. Es muss zum Beispiel sehr viel mehr Feedback gegeben werden als im normalen Führungsalltag. Da der Chef als Coach zum Spiegel für den Mitarbeiter wird, kommt der Fähigkeit, gutes Feedback geben zu können, ein starkes Gewicht zu. Gut ist ein Feedback dann, wenn es dem anderen etwas erkennbar macht ohne zu werten, eben ganz wie ein Spiegel. Es ist ja keineswegs der unschuldige Spiegel, der sagt: »Du bist in letzter Zeit ein ganz klein wenig rundlich geworden!«, sondern der Mensch, der sich mit kritischem Blick betrachtet, kommt seufzend selbst zu der Erkenntnis: »Ich bin zu dick!« Der Spiegel wertet nicht – er zeigt nur auf.

Allerdings kann es durchaus Situationen geben, in denen auch ein wertendes Feedback sehr hilfreich sein kann – entscheidend ist die Haltung, die dahintersteht. Wenn jemand eine grundsätzlich aufbauende Haltung hat, so wird sich das vermitteln, dann kann auch ein negativ bewertendes Feedback einmal nützlich für den anderen sein. Aus einer abwertenden Haltung heraus jedoch ist solch ein Feedback meist nur destruktiv.

Als ich zum ersten Mal mit einer Wiener Trainerin ein Präsentationstraining gemacht habe, bei dem es darum ging, meine Firma zu präsentieren, meinte die Trainerin in ihrem charmanten Wienerisch: »Geh, des musst net so fad machen – fade Leut gibts genug auf der Welt!« Das war zwar wertend, kam aber trotzdem sehr aufbauend bei mir an, nämlich im Sinne von: »Das kannst du doch sehr viel besser, und ich weiß das auch!«

Wenn letztlich die innere Haltung zwar das Entscheidende für ein Feedback ist, so gehört zum konstruktiven Feedback jedoch auch die Fähigkeit, sich treffend ausdrücken zu können. Nur wer personen- und situationsbezogen angemessen formulieren kann, wird von seinem Gegenüber richtig verstanden werden. Sich klar auszudrücken ist eine Kunst, die ein Leben lang weiter vervollkommnet und in jeder Situation geübt werden kann, nicht nur im Coaching.

Sich ein Feedback anzuhören, ganz besonders wenn es um heikle Themen geht, ohne gleich in Verteidigungshaltung zu gehen, erfordert übrigens auch Vertrauen.

Vertrauen braucht Diskretion

Wie kann dieses besondere Vertrauensverhältnis aufgebaut werden? Zunächst einmal, indem man dem Mitarbeiter absolute Vertraulichkeit zusichert. *Es muss klar sein, dass alles, was im Coaching behandelt wird, auch ausschließlich bei diesen beiden Personen bleibt.* Es wird nichts weitergegeben werden, weder an einen höheren Vorgesetzten, noch an die Personalabteilung, noch an sonstige Dritte. Niemand wird sich vertrauensvoll öffnen, wenn er befürchten muss, einiges von dem, was er preisgegeben hat, später in der Personalakte wiederzufinden.

Diskretion der Führungskraft ist oberstes Gebot! Die Führungskraft darf von den vertraulichen Informationen des Mitarbeiters auch dann keinen Gebrauch machen wenn sie es »nur gut meint«, zum Beispiel, um den Mitarbeiter in Schutz zu nehmen. Also auf gar keinen Fall im Kollegen- oder Mitarbeiterkreis einen Satz fallen lassen wie: »Jetzt, wo Herr Müller durch die Trennung von seiner Frau in einer so schwierigen persönlichen Lage ist, sollten wir diesen kleinen Ausrutscher doch mit Nachsicht behandeln. Schließlich kennen wir ihn ansonsten als sehr zuverlässig.«

Was Herr Müller in der vertraulichen Situation des Coachings erzählt hat, hat er unter Umständen bisher den Kollegen verschwiegen, selbst wenn ein durchaus offener Umgang in der Abteilung gepflegt wird. Es wäre eine grobe Verletzung der Vertraulichkeit, wenn der Chef mit dieser persönlichen Information so leichtfertig umginge. Außerdem würden, wenn der Punkt Vertraulichkeit nicht einwandfrei gehandhabt wird, die Chancen für weitere Coachings rapide sinken. Denn jeder Mitarbeiter würde fortan unterstellen, dass die eigenen, vertraulich gegebenen Informationen vom Chef genauso preisgegeben würden wie die des Kollegen.

Wählen Sie Ihre Worte mit Bedacht

Vertrauen kann ein Mitarbeiter erst dann entwickeln, wenn ihm klar ist, dass das Coaching eine Hilfestellung sein soll und keine Strafmaßnahme. Die Führungskraft kann das in einem ausführlichen Gespräch erläutern, wo über den Sinn des Coaching-Prozesses gesprochen wird. Besonders hilfreich ist es natürlich, wenn Coaching bereits als Führungskonzept in der Firma verankert ist. So besteht von vornherein nicht die Gefahr, dass Coaching als »Nachhilfe« für die ganz Schlechten angesehen wird, und der Mitarbeiter kann davon ausgehen, dass das keine »letzte Chance« für ihn ist, sondern eine Maßnahme zur Personalentwicklung.

Allein durch Ihre Wortwahl können Sie als Chef schon viel dafür tun, diesem Missverständnis vorzubeugen. Das erfordert eine weitere soziale Kompetenz, nämlich Einfühlungsvermögen. Wenig empfehlenswert wäre es, das Coaching so, wie es nachfolgend geschildert wird, einzuführen:

»Herr Müller, ich habe beschlossen, Sie bezüglich einiger Punkte zu coachen!«
»Habe ich das nötig? Wozu wollen Sie mich denn coachen? Sind Sie so unzufrieden mit mir?«
»Im Prinzip nicht. Aber in manchen Punkten müssen wir ja mal endlich weiterkommen!«

Spontanes Vertrauen wird sich bei diesem Mitarbeiter wahrscheinlich eher nicht einstellen, eher die Sorge, dass es sich, analog zur Schulzeit, um eine Nachhilfemaßnahme kurz vor dem Sitzenbleiben handelt. Das ist nicht nur schlecht für diesen speziellen Mitarbeiter und seine Chancen, vom Coaching zu profitieren – es mindert auch die Aussicht, mit anderen ein erfolgreiches Coaching machen zu können. Denn in einer Firma verbreitet sich schnell die Nachricht, das Angebot, vom Chef gecoacht zu werden, komme der Androhung des Hinauswurfs wegen schlechter Leistungen gleich.

Macht eine solche Befürchtung erst einmal die Runde, wird Folgendes passieren: Die Mitarbeiter stellen sich im Coaching möglichst vorteilhaft dar und verschweigen oder minimieren die tatsächlichen Probleme.

So ist es zum Beispiel in einer Vertriebsorganisation einem, übrigens durchaus wohlmeinenden, Chef ergangen, der sein Hilfsangebot ungeschickt formuliert hatte. Er machte einem seiner Verkäufer das Angebot, einmal wieder mit ihm zu den Kunden zu fahren zum Zwecke des Coachings: »Denn Ihre Zahlen könnten ja besser sein!«

Das veranlasste den erschrockenen Verkäufer, eine so genannte »Jubeltour« zusammen zu stellen. Er besuchte mit seinem Chef ausschließlich solche Kunden, die sich positiv über seine Verkaufstätigkeit äußerten und wo keinerlei Schwierigkeiten auftraten. Für ein Coaching ist so etwas denkbar unergiebig und nutzt gar nichts. Aber der betreffende Verkäufer glaubte eben, sich schützen zu müssen.

Als sein etwas misstrauisch gewordener Chef meinte, es gäbe doch auch sicher andere Fälle, suchte der Verkäufer für die zweite Besuchstour Kunden heraus, die auch für einen erklärten Meisterverkäufer eine harte Nuss gewesen wären – mit dem Ergebnis, dass auch der Chef Schwierigkeiten hatte im Umgang mit diesen Kunden. Übrig blieb die Botschaft, die der Verkäufer seinem Vorgesetzten vermitteln wollte: »Mit den meisten Kunden komme ich sehr gut zurecht. Aber es gibt eben auch ein paar ganz schwierige (»mit denen Sie ja auch nicht klarkommen« schwingt da unausgesprochen mit), und die vermasseln mir meine Zahlen.«

Ist die Situation erst einmal so weit gekommen, wird es für den Chef schwer werden, beim Mitarbeiter das nötige Vertrauen herzustellen, das für ein erfolgreiches Coaching unerlässlich ist.

Lassen Sie Ihrem Mitarbeiter genügend Raum

Eine weitere soziale Kompetenz, die im Coaching unerlässlich ist, besteht in der Fähigkeit, seinem Gesprächspartner den Raum zu lassen, den er braucht. Viele Mitarbeiter werden auch eine andere Variante des Gesprächs mit dem Vorgesetzten kennen: Die Führungskraft gibt vor, sich mit dem Mitarbeiter einmal zu einem ausführlichen Gespräch zusammensetzen zu wollen. Darunter wird ja gemeinhin der Austausch von mindestens zwei Personen verstanden. Was jedoch stattfindet, ist kein Gespräch sondern ein Monolog. Der Chef redet, und der Mitarbeiter kommt nicht zu Wort!

Viele Führungskräfte haben Schwierigkeiten damit, den Mitarbeitern Raum zu lassen, sie aussprechen zu lassen und zu versuchen, sie zu verstehen. Sie sind so daran gewöhnt, Dinge anzuordnen, Anweisungen zu geben, sich auf ihr eigenes Urteil zu verlassen, »zu wissen, wo es langgeht«, alles Fähigkeiten, die im Führungsalltag ja auch von ihnen erwartet werden, dass sie es verlernt haben, sich auf jemand anderen, und ganz besonders einen Mitarbeiter, einzulassen. Es passt nicht zu ihrem sonstigen Verhaltensmuster.

Wenn nun also der Chef mit dem Angebot kommt, den Mitarbeiter zu coachen, und dieser ist ein in jener Hinsicht gebranntes Kind, kann man leicht verstehen, dass statt spontaner Begeisterung Skepsis aufkommt. Wer oft genug erlebt hat, bei einem so genannten Gespräch nur Publikum für die Selbstdarstellung des anderen gewesen zu sein, wird verständlicherweise bei dem Ansinnen, ein Coaching zu machen, eher Ängste haben, dass das lediglich eine neue Variante des alten Musters sein soll und ihm einfach etwas vorgegeben wird, ohne eigenen Raum zu bekommen.

Hören Sie aktiv zu

Eine wesentliche, vertrauensbildende Maßnahme zeigt sich daher darin, dass der Chef über längere Strecken aktiv zuhört. Beim aktiven Zuhören reicht es nicht aus, nur gelegentlich »hm« oder »interessant« zu murmeln. Wichtig ist es, vertiefende Fragen zu stellen! Die Fragen an sich sollten schon zeigen, dass man sehr gut zugehört hat und nun noch tiefer in das Thema einsteigen will, dem anderen also noch mehr Raum zur Darstellung geben will.

Die Verführung ist groß, das Gespräch sofort wieder an sich zu reißen, wenn man erst einmal ein paar Mosaiksteinchen verstanden hat und glaubt, man kenne den Rest und habe jetzt das ganze Bild vor Augen. Am besten noch, »um Zeit zu sparen«! Aber oft handelt es sich dabei nur um ein oberflächliches Verständnis, und würde man sich die Mühe machen, tiefer nachzufragen, so käme man zu einem ganz anderen Bild.

Wenn Sie als Chef vertiefende Fragen stellen, so eröffnen Sie auch dem Mitarbeiter oft eine ganz neue Sicht auf seine Schwierigkeit. Häufig werden einem ja erst durch die Fragen eines anderen wesentliche Dinge bewusst, die das eigene Nachdenken bisher nicht zutage gefördert hat.

Würdigen Sie die Stärken Ihres Mitarbeiters

Diese soziale Kompetenz ist vor allen Dingen deshalb wichtig, weil bei vielen Mitarbeitern die Erwartung vorherrscht, im Coaching ginge es ausschließlich um Schwächen, die ausgebügelt werden müssten. Wenn man im Coaching-Prozess den Fokus in erster Linie auf die Schwächen richtet, nehmen sie auch sehr viel Raum ein. Das wiederum weckt beim Mitarbeiter leicht die Befürchtung, sein Chef sähe die vorhandenen Stärken gar nicht mehr.

Daraus kann sich eine Dynamik entwickeln, die einem Coaching nicht förderlich ist: Um nicht zu schlecht dazustehen, spielt der Mitarbeiter seine Schwächen herunter oder leugnet sie ganz! Dieses Verhalten interpretieren manche Führungskräfte als Widerstand gegen das Coaching. Es ist in Wirklichkeit aber nur so, dass für den Mitarbeiter auf der Beziehungsebene zu seinem Chef etwas ins Ungleichgewicht geraten ist.

Der Mitarbeiter fühlt sich zu schlecht gesehen und will das wieder gerade rücken. Genau das behindert jedoch den Coaching-Prozess, denn es führt zu einem fatalen Kreislauf: Der Mitarbeiter spielt seine Schwächen immer mehr herunter, was den Chef veranlasst, sie stärker zu betonen, was wiederum die Angst des Mitarbeiters, viel zu schlecht beurteilt zu werden, verstärkt.

Man kann dieses Phänomen anhand einer Wippe veranschaulichen: Der Mitarbeiter sieht sich dann richtig beurteilt, wenn die Wippe im Gleichgewicht ist. Die beiden jeweiligen Außenpunkte der Wippe markieren seine Stärken und Schwächen. Wenn sich nun beide, Chef und Mitarbeiter mit den Schwächen beschäftigen, so setzen sie sich, bildlich gesprochen, auf das gleich Ende der Wippe – die Wippe gerät aus dem Gleichgewicht und kippt.

Um das Gleichgewicht wieder herzustellen, setzt sich der Mitarbeiter deshalb auf das Ende, wo die Stärken sind. Im Extremfall schließlich versucht der Coach ständig zu beweisen, dass Schwächen vorhanden sind, während der Mitarbeiter ständig beweisen will, dass keine da sind.

Dasselbe Phänomen kann sich manchmal auch umgekehrt abspielen. Würde der Coach zu extrem auf die Stärken fokussieren, so würde die Wippe nach dieser Seite kippen. Wenn ein Mitarbeiter sich zu positiv bewertet fühlt, versucht er das herunterzuspielen und wehrt sich vielleicht eines Tages mit den Worten: »Ich weiß, dass ich gut bin, das immer zu wiederholen, bringt mir nichts. Ich will auch die Kritik hören!«

Da der Coaching-Prozess es erfordert, dass man sich intensiv mit den Schwächen beschäftigt, an denen man arbeiten möchte, ist es wichtig, um den

Mitarbeiter »arbeitsfähig« zu erhalten, immer wieder auch die Stärken in den Blickpunkt zu rücken. Wenn der Mitarbeiter merkt, dass sein Chef von ganz allein immer wieder auf seine starken Seiten zu sprechen kommt, kann er sich in Ruhe mit den Schwachstellen beschäftigen.

Das Coaching würde auch dadurch unnötig erschwert, wenn der Chef eine eingestandene Schwäche des Mitarbeiters sofort verstärken würde. Ein Mitarbeiter sagt zum Beispiel: »Ich glaube, ich bin in meiner Arbeitsgruppe viel zu dominant. Ich gebe viel zu viel vor. Ich sage den anderen dauernd, wo es lang geht, das ist gar nicht gut!«

Das freut natürlich jeden Coach, wenn der Mitarbeiter so einsichtig ist und klar sein Problem erkennt! Würde der Vorgesetzte das jetzt jedoch ohne Einschränkung verstärken, indem er ihm beipflichtet und etwa sagt: »Ja, Sie haben Recht, daran sollten wir dringend arbeiten!«, so könnte das leicht dazu führen, dass nun der Mitarbeiter dem Chef klar zu machen versucht, dass just diese Arbeitsgruppe das aber auch bitter nötig hat, so lahm, wie die sind!

Besser wäre es also, eher folgendermaßen zu reagieren: »Ja, das mag schon sein, dass Sie manchmal zu viel vorgeben. Auf der anderen Seite sind wir uns auch darüber klar, dass gerade Ihre Zielorientierung, Ihre Dynamik und Ihre Durchsetzungsfähigkeit drei Ihrer absoluten Stärken sind, die ich nicht missen wollte. Das Problem besteht aus meiner Sicht eher darin, dass unsere Stärken meistens gleichzeitig auch unsere Schwächen sind. Das ist häufig eine Frage der Dosierung, wie bei Heilmitteln und Gift. Das heißt, wenn Sie lernen, Ihre Stärken dosierter einzusetzen, liegen Sie genau richtig. Daran sollten wir arbeiten.«

Die meisten Mitarbeiter reagieren überrascht und erfreut über diesen plötzlichen Perspektivwechsel. So betrachtet, haben sie in aller Regel keine Schwierigkeit mehr damit, sich auch ihre schwache Seite anzusehen, weil ein schwerwiegendes Argument auf der Stärkenseite der Wippe platziert wurde, sodass sie im Gleichgewicht geblieben ist.

Für einen Coach ist die Sichtweise, dass auch in jeder Schwäche eine Stärke liegt, generell nützlich. Man denke zum Beispiel an einen Mitarbeiter, der nie zu seiner eigenen Arbeit kommt, weil er nicht »Nein« sagen kann und deshalb dauernd alles mögliche für andere tut. Im Sinne von »Sich verzetteln« und »Unpünktlichkeit« ist das natürlich eine Schwäche, doch liegt auch eine Stärke darin verborgen, nämlich Hilfsbereitschaft, nur viel zu hoch dosiert.

Indem die Führungskraft immer wieder auf die Stärken des Mitarbeiters hinweist, schafft sie die nötige Balance, um das Vertrauen des Mitarbeiters zu gewinnen, und kann auf diese Weise erfolgreich an den Schwächen mit ihm arbeiten.

Die innere Haltung dem Mitarbeiter und sich selbst gegenüber

Eine weitere Änderung, die sich möglicherweise einstellt, wenn man als Führungskraft ein Coaching beginnt, betrifft die Einstellung, die man einem oder mehreren Mitarbeitern entgegenbringt. Denn entscheidend für das Gelingen eines Coachings ist die innere Haltung des Vorgesetzten!

Er muss die Sache wohlmeinend angehen und wirklich gewillt sein, diesen Mitarbeiter zu fördern. Es hat wenig Sinn, einen Mitarbeiter coachen zu wollen, den man innerlich schon abgeschrieben hat! Denn wenn das der Fall ist, wird man es in irgendeiner Form auch immer wieder kommunizieren und damit, ohne es auszusprechen, die sehr verwirrende Botschaft vermitteln: »Ich möchte Sie gern weiter bringen, ich glaube aber nicht, dass aus Ihnen noch jemals etwas wird!«

Ohne Zweifel wird die negative Botschaft ankommen, ganz einfach, weil der Chef von ihr überzeugt ist. Das bedeutet, dass man als Führungskraft nur dann ein Vertrauensverhältnis zu einem Mitarbeiter aufbauen kann, wenn man tatsächlich Vertrauen in ihn und seine Entwicklungsmöglichkeiten hat. Im Coaching–Prozess kommt es nicht nur auf das vertrauensvolle Sich-Öffnen des Mitarbeiters an, auch das Vertrauen des Chefs gehört zum Gelingen!

Vertrauen erfordert in gewisser Hinsicht immer auch Mut. Sowohl den Mut, sich auf einen anderen Menschen einzulassen und ihm Zeit zu opfern, als auch den Mut, die eigenen Urteile kritisch zu hinterfragen. Denn manchmal traut eine Führungskraft einem Mitarbeiter nur deshalb nicht mehr viel zu, weil sich in ihr ein stereotypes Bild dieses Menschen festgesetzt hat. Ein Bild, das vor ein paar Jahren vielleicht einmal zutreffend war, inzwischen aber gar nicht mehr der Realität entspricht.

Es kommt ja immer wieder vor, dass ein Mitarbeiter, der seinen Chef zu keinerlei Hoffnungen zu berechtigen scheint, ungeahnte Höhenflüge unternimmt, sobald er die Abteilung wechselt, weil da ein Vorgesetzter ist, der begeistert von ihm und seinem Potenzial ist. Wenn man von jemandem nichts hält, kommt es hingegen oft zu Self-fulfilling-Prophecies: Aus irgendeinem Grund traut man einem Menschen nichts zu. Diese Einstellung wird unbewusst kommuniziert, was den Betroffenen verunsichert, vielleicht gar blockiert, sodass er viel schlechtere Leistungen bringt, als seinem Können entspricht. Und schon sieht man sich in seinem Urteil bestätigt, hat die Prophezeiung sich erfüllt!

Das Phänomen dieser sich selbst bestätigenden Vorhersagen ist des Öfteren untersucht worden. Man hat zum Beispiel eine kanadische Schulklasse einem Lehrer als äußerst undiszipliniert und unbegabt vorgestellt, mit dem Erfolg, dass die Kinder tatsächlich sehr schlechte Leistungen an jenem Tag erbrachten. Bei der Wiederholung dieses Experimentes mit einem anderen Lehrer wurden jenem die gleichen Kinder als besonders aufgeweckt und lernfreudig dargestellt. Dieser Lehrer war begeistert davon, was die Kinder alles fertig brachten.

Durch die Presse ging vor einigen Jahren der Fall eines einstigen Hilfsschülers, der inzwischen an seiner Dissertation schrieb. Als Junge war er von seiner Umgebung für vollkommen unintelligent gehalten worden und versagte in der Schule, die er ohne Abschluss verließ. Zu seinem Glück fand er Arbeit bei einem freundlichen Mann, der nicht mehr tat, als ihn und seine Fragen ernst zu nehmen. Er beantwortete geduldig jede noch so »dumme« Frage. Allein das setzte einen Entwicklungsschub in Gang, der den jungen Mann schließlich bis zu seiner Doktorarbeit brachte.

Natürlich ist nicht jeder Fall so eklatant. Doch sollte jede Führungskraft sich kritisch fragen, ob sie den Mitarbeiter, von dem sie nichts hält, wirklich richtig einschätzt, oder ob vielleicht die Kommunikation zwischen ihnen beiden gestört ist. Vielleicht hat man ja Kollegen, die man nach ihrer Einschätzung dieser Person befragen kann, und erhält so unter Umständen ein modifiziertes Bild.

Noch einmal Vertrauen: In die eigene Wirksamkeit

Es gehört jedoch nicht nur das Vertrauen der Führungskraft in den Mitarbeiter und dessen Vertrauen in das Coaching dazu, um den Coaching-Prozess erfolgreich zu gestalten. Es ist noch ein weiterer Aspekt des Vertrauens erforderlich: Das Vertrauen in die eigene Wirksamkeit als Coach. Besonders für Führungskräfte, die mit dem Coaching von Mitarbeitern noch nicht viel Erfahrung haben, ist es schwierig, dieses Vertrauen in die eigene Wirksamkeit zu entwickeln und den Mitarbeiter seine Probleme selbst lösen zu lassen. Dann neigt man verständlicherweise leichter als ein alter Hase dazu, aus Unsicherheit doch selbst einzugreifen. Man will ja um Gottes Willen nicht, dass etwas schief geht!

Auf diesem Wege überträgt man allerdings die eigene Unsicherheit auf den Mitarbeiter. Denn wenn man eingreift, ihm irgendetwas doch wieder aus der Hand nimmt, gibt man ihm implizit die verunsichernde Botschaft: »Du schaffst das nicht!«

Dann agiert man so wie viele Eltern, die sich hinter die Hausaufgaben der Kinder klemmen, um ihre eigene Unsicherheit bezüglich des Schulerfolgs der Kinder zu reduzieren. Sie vermitteln ihnen damit jedoch die Botschaft: »Ohne mich würdest du es nicht schaffen, sonst wäre es ja nicht nötig, dass ich eingreife!«

In ähnlicher Weise wird es auch ein Mitarbeiter schwer haben, zu glauben, dass sein Chef ihm wirklich etwas zutraut, wenn der im entscheidenden Moment die Dinge wieder selbst in die Hand nimmt. Unglücklicherweise sind implizite Botschaften meist wirksamer als ausgesprochene, weil sie im Dunkeln wirken, nicht erhellt durch das Licht der bewussten Wahrnehmung. Denn das heißt, dass man auch nicht gegen sie argumentieren kann. Überprüfen Sie als Coach deshalb immer wieder, welche impliziten Botschaften Sie eventuell geben!

Die Führungskraft darf im Coaching nur dann eingreifen, wenn sie merkt, dass der Mitarbeiter tatsächlich hoffnungslos überfordert ist. Dann und nur dann sollte man intervenieren und dem Mitarbeiter damit signalisieren: »Wenn alle Stricke reißen, ist der Chef da und gibt mir Sicherheit!« Doch bevor man das tut, sollte man sehr kritisch überprüft haben, ob das wirklich nötig, der Mitarbeiter wirklich überfordert ist.

Oft ist es nämlich einfach nur so, dass der Mitarbeiter Angst vor seiner eigenen Courage bekommt. Man stelle sich zum Beispiel vor, der Mitarbeiter habe einen Vortrag zu halten oder eine Moderation zu machen. Kurz vor dem Ereignis wird ihm etwas flau im Magen, weshalb er seinen Chef fragt, ob der es denn nicht doch lieber selbst machen wolle. In einer solchen Situation sollte man auf keinen Fall sofort einspringen, sondern sehr genau prüfen, ob es nicht besser ist, den Mitarbeiter zu ermuntern: »Aus meiner Sicht haben Sie alles, was Sie brauchen, machen Sie das ruhig mal!«

Ich erlebe solche Situationen immer wieder beim Coachen von Nachwuchstrainern, die zwar schon ein bisschen Erfahrung im Präsentieren der Theorie haben, beim Rollenspiel der Teilnehmer aber sehr gern die Kameraarbeit übernehmen und mir die schwierigere Rollenspielauswertung überlassen wollen. Doch wenn sie es im Trockentraining ausreichend geübt haben, ist es ganz wichtig, darauf zu bestehen, dass sie die Rollenspielauswertung, also das Feedback an die Beteiligten, auch im »Ernstfall« machen. Nur so wächst ihr Selbstvertrauen.

Wenn man jedoch zu der Überzeugung kommt, dass der Mitarbeiter mit einer Aufgabe wirklich überfordert ist, sollte man sich auch eingestehen, dass bereits vorher im Coaching etwas schief gelaufen ist, man vielleicht die Lernschritte nicht klein genug gemacht hat. Denn es ist Teil der Verantwortung des Coachs, dafür zu sorgen, dass genau das nicht passiert: Dass der Mitarbeiter nicht in eine Situation gerät, die ihn überfordert. Das gilt übrigens auch dann, wenn der Mitarbeiter aus Gründen eigener Selbstüberschätzung Gefahr läuft, sich zu überfordern. Auch in einem solchen Fall gehört zur Verantwortung des Coachs, den Mitarbeiter ein wenig zu bremsen.

Die Grenzen des Coachings

Der Beginn eines Coaching-Prozesses kann vielleicht am ehesten mit der Verordnung eines Medikaments verglichen werden, und wie jeder weiß, können gerade sehr potente Medikamente sehr drastische Nebenwirkungen haben! Daher ist es ratsam, nicht blauäugig in eine Situation zu stolpern, die hätte vermieden werden können, wenn man sich rechtzeitig Gedanken über die Implikationen des eigenen Handelns gemacht hätte.

So erging es zum Beispiel einem großen Heizungsbauer, der uns rief, um die Servicetechniker zu schulen. Die Firma wollte dem Servicepersonal eigentlich nur etwas Gutes tun, weshalb allen ein Seminar zum Thema »Umgang mit schwierigen Kunden« angeboten wurde. Leider traf es sich, dass die Firma just zu diesem Zeitpunkt mit einigen Schwierigkeiten zu kämpfen hatte. Erschwerend kam hinzu, dass das Projekt, alle Servicetechniker zu trainieren, direkt vom Firmenvorstand initiiert worden war, woraus die Teilnehmer messerscharf schlossen: »Aha, der Firma geht es gerade nicht besonders, und da beschließt der Vorstand ein Training für uns. Die da oben glauben wohl, wir wären an der Krise schuld! Sie halten unseren Service und unseren Umgang mit den Kunden für die Ursache der Schwierigkeiten, und das soll jetzt behoben werden!« In den Augen der Teilnehmer war aus der wohlgemeinten Unterstützung eine Anschuldigung geworden – und das lag natürlich überhaupt nicht in der Absicht der Firmenleitung.

Mit solchen Effekten muss man zumindest rechnen, wenn man anfängt, Mitarbeiter zu coachen. Im ungünstigsten Fall kann es passieren, dass Kollegen des Mitarbeiters Müller, den man als ersten coacht, hinter mehr oder weniger vorgehaltener Hand sagen: »Gott sei Dank, dass er sich den Müller mal vorknöpft. Das war ja auch dringend nötig!«

Damit hat das Coaching den Ruch von Nachhilfe weg, weshalb es für Müller, rein aus Selbstschutzgründen, wichtiger werden könnte, das Coaching zu sabotieren, anstatt davon zu profitieren. Denn wenn er tatsächlich einen erkennbaren Nutzen davontrüge, wäre damit ja gleichzeitig bewiesen, dass er es wirklich nötig gehabt hatte. Im Falle eines Misserfolges jedoch lassen sich für Müller schmeichelhaftere Deutungen vorstellen, entweder, dass seine Probleme zu komplex und schwierig sind, um so einfach gelöst zu werden, oder dass der Coach zu schlecht ist.

Um also nicht an die Grenzen des Coachings zu stoßen, noch bevor man richtig damit angefangen hat, ist es wichtig, wie bei allen anderen Maßnahmen auch, sich zu fragen: Wie werden sie intern gewertet? Denn ganz anders erscheint die Sachlage, wenn die Kollegen das Coaching von Müller mit den Worten kommentieren: »Warum er und nicht ich?« Wenn Coaching als etwas Besonderes und Erstrebenswertes betrachtet wird, erhöht sich die Bereitschaft zur Mitarbeit ganz automatisch. Wo diese Bereitschaft nicht vorhanden ist, ist Aufklärung über Sinn und Ziel des Coaching geboten, bevor man damit beginnen kann.

Wenn sich die Kollegen von Müller fragen: »Warum er und nicht ich?« kann das auch bedeuten, dass sie Angst haben, Müller bekäme nun eine Aufstiegschance, die ihnen verwehrt bleibt. Kommen Ihnen solche Befürchtungen zu Ohren, können Sie sie ausräumen mit dem Hinweis, dass Sie gern auch mit anderen arbeiten werden, nur natürlich nicht mit allen auf einmal. Ein gleichzeitiges Coaching von mehr als zwei oder im höchsten Fall drei Mitarbeitern zu schultern, kann von niemandem erwartet werden!

Es gibt für jede Maßnahme auch einen falschen Zeitpunkt

Auch Coaching ist keine universell einsetzbare Maßnahme. Es gibt Situationen, in denen Sie als Führungskraft auf ein Coaching besser verzichten sollten. Beispiel: Ein Personalabbau steht unmittelbar bevor. Das ist der denkbar schlechteste Zeitpunkt, um einem Mitarbeiter ein Coaching anzubieten. Denn zum einen ist in einer so angespannten Lage der Druck auf die Mitarbeiter sehr hoch. Aus diesem Grund würde es wahrscheinlich niemand wagen, ein Coaching abzulehnen. Jeder hätte wohl die Befürchtung, eine Ablehnung würde als unkooperatives Verhalten eingestuft sowie als Indiz dafür, dass man sich nicht weiterentwickeln wolle.

Für Sie als Chef würde das bedeuten, dass es ganz unklar ist, ob die Zustimmung zum Coaching echt ist oder nicht. Hat der Mitarbeiter seine Zustimmung nur gegeben, weil er fürchtete, ansonsten seinen Job zu verlieren, das Coaching aber eigentlich gar nicht will, so wird er das auf eine nonverbale Art auch vermitteln, höchstwahrscheinlich ohne es selbst zu merken. Sie als sein Chef werden diese Ambivalenz jedoch unter Umständen falsch einordnen.

Ein weiterer Nachteil, in dieser heiklen Situation mit Coaching zu starten, liegt in der gar nicht so weit hergeholten Befürchtung der Mitarbeiter, dass das Coaching einer versteckten Selektion diene, was ihre Bereitschaft, sich vertrauensvoll zu öffnen, nicht fördern wird. Sollte also ein Personalabbau bevorstehen, ist es vernünftiger, mit dem Coaching zu warten, bis klar ist, wer in der Firma bleibt.

Wie sieht es mit dem Potenzial des Mitarbeiters aus?

Es liegt auf der Hand, dass eine Entwicklungsmaßnahme nur dann schöne Früchte tragen kann, wenn etwas zum Entwickeln da ist. Bevor man einen Coaching-Prozess beginnt, sollte man sich gründlich fragen: »Ist bei diesem Mitarbeiter das Entwicklungspotenzial für eine positive Veränderung vorhanden oder stelle ich mich besser auf seine spezifischen Schwierigkeiten ein?« Denn manchmal hilft alles Coaching nichts, wie das folgende Beispiel zeigt.

Der Geschäftsführer eines mittelständischen Maschinenbaubetriebes war es gewohnt, mit Sekretärinnen zu arbeiten, die selbstständig waren, die für ihn mitdachten, bei denen er sich darauf verlassen konnte, dass sie in seinem Sinne handelten, und er fühlte sich dadurch sehr entlastet.

Bei seiner neuen Sekretärin stellte er zu seinem Entsetzen fest, dass sie alles so wortwörtlich befolgte, dass sie sogar die Anweisung »Ende des Briefes« mit in den Brief schrieb. Er erkannte sehr schnell, dass er gezwungen war, sich äußerst präzise auszudrücken, denn sie hielt sich bei sämtlichen Anweisungen exakt an den Wortlaut. Um ihr selbstständiges Denken und Entscheiden zu fördern, erklärte er ihr immer wieder geduldig Zusammenhänge, ging die diversen Vorgänge mit ihr durch, sprach über seine Erwartungen an ihre Arbeit. Trotzdem musste er irgendwann einsehen, dass alles nichts half. Er würde diese Sekretärin auch mit noch so viel Mühe und Geduld niemals zu der gleichen Selbstständigkeit bringen wie ihre Vorgängerinnen. Er musste sich entscheiden, sich entweder wieder eine neue Sekretärin zu suchen oder mit den Schwächen der jetzigen zu leben.

Er wählte den Weg, sich mit den Schwächen dieser Sekretärin zu arrangieren und entdeckte schon bald die darin verborgenen Stärken. Denn es bietet durchaus auch Vorteile, wenn jemand exakt das tut, was man ihm aufgetragen hat, und nicht mehr. Bei den früheren Sekretärinnen hatte es ihn immer etlichen Erklärungsaufwand gekostet, wenn Dinge einmal anders laufen sollten als üblich. Er musste genau den Hintergrund erläutern, weshalb ausnahmsweise diesmal die Abteilung xy nicht eingeschaltet werden sollte oder Ähnliches, während seine neue Sekretärin ohnehin nicht auf die Idee kam, irgendjemanden einzuschalten, ohne dass man ihr das aufgetragen hätte. Nachdem der Geschäftsführer gelernt hatte, sich auf sie und ihre Art zu arbeiten einzustellen, kam er sehr gut mit ihr zurecht und arbeitete viele Jahre lang gedeihlich mit ihr zusammen.

Was dieses Beispiel erhellen sollte: Ein Coaching-Prozess macht keinen Sinn, wenn das Entwicklungspotenzial nicht vorhanden ist. Man tut damit weder sich noch dem Mitarbeiter einen Gefallen!

An eine nicht zu überwindende Grenze stößt das Coaching zwischen Führungskraft und Mitarbeiter, wenn die Interessen von Firma und Mitarbeiter in verschiedene Richtungen gehen.

Man stelle sich zum Beispiel den Fall vor, dass ein Mitarbeiter ein Coaching erhalten soll, weil eine Veränderung der Tätigkeit, die er bisher gemacht hat, ansteht. Ein sehr guter Werbegrafiker beispielsweise sollte weiterentwickelt werden zur Führungskraft. Diese Veränderung hätte für ihn bedeutet, dass er längst nicht mehr so viel kreativ tätig sein könnte, sondern den größten Teil seiner Zeit mit Führungs- und Verwaltungsaufgaben zubringen würde. Daran lag dem Werbegrafiker, der seinen Job liebte, gar nichts, aber er war wegen seines großen fachlichen Know-hows trotzdem in den Augen der Geschäftsleitung der geeignete Mann.

Er sollte deshalb ein Coaching bekommen, weil es im Interesse der Firma lag, ihn zur Führungskraft zu machen. Zum Glück sprachen beide Seiten offen über ihre Interessen und Absichten und man nahm sich genügend Zeit, zu klären, welche Ziele die Beteiligten verfolgten. So war ziemlich schnell klar, dass ein Coaching nichts fruchten würde, denn eine Führungskraft, die unter ihrem Job nur leidet, sich innerlich dagegen wehrt und deswegen permanent unzufrieden ist, ist bei aller fachlichen Brillanz kein Gewinn für eine Firma.

Auch wenn ein Mitarbeiter gecoacht werden soll, weil sich die Inhalte seines Jobs ändern, vielleicht komplexer werden sollen, liegt es im Interesse der Firma, offen über ihre Ziele beim Coaching zu sprechen. Denn wenn ein Mitarbeiter diese Veränderung nicht mittragen will, ist ein Coaching vergebliche Liebesmüh.

Andererseits ist auch der umgekehrte Fall nicht selten, dass ein Mitarbeiter sich bis zu einer Qualifikationsstufe weiterentwickeln will und kann, die für die Firma uninteressant ist, weil sie schlicht und einfach dafür keine Stelle anzubieten hat. Auch darüber muss man offen miteinander sprechen, denn es macht keinen Sinn, durch ein Coaching Begehrlichkeiten zu wecken, die nachher nicht erfüllt werden können.

Die Grenzen des Coachs

Der Erfolg von Coaching steht und fällt mit der positiven Beziehung zwischen Führungskraft und Mitarbeiter. Es ist extrem schwer, wenn nicht gar unmöglich, jemanden zu coachen, zu dem man ein schlechtes Verhältnis hat – der einen nur nervt, den man überhaupt nicht versteht, dessen Denk- und Handlungsweise einem selbst völlig fremd ist.

Wenn zwei Menschen so überhaupt nicht zusammenpassen, ist die Gefahr groß, dass man sich im Laufe der Zeit noch mehr über den anderen ärgert, der Mitarbeiter sich überhaupt nicht verstanden, geschweige denn gewürdigt fühlt und das Coaching als Schuss nach hinten losgeht.

Es gibt einen Weg, um eventuell auch mit dieser Schwierigkeit zurechtzukommen. Dann nämlich, wenn die Führungskraft als Coach Begleitung durch einen externen Coach hat. Eine solche Supervision kann überhaupt sehr stark zur beruflichen und persönlichen Entwicklung des Coachs beitragen. Ein externer Supervisor ist dann gut, wenn er in der Lage ist, blinde Flecken beim Coach aufzuzeigen; ihm deutlich zu machen, wo er sich beim Mitarbeiter vielleicht über Dinge ärgert, die er bei sich selbst nicht wahrhaben will.

Solche »blinden Flecke« nannte der Psychoanalytiker C. G. Jung »Projektionen« und es gibt sie häufiger, als man vielleicht vermutet. Wollen Sie solchen Projektionen bei sich selbst auf die Spur kommen, ist es lohnend, wenn Sie sich selbst eine Zeit lang gründlich beobachten. Jedes Mal, wenn man sich zum Beispiel ganz besonders stark über jemanden ärgert, ist es sehr wahrscheinlich, dass man etwas Ähnliches bei sich selbst wahrnehmen kann, wenn auch vielleicht auf einer anderen Ebene.

Ein Beispiel dafür wäre etwa ein Mensch, der sich immer wieder über einen unordentlichen Kollegen ereifert, weil dieser alles Mögliche stehen und liegen lässt, ohne es aufzuräumen. Derselbe Mensch will aber nicht wahrnehmen, wie häufig er selbst Terminchaos schafft und dann jedes Mal wieder felsenfest davon überzeugt ist, dass die anderen die Termine falsch eingetragen haben, sogar richtig wütend werden kann, wenn man die Andeutung wagt, dass er da wohl ein Problem habe.

Als weiteres Beispiel könnte man den Vorgesetzten anführen, der sich darüber aufregt, dass eine seiner Mitarbeiterinnen so schnell »hysterisch« wird, womit er meint, dass sie stark emotional reagiert. An seinem eigenen Verhalten – er ist sehr leicht aus der Fassung zu bringen und wird bei Kleinigkeiten schon laut – hat er aber nichts auszusetzen. Er käme niemals auf die Idee, dass sein ärgerliches Gebrüll genau das Pendant zu den Tränen der Mitarbeiterin ist.

Projektionen sind meist nicht einfach eins zu eins übertragbar. Es ist vielmehr so, dass ein Verhalten oder ein Charakterzug sich etwas anders ausdrückt oder in anderen Lebenskontexten stattfindet. Aber ein guter Supervisor sollte in der Lage sein, eine Projektion aufzudecken und sie seinem Gegenüber widerzuspiegeln. Auf diese Art und Weise könnte ein Coaching, das zu scheitern drohte, unter Umständen wieder fruchtbar werden – zu beiderseitigem Gewinn!

Lösungen findet nur, wer einen anderen Blickwinkel einnehmen kann

Ein Vorgesetzter wird als Coach immer dann schnell an seine Grenzen stoßen, wenn er in etwa die gleichen Probleme hat wie sein Mitarbeiter. Wenn sich auf dem Schreibtisch des Chefs die Aktenberge türmen, wird er hinsichtlich des Ordnungsproblems des Mitarbeiters wahrscheinlich keine nennenswerten Erfolge erzielen. Das hat einen einfachen Grund: Wenn man die gleichen Probleme hat, teilt man mit hoher Wahrscheinlichkeit auch die problematischen Einstellungen und Sichtweisen. Mit diesem eingeschränkten Blickwinkel fährt man sich im Coaching ziemlich schnell fest, weil man genauso wenig Auswege sieht wie der Mitarbeiter. Man hat stattdessen ein zwar solidarisches, aber leider wenig hilfreiches Gefühl von: »Oh je, der arme Mensch hat wirklich ein Problem! Aber es ist einfach dumm gelaufen, da kann man gar nichts machen!«

Solche oder ähnliche Gedanken sind ein typischer Hinweis darauf, dass man sich festgefahren hat. Erst wenn man in der Lage ist, einen anderen Standpunkt einzunehmen und solcherart einen neuen Blickwinkel auf das Problem bekommt, kann man neue Lösungsmöglichkeiten und damit neue Handlungsalternativen für den Mitarbeiter entdecken. Um diesen Gedankengang bildlich zu veranschaulichen: Eine Tür, die nach innen aufgeht, öffnet sich auch dann nicht, wenn der Chef dem Mitarbeiter hilft zu drücken. Aber wenn er ihm zeigen kann, dass man ziehen muss, könnte es klappen. Das hat sehr viel mit Bezugsrahmen zu tun und wird im entsprechenden Kapitel weiter vertieft.

Die Chemie muss stimmen

Es kann nicht jeder mit jedem arbeiten! Dies ist ein Grundsatz, der für jeden Coach gilt, nicht nur für die Führungskraft. Wenn Sie an sich selbst den Anspruch haben sollten, ein wirklich guter Coach müsse mit jedem Menschen ein Coaching machen können, setzen Sie sich ganz unnötig unter einen viel zu hohen Druck.

Auch für den besten, den professionellsten Coach wird es immer einmal wieder jemanden geben, mit dem er nicht arbeiten kann, weil er keinen Draht zu diesem Menschen findet, nicht weiß, wie er mit ihm umgehen soll. Da hilft auch keine noch so gute Ausbildung! Eine gute Ausbildung kann die Zahl solcher Fälle zwar reduzieren, aber nicht auf Null bringen.

Wenn man sich mit einem Gedanken wie: »Ein wirklich guter Coach kann mit jedem arbeiten!« unter Druck setzt, obwohl man sich eigentlich eingestehen müsste, dass es besser wäre, dieses Coaching nicht zu machen, kann das für beide Beteiligten sehr problematisch werden. Der Coach fühlt sich als Versager, weil er nicht so weiterkommt, wie er sich das wünscht. Aber auch der Mitarbeiter, der spürt, dass der Coach sich fürchterlich anstrengt, ohne dass es zu nennenswerten Erfolgen käme, hält sich vielleicht für mitverantwortlich an der Misere.

Die Qualität eines Coachs erkennt man nicht daran, dass er mit jedem arbeiten kann, sondern daran, wie er mit der Situation umgeht, wenn er mit jemandem nicht arbeiten kann! Schlechte und unverantwortliche Coachs verschieben die Schuld am Scheitern auf den Klienten oder den Mitarbeiter und lassen unmissverständlich durchblicken, dass man ihn bei seinen Denk- und Verhaltensweisen eben einfach nicht coachen könne.

Ein guter Coach belässt die Verantwortung bei sich selbst und erklärt seinem Klienten zum Beispiel: »Mir persönlich gelingt es im Augenblick nicht, den richtigen Draht zu Ihnen aufzubauen. Es fällt mir schwer, mich in Ihre Situation einzufühlen. Das hat zur Folge, dass ich nicht wirklich hilfreich für Sie sein kann. Es ist sehr wahrscheinlich, dass jemand anderes diese Schwierigkeit nicht hat und Ihnen deshalb mehr nützen könnte als ich. Aus diesem Grund schlage ich vor, dass wir das Coaching beenden und einen anderen Coach hinzuziehen.«

In vielen Coachings und Beratungen hat sich gezeigt, dass ein anderer oftmals gar nicht recht verstehen kann, weshalb der erste mit diesem Klienten und seiner Problematik nicht klar kam und deshalb ohne weiteres mit ihm arbeiten kann. Für alle Beteiligten ist es gewinnbringender, wenn man diese Grenze des Coachings akzeptiert.

Auch wenn man bereits mehrere Sitzungen miteinander gemacht hat, ohne dass sich erkennbare Effekte zeigen, erscheint es mir weder für die Führungskraft noch für den Mitarbeiter förderlich, einfach weiterzuwursteln. Eine gute Möglichkeit, damit umzugehen, wäre es, das Coaching einem Supervisor vorzustellen und sich selbst beraten zu lassen. Man kann natürlich auch den Weg wählen, einen anderen Coach einzuschalten. Entscheidend ist auf jeden Fall, dass der Mitarbeiter nicht den Eindruck bekommt, er sei so schwierig, ein so hoffnungsloser Fall, dass es unmöglich sei, mit ihm vorwärts zu kommen, weshalb er sich folglich gar nicht mehr auf ein Coaching einlässt.

Coaching ist keine Therapie

Immer wieder taucht bei angehenden Coachs die Frage auf: Bin ich als Coach womöglich therapeutisch tätig? Nein! Es sei denn, man würde jede Maßnahme, die einem anderen hilft, sich weiterzuentwickeln, als therapeutisch definieren. Damit wäre aber auch jedes Gespräch mit einem guten Freund, das einem hilft, als Therapie zu bezeichnen.

Der Unterschied zwischen Coaching und Therapie liegt sowohl in der Zielsetzung als auch in den Interventionen. Therapeutische Zielsetzungen sind meist verbunden mit der Entwicklung der Persönlichkeit. Im Coaching-Prozess hingegen wird das Ziel allein durch die Arbeit bestimmt! Die persönliche Weiterentwicklung, die dabei auch stattfinden kann, wird billigend in Kauf genommen – sie ist ein Nebeneffekt, nicht das primäre Ziel.

Das Ziel der Führungskraft als Coach wird es beispielsweise nie sein, die leicht depressiven Verstimmungen eines Mitarbeiters zu bearbeiten. Das Ziel ist es vielmehr, den Mitarbeiter zu befähigen, seine Arbeit besser zu bewältigen und mit den damit verbundenen Herausforderungen besser klar zu kommen. Wenn der Mitarbeiter über die Arbeit an diesem Ziel mehr Selbstbewusstsein entwickelt und deshalb weniger zu Depressionen neigt, so ist das ein schöner Nebeneffekt, aber eben nicht das, was man primär erreichen wollte.

Psychische Probleme, die Krankheitswert haben, können und dürfen niemals Gegenstand eines Coachings sein. Ein Mitarbeiter mit einem ausgeprägten Kontrollzwang gehört in die Hände eines Therapeuten. So war es im Falle einer Laborantin, deren Kontrollzwang sich nicht nur darin äußerte, dass sie alles, was sie abwiegen musste, viermal abwog, sondern die auch jede Post, und zwar die aus- wie auch die eingehende Post, mehrfach auf Rechtschreibfehler überprüfte. Vor lauter Überprüfen kam sie überhaupt nicht mehr zum Arbeiten. Damit wäre natürlich jeder Coach hoffnungslos überfordert.

Ebenso verhält es sich mit Angststörungen, schweren Depressionen, womöglich in Verbindung mit Suizidgedanken, und bei jeder Art Suchtproblematik, sei es nun Alkohol-, Drogen-, Tabletten- oder Spielsucht. Sollte sich während der Problemanalyse herausstellen, dass irgendeine solche Krankheit im Spiel ist, kann Coaching im besten Fall begleitend zu einer professionellen Psychotherapie gemacht werden. Vordringlichste Aufgabe des Coachs ist es in solchen Fällen jedoch, den Mitarbeiter zu überzeugen, dass er professionelle Hilfe braucht und eine Therapie sinnvoll wäre.

Manchmal wehren sich Mitarbeiter gegen einen solchen Vorschlag sinngemäß mit den Worten: »Ich bin doch nicht verrückt! Ich brauche keinen Psychiater!« Da ist es gut, wenn man dem Mitarbeiter den Unterschied zwischen Psychotherapeuten und Psychiatern erklären kann. Psychiater sind Mediziner, die am Ende ihres Medizinstudiums eine Facharztausbildung absolviert haben, die sie befähigt, Geisteskrankheiten medikamentös zu behandeln. Sie sind nicht automatisch auch Psychotherapeuten.

Um den Titel »Psychotherapeut« führen zu dürfen, muss ein Arzt oder ein Psychologe eine Zusatzausbildung in einer anerkannten Therapieform machen. Für psychologische Störungen wie die oben genannten braucht man nicht unbedingt medizinische Betreuung. Psychologische Psychotherapeuten findet man entweder in städtischen oder kirchlichen Beratungsstellen oder als niedergelassene Psychotherapeuten mit Fachpraxis in den Gelben Seiten.

Unter welchen Bedingungen ist Coaching sinnvoll?

Die junge Bankangestellte, die bisher ausschließlich in der Kundenberatung tätig war, hat ihre Sache immer so gut gemacht, dass ihr Chef es für einen guten Gedanken hielt, wenn sie nun auch aktiv auf Kunden zuginge und die Leistungen der Bank verkaufte. Ermutigt durch viele positive Rückmeldungen der Bankkunden, die von ihr beraten wurden und die ihre offene, freundliche Art sehr zu schätzen wussten, hatte er keinerlei Bedenken, dass sie diese neue Herausforderung spielend meistern würde.

Er vereinbarte mit ihr, dass sie ihn einige Male zu Akquisitionsgesprächen begleitete. Sie sollte sich von seinem Beispiel etwas abgucken und dann ihr Glück allein versuchen. Zu seiner großen Enttäuschung erfüllte sie die hoch gesteckten Erwartungen jedoch nicht. Wann immer der Vorgesetzte einen Termin mit einem Kunden eingefädelt hatte, brachte seine Mitarbeiterin gute Ergebnisse zustande, doch auf sich allein gestellt, schien bei ihr nichts zu klappen. Ihr Chef war schon langsam geneigt, ihre Erfolge für schiere Zufallstreffer zu halten und überlegte, ob er ihr nicht doch lieber den Innendienst vorschlagen sollte.

In einer solchen Situation kann Coaching eine sehr effektive Maßnahme sein. Denn wie sich bei einem eingehenden Gespräch zwischen der jungen Mitarbeiterin und dem nächsthöheren Chef, an den sie sich gewandt hatte, weil sie nicht in den Innendienst wollte, herausstellte, fehlte es ihr lediglich an ein paar Techniken, um mit ihr unbekannten Kunden in Kontakt zu kommen. Die gründliche Problemanalyse, zu welcher der höhere Vorgesetzte sich die Zeit genommen hatte, zeigte, welches Training sie brauchte, um in Zukunft mit Erfolg die Leistungen der Bank verkaufen zu können.

Coaching empfiehlt sich auch, wenn ein Mitarbeiter einen bestimmten Fehler immer und immer wieder macht. Dann geht es im Coaching darum, der Ursache dafür auf die Spur zu kommen. Mittels einer gründlichen Problemanalyse kann man herausfinden, wie der Mitarbeiter es schafft, diesen Fehler zu produzieren. In einem zweiten Schritt kann man mit ihm gemeinsam Mittel und Wege herausfinden, wie er seine Arbeit in Zukunft richtig machen kann, sodass sie für ihn und für die Führungskraft befriedigender wird.

Das Coaching kann überdies immer dann eine angemessene Maßnahme sein, wenn die Schwierigkeiten des Mitarbeiters in seinem Sozialverhalten begründet sind. Das können Schwierigkeiten unterschiedlichster Natur sein.

Manche Mitarbeiter haben Schwierigkeiten im Umgang mit Kollegen, mit anderen Abteilungen oder mit Kunden. Es könnte zum Beispiel sein, dass jemand Mühe hat, bei Kunden, die besonders selbstbewusst und lautstark auftreten, die Interessen der eigenen Firma gebührend zu vertreten. Oder jemand fühlt sich unsicher, wie weit er sich Kollegen gegenüber abgrenzen und auch einmal deutlich Nein sagen kann, wenn sie ihm wieder zusätzliche Arbeit aufhalsen. Oder jemand muss lernen, andere Abteilungen als interne Kunden zu begreifen. Vielleicht braucht jemand, der für ein Projekt verantwortlich ist, auch Training in der Kunst »Wie bekomme ich die anderen im Projektteam dazu, konsequent für das Projekt zu arbeiten?« Auch der Mitarbeiter, der in Auseinandersetzungen mit Kollegen zu recht harschen, kräftigen Worten neigt, kann von einem Coaching sehr profitieren.

Und wenn der zu coachende Mitarbeiter seinerseits Führungskraft ist, können auch Führungsthemen Inhalt des Coachings sein, mögen das nun Schwierigkeiten mit der ganzen Mannschaft oder Probleme mit einzelnen Mitarbeitern sein.

Eine wichtige Bedingung: Genügend Zeit

Der Coaching-Prozess wird nur dann zum Erfolg führen, wenn man genügend Zeit dafür einplant! Für das erste Gespräch, dessen Inhalt es ist, gemeinsame Ziele festzulegen und die anstehenden Probleme genauer zu beleuchten, sollte mindestens eine Stunde, im Bedarfsfall auch mehr zur Verfügung stehen. Es ist kein Wunder, dass das viele Führungskräfte zunächst einmal abschreckt, da sie selbst immer unter hohem Zeitdruck stehen. Da scheint es einfacher und schneller, mal eben ein bisschen Druck zu machen.

Doch langfristig betrachtet ist ein Coaching in jeder Hinsicht sparsamer. Druck führt nur dazu, dass man Zeit in viele kurze Gespräche, die noch dazu nicht zu befriedigenden Ergebnissen führen, investieren muss. Als Dreingabe erhält man eine Menge Ärger und muss Reibungsverluste in Kauf nehmen, die unter Umständen auch noch viel Geld kosten können. Kurzfristige Lösungen sind auf Dauer die teuersten!

Es ist nicht leicht, genaue Angaben über den zeitlichen Rahmen eines Coachings zu machen, denn schließlich gleicht kein Fall dem anderen. Oft setzt jemand gerade da, wo man größere Schwierigkeiten erwartete, das Gesagte verblüffend schnell um, und schon haben sich weitere Sitzungen erübrigt. Oder man glaubt, etwas ganz schnell im Griff zu haben, und dann tauchen die unteren sieben Achtel des Eisbergs auf, mit denen man gar nicht gerechnet hatte.

Nach unserer Erfahrung ist es jedoch häufig so, dass die Problemanalyse die längste Zeit in Anspruch nimmt. Auch der nächste Schritt, nämlich die Maßnahmen zu entwickeln, die der Mitarbeiter dann umsetzen muss, kann noch einmal etwas länger dauern. Aber danach können die Gespräche kürzer werden, denn dann geht es meist nur noch darum, Feedback zu geben über das bisher Erreichte oder gemeinsam zu schauen, wo vielleicht noch Schwierigkeiten sind, und dafür genügt oft ein Gespräch von 15 bis 30 Minuten.

Auch was die Abstände zwischen den einzelnen Gesprächen betrifft, ist es unmöglich, eine allgemein gültige Faustregel zu geben. Manchmal ist für das Gelingen des Coachings ein Gespräch pro Tag erforderlich, manchmal reicht es, sich einmal im Monat zu sehen.

Weitere Rahmenbedingungen für das Coaching

Obwohl es auf der Hand zu liegen scheint, soll es hier nicht unerwähnt bleiben: Was die Räumlichkeiten angeht, erfordert Coaching eine gewisse Privatsphäre. Da die Vertrauenssicherung gewährleistet sein muss, geht es nicht an, Coaching in einem Gemeinschaftsbüro oder ähnlich öffentlich durchzuführen.

Auch sollte die Wahl des Ortes deutlich machen, dass es um etwas anderes geht als um das übliche Gespräch zwischen Vorgesetztem und Mitarbeiter. Sitzen Sie als Chef wie gewöhnlich hinter Ihrem Schreibtisch, wirkt das wie eine Barriere. Sich in einer kleinen Sitzgruppe schräg gegenüber zu sitzen, erleichtert die Kommunikation.

Eine weitere wichtige Rahmenbedingung ist das Vereinbaren von Terminen. Es erhöht die Bedeutung des Coachings für den Mitarbeiter und schafft klare Grenzen zwischen der normalen Alltagssituation und dem Coaching, wenn Sie den formalen Charakter von Terminvereinbarungen beachten. Wenn diese klare Grenze verwischt ist, besteht die Gefahr, dass das Coaching nicht so ernst genommen wird. Außerdem ist es ein größeres Zeichen von Wertschätzung für den Mitarbeiter, wenn er weiß, dass sein Chef sich speziell für ihn Zeit genommen hat, als wenn er einfach so mal eben, wenn es gerade nichts Wichtigeres zu tun gibt, dazwischengeschoben wird. Dazu gehört, dass Coaching-Sitzungen nicht während des Essens oder vermischt mit sonstigen Alltagssituationen stattfinden sollten.

Was jeder von einem externen Coach erwartet, gilt selbstverständlich auch für das Coaching von Mitarbeitern: In der Coaching-Sitzung sollten Sie unbedingt störungsfrei arbeiten können!

Man kann sich leicht vorstellen, was sich bei einem Mitarbeiter abspielt, der an einem heiklen Punkt angekommen ist und nun gerade den Mut geschöpft hat, um über den Kern seines Problems zu sprechen. Doch just in dem Moment, da er den Mund öffnet, öffnet sich auch die Tür und die Sekretärin erheischt eine Unterschrift. Der Mitarbeiter nimmt einen zweiten Anlauf, da klingelt das Telefon: Spätestens nach der dritten Unterbrechung wird man ihn von einer Auster nicht mehr unterscheiden können. Aber wer würde sich auch nicht verschließen, wenn er mehrfach die Botschaft bekommt: »Du bist gar nicht so wichtig, die anderen Dinge gehen alle vor!« Solche Störungen haben jedoch nicht nur negative Implikationen für den Mitarbeiter. Sie überfordern auch den Coach, der seine ganze Konzentrationsfähigkeit für sein Gegenüber braucht.

Es soll immer noch Führungskräfte geben, die während eines Gespräches mit Mitarbeitern etwas in ihren Computer eintippen oder ihre E-Mails abrufen. Stellt das während eines normalen Gespräches schon eine grobe Missachtung dar, ist ein solches Verhalten während einer Coaching-Sitzung absolut tabu. Ein Mitarbeiter, der sich vorkommt wie eine Nebensache, hat berechtigterweise kein Interesse an derartigen Gesprächen. Um sich vertrauensvoll auf ein Coaching einzulassen, muss er das Gefühl haben, dass die Führungskraft ganz für ihn da ist und sich für ihn Zeit nimmt.

Um dieses Vertrauen nicht zu erschüttern, gehört, wie gesagt, zu den Rahmenbedingungen im Coaching auch absolute Diskretion. Es wäre mehr als leichtfertig, würde der Führungskraft etwa bei einer Teamsitzung ein solcher oder ähnlicher Satz herausrutschen: »Wie ich Ihnen neulich im Coaching schon gesagt habe ...« Es wäre dem Mitarbeiter kaum zu verübeln, wenn er sich bloßgestellt fühlt und von weiteren Coachings Abstand nimmt.

Da die wenigsten Menschen über ein absolut zuverlässiges, unbestechliches und leistungsstarkes Gedächtnis verfügen, empfiehlt es sich, während der Sitzungen schriftliche Notizen zu machen. Besonders wenn das Coaching in größeren Abständen stattfindet, sind sie unerlässlich. Ebenso unerlässlich ist es, dem Mitarbeiter die Gewissheit zu vermitteln, dass diese Notizen nur für den eigenen Gebrauch bestimmt sind, er also nicht befürchten muss, sie etwa in der Personalakte wiederzufinden, und dass sie nach Beendigung des Coachings vernichtet werden.

Psychologisches Hintergrundwissen für das Coaching

Zum Rüstzeug eines guten Coaches gehört unabdingbar ein gewisses psychologisches Hintergrundwissen. Es hilft dem Coach dabei, ansonsten irritierende Gesprächssituationen und Verhaltensweisen des Klienten zu verstehen und mit derartigen Situationen gelassen und konstruktiv umzugehen. Die wichtigsten Erscheinungsformen und ihre Hintergründe werden deshalb in diesem Kapitel aufgezeigt. Doch zunächst ein kurzer Überblick:

- Einem Konzept der *Transaktionsanalyse* zufolge verfügt jeder Mensch über drei Ich-Zustände, die in unterschiedlichen Situationen zum Tragen kommen. Diese Ich-Zustände spielen eine wichtige Rolle in allen Kommunikationsprozessen.
- Eine besondere Form von Kommunikation stellen die so genannten *psychologischen Spiele* dar, die nach bestimmten Regeln in immer gleicher Weise ablaufen. Eines der Merkmale von psychologischen Spielen ist, dass alle Beteiligten sich hinterher schlecht fühlen. Man kann jedoch lernen, mit psychologischen Spielen umzugehen, wenn man ihren Mechanismus verstanden hat.
- Der *innere Bezugsrahmen* ist die Brille, durch die wir die Welt sehen. Der Bezugsrahmen gründet sich auf unsere Erfahrungen und unsere Werte. Da jeder Mensch andere Erfahrungen gemacht hat und unterschiedliche Werte besitzt, hat auch jeder einen anderen Bezugsrahmen. Um ein Problem zu verstehen, muss man den Bezugsrahmen desjenigen verstehen, der das Problem hat, denn jede Veränderung geht einher mit einer Veränderung des Bezugsrahmens. Der Bezugsrahmen versteckt sich meist hinter den Worthülsen, die ein Mensch benutzt: Denn all die unpräzisen Angaben, die Floskeln und Redensarten, die jeder Sprecher verwendet, füllt jeder Hörer individuell, und zwar gemäß seinem eigenen Bezugsrahmen. Deshalb müssen Worthülsen im Coaching konkret erfragt werden, damit sie nicht zu Missverständnissen führen.

- *Innere Antreiber* schließlich setzen die Menschen unter Druck. Sie werden durch spezielle Situationen, häufig ist das Stress, ausgelöst. Alle Antreiber wirken sich hemmend auf das Leistungsniveau und die Zufriedenheit aus.

Ich-Zustände und Transaktionen

Man erleichtert sich nicht nur das Coaching, sondern auch den Führungsalltag, wenn man versteht, was in Kommunikationsprozessen eigentlich abläuft. Die Transaktionsanalyse liefert auch hier leicht verständliche, schlüssige Konzepte, mit deren Hilfe man besser versteht, nach welchen Gesetzen Kommunikation funktioniert – oder nicht funktioniert.

Die verbalen und nonverbalen Interaktionen von Menschen werden in der Transaktionsanalyse als »Transaktionen« bezeichnet. Es gibt verschiedene Formen von Transaktionen, und für diese gibt es drei einfache Kommunikationsregeln, die grundlegend für das Verständnis von Kommunikationsprozessen sind. Um genau zu verstehen, was es mit den Transaktionen auf sich hat, müssen wir zunächst auf einen anderen Schlüsselbegriff der Transaktionsanalyse eingehen, nämlich auf den »Ich-Zustand« eines Menschen.

Die Transaktionsanalyse postuliert, dass jeder Mensch drei Ich-Zustände besitzt:

Der jeweilige Ich-Zustand ist eine Einheit von Denken, Fühlen und Handeln. Im Kind-Ich-Zustand denken, fühlen und handeln wir anders als im Erwachsenen-Ich- oder im Eltern-Ich-Zustand.

Im Kind-Ich-Zustand befinden sich Menschen, wenn sie begeistert sind, an etwas Spaß haben, spielerisch mit einer Sache umgehen, vor sich hin träumen, herumalbern, aber auch wenn sie traurig sind, verzweifelt, hilflos oder zornig. All die gefühlsmäßigen Reaktionen, die wir aus der Kindheit kennen, finden sich im Kind-Ich-Zustand wieder. Da Kinder jedoch keineswegs immer nur tun können, was ihnen gerade so in den Sinn kommt, hat die Transaktionsanalyse den Kind-Ich-Zustand noch weiter unterteilt, nämlich in »freies« und »angepasstes« Kind.

Das freie Kind spielt, ist vergnügt, folgt nur seinen eigenen Regeln und schert sich nicht um so lästige Dinge wie Termine und Vereinbarungen. Das angepasste Kind hingegen orientiert sich stark an dem, was man ihm sagt. Jedoch nicht immer widerspruchslos. Deshalb wurde beim angepassten Kind

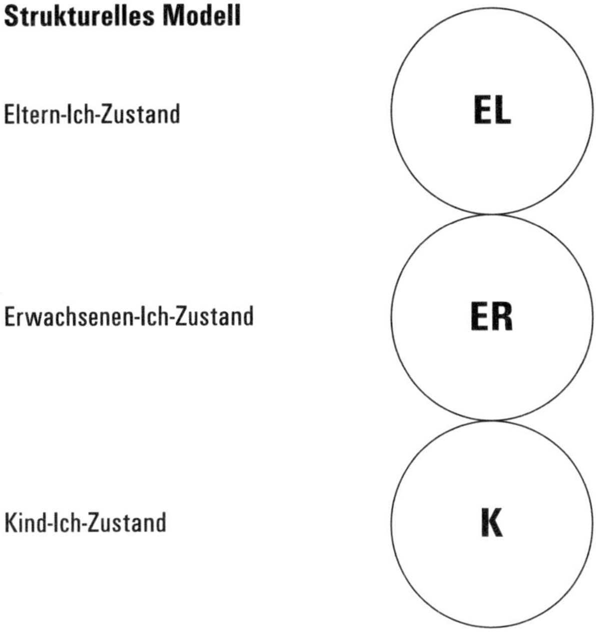

Strukturmodell der drei Ich-Zustände

noch eine weitere Unterscheidung vorgenommen. Die Kehrseite der Anpassung ist die Rebellion. Man spricht in der Transaktionsanalyse deshalb auch vom »rebellischen Kind«.

Man beachte den Unterschied zwischen freiem Kind und rebellischem Kind: Das freie Kind schert sich nicht um Konventionen, weil es sie gar nicht wahrnimmt. Das rebellische Kind reibt sich an ihnen und begehrt dagegen auf. Das freie Kind kommt zu spät nach Hause, weil es beim Spielen so vertieft war, dass es die Zeit vergessen hat. Das rebellische Kind kommt zu spät nach Hause, weil es dagegen aufbegehrt, solchen Begrenzungen unterworfen zu sein.

Sie werden sicherlich auch bei Ihren Mitarbeitern solche Unterschiede feststellen können. Da gibt es Mitarbeiter, die sind sofort für alles zu begeistern, sind meist gut gelaunt, albern während der Teamsitzungen gern ein bisschen herum, verlieren aber auch schnell einmal die Lust an etwas, wenn es nicht so vorwärts geht, wie sie das wollen. Andere sind eher etwas ängstlich, warten auf genaue Anweisungen und erfüllen punktgenau, was man ihnen aufgetragen hat. Sehr viel Initiative entwickeln sie allerdings nicht. Und wieder andere

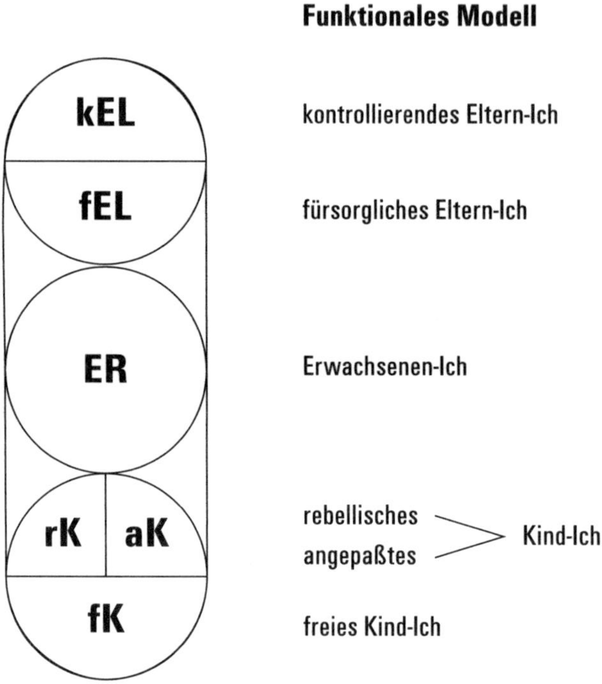

Funktionales Modell der drei Ich-Zustände

löcken gern wider den Stachel, gehen einem auf den Nerv, weil sie erst einmal sowieso grundsätzlich dagegen sind, bringen durch ihren rebellischen Geist aber manchmal auch ganz schön Schwung in den Laden.

Wie aus der kurzen Aufzählung vielleicht schon klargeworden ist, hat jeder Kind-Ich-Zustand seine Vor- und Nachteile. Das Gleiche gilt für die anderen beiden Ich-Zustände. Und daher muss das hier ganz deutlich gesagt werden: Es gibt keinen guten oder schlechten Ich-Zustand! Die Ich-Zustände der Transaktionsanalyse sind keine Wertungen, sondern Beschreibungen. Deshalb sollten Sie keinem Ich-Zustand den Vorzug geben: Jeder macht in den unterschiedlichen Lebenssituationen seinen Sinn, wenn er angemessen eingesetzt wird.

Der Erwachsenen-Ich-Zustand ist aktiv, wenn wir Informationen verarbeiten, logisch denken, Argumente gegeneinander abwägen, ganz und gar sachlich sind. Denn Emotionen haben im Erwachsenen-Ich nichts verloren, man hat vollkommen auf den Kopf umgestellt und der ist nun einmal absolut rational. Ein Mensch im Erwachsenen-Ich kann nicht gut herzlich und begeistert sein – aber man kann auch nicht mit ihm streiten! Also glauben Sie keinem, der Sie anbrüllt, er sei aber völlig sachlich! Wo immer er sein mag, im Erwachsenen-Ich ist er nicht.

Im Eltern-Ich-Zustand befindet sich jemand, der so denkt, fühlt und handelt, wie er es früher bei Elternfiguren erlebt hat, sei es tatsächlich bei den eigenen Eltern oder bei anderen wichtigen Bezugspersonen. Da Eltern oder andere Autoritätspersonen meist zwei Funktionen erfüllen, nämlich einerseits behüten und ernähren und andererseits anordnen und verfügen, hat die Transaktionsanalyse auch beim Eltern-Ich eine weitere Unterteilung vorgenommen. Sie unterscheidet zwischen dem »fürsorglichen« und dem »kontrollierenden« Eltern-Ich.

Jeder Mensch wechselt für gewöhnlich im Laufe eines Tages mehrmals die Ich-Zustände. Sie können das vielleicht bei sich selbst beobachten: Je nachdem, womit Sie gerade beschäftigt sind oder mit wem Sie es zu tun haben, wird ein anderer Ich-Zustand aktiviert. Vielleicht fällt Ihnen dabei auch auf, welchen Ich-Zustand Sie favorisieren. Denn Menschen wechseln zwar situa-

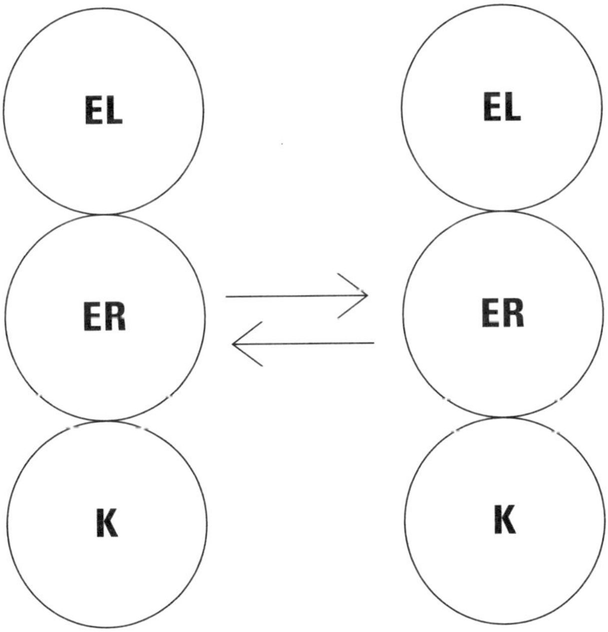

Parallel-Transaktion

tionsabhängig die Ich-Zustände, doch fast jeder hat einen Ich-Zustand, den er am häufigsten einnimmt.

Selbstverständlich kommunizieren wir in jedem der drei Ich-Zustände auch anders, weshalb es sinnvoll ist, auch jeweils anders darauf zu reagieren. Kommen wir also auf die Kommunikationsprozesse zurück.

Jede Transaktion zwischen zwei oder mehr Menschen besteht aus einem Stimulus und einer Reaktion: A sagt etwas und stimuliert dadurch einen bestimmten Ich-Zustand bei B. B reagiert auf das Gesagte, entweder aus dem angesprochenen oder aus einem anderen Ich-Zustand heraus

Wenn die Kommunikation so funktioniert, wie die Grafik es zeigt, wenn also das Gegenüber aus dem angesprochenen Ich-Zustand heraus antwortet, spricht die Transaktionsanalyse von einer Parallel-Transaktion. Parallel-Transaktionen haben die Eigenschaft, in formaler Hinsicht vollkommen reibungslos zu verlaufen, selbst wenn sie inhaltlich voller Konflikte sind: Der aufgebrachte Vater (im kontrollierenden Eltern-Ich) schimpft die Tochter aus – der wütende Teenager (im rebellischen Kind-Ich) schreit zurück. Das kann stundenlang so weitergehen. Die erste Kommunikationsregel lautet also wie folgt:

Bei Parallel-Transaktionen ist die Kommunikation im Fluss, sie kann endlos so weitergehen.

Wie das obige Beispiel zeigt, sagt allein die Tatsache, dass eine Kommunikation endlos so weitergehen könnte, nichts über ihre Qualität aus. Deshalb hat man manchmal den Wunsch, sie zu verändern. Der Vater könnte das zum Beispiel tun, indem er plötzlich sagt: »Entschuldige bitte, ich wollte dich eigentlich gar nicht so anschreien!« (Als der Ältere könnte er ja auch der Vernünftigere sein.) Dem Teenager bleibt vor Verblüffung der Mund offen stehen. Was ist dabei auf der Kommunikationsebene passiert?

Er hat den Ich-Zustand gewechselt. Aus dem kontrollierenden Eltern-Ich wechselte er in den Erwachsenen-Ich-Zustand und sprach mit seinem Tonfall das Erwachsenen-Ich seiner Tochter an. In einem solchen Fall spricht die Transaktionsanalyse von einer gekreuzten Transaktion und wir verstehen jetzt die zweite Kommunikationsregel, die besagt:

Bei gekreuzten Transaktionen bricht die Kommunikation zunächst einmal zusammen.

Jetzt werden die Karten sozusagen neu gemischt und es muss neu entschieden werden, wie es weitergehen soll. Antwortet die Tochter aus dem Erwachsenen-Ich, kommt wahrscheinlich eine vernünftige Auseinandersetzung über den Ausgangskonflikt zustande. Doch meist passiert etwas anderes. Nach dem kurzen Moment der Verblüffung antwortet die Tochter: »Ach ist das super, dass wir uns jetzt wieder ganz lieb haben!« Den schnippischen, herausfordernden Tonfall dazu können Sie sich sicher vorstellen. Das ist ganz klar eine Kriegserklärung!

Aber was macht sie dazu, unter Kommunikationsgesichtspunkten betrachtet? Die Tochter sendet eine verdeckte Botschaft. Oberflächlich, den reinen Wortlaut betrachtend, könnte man glauben, vom angepassten Kind ginge ein Stimulus an das nährende Eltern-Ich des Vaters. Nimmt man jedoch noch Tonfall und vielleicht auch Mimik hinzu, so ist schnell klar, was die Tochter eigentlich zum Ausdruck bringen will: »So schnell kommst du mir nicht davon, und auf deine Entschuldigungen pfeife ich. Jetzt wird gestritten!«

Worauf, glauben Sie, wird der Vater reagieren (wenn er nicht gerade ein gewiefter Psychologe ist)? Auf das, was die Worte zum Ausdruck zu bringen scheinen oder auf die Kriegserklärung? Richtig, natürlich auf die Kriegserklärung. Und das bringt uns jetzt zur dritten Kommunikationsregel, die besagt:

Bei verdeckten Transaktionen ist immer die verdeckte Ebene die entscheidende!

Nehmen Sie der Tochter ihre Reaktion bitte nicht übel, alle Menschen benutzen verdeckte Transaktionen. Vielleicht haben Sie Spaß daran, einmal bei sich selbst herauszufinden, in welchen Situationen Sie zu verdeckten Transaktionen greifen. Verdeckte Botschaften haben auch durchaus ihren Sinn – manche Dinge lassen sich mit verdeckten Botschaften am besten ausdrücken.

In manchen Situationen jedoch heizen verdeckte Transaktionen einen Konflikt richtiggehend an, und dann ist es wichtig, wenn man erkennt, was sich gerade abspielt, und zum Beispiel eine verdeckte Botschaft offen legen kann. Dann ist wenigstens allgemein klar, worüber gesprochen wird. Angenommen also, der Vater im obigen Beispiel wäre ein gewiefter Psychologe, der seine Stimme schonen will. Um nicht wieder schreien zu müssen, könnte er ganz ruhig fragen: »Verstehe ich dich richtig, dass du lieber mit mir weiter streiten möchtest?«

Lassen wir offen, wie die Tochter darauf reagieren würde, aber halten wir fest, dass solch ein Aussprechen des verdeckten Inhalts eine sehr wirkungsvolle Strategie ist, um mit verdeckten Transaktionen umzugehen. Auch jemand, der dazu neigt, mit verdeckten Transaktionen Gift zu verspritzen, wird sich das wahrscheinlich abgewöhnen, wenn man die verdeckte Ebene rigoros offen legt.

Es gibt noch eine andere wirkungsvolle Möglichkeit, auf jemanden zu reagieren, der mit verdeckten Botschaften kommuniziert. Wiederum vorausgesetzt, der Vater wäre ein gewiefter Psychologe, der genau weiß, was er tut, so könnte er auch ganz bewusst nur auf die oberflächliche Wortebene reagieren und zum Beispiel ganz treuherzig sagen: »Ja, mein Schatz, du weißt doch, dass ich dir einfach nicht böse sein kann!« Das würde der Tochter vermutlich erst einmal den Wind aus den Segeln nehmen.

Wer verdeckte Transaktionen benutzt, der will auch, dass sie eine Wirkung haben. Wenn diese Wirkung verpufft, weil der andere nicht auf die verdeckte Ebene reagiert, muss diese Ebene schließlich doch noch offen gelegt werden – oder man wird in Zukunft auf verdeckte Transaktionen verzichten.

Auch im Coaching-Prozess können Sie mit verdeckten Botschaften konfrontiert werden, entweder weil der Mitarbeiter sie Ihnen gegenüber einsetzt, oder weil Sie ihn beraten müssen, wie er damit umgehen kann. Es kommt häufig vor, dass sich Menschen den verdeckten Transaktionen hilflos ausgeliefert fühlen, weil sie sie nicht greifen können. Sie wissen nicht, wie sie reagieren sollen, weil sie sich zwar unwohl fühlen, aber nicht verstehen, was sich da eigentlich gerade abspielt. Die Erklärung der dritten Kommunikationsregel hat schon manches Aha-Erlebnis ausgelöst.

Es gibt noch eine Sonderform von verdeckten Transaktionen, die sich nicht am Ich-Zustand orientieren, sondern am Inhalt, das sind die so genannten Tangentialtransaktionen. Da sie sehr häufig anzutreffen sind und vor allem zu Beginn eines Coaching-Prozesses eine große Rolle spielen können, haben wir ihnen ein ganzes Unterkapitel gewidmet.

Tangentialtransaktionen

Wir werden in diesem Buch immer wieder darauf hinweisen, wie wichtig im Coaching-Prozess offene Fragen sind. Offene Fragen sind – im Gegensatz zu geschlossenen Fragen – solche, die nicht einfach mit ja oder nein beantwortet werden können. Sie sind es, die dem Mitarbeiter Gelegenheit geben, sich zu öffnen und seine Sicht der Dinge darzulegen. Aber natürlich darf man nicht erwarten, dass jemand auf die erste offene Frage hin gleich sein ganzes Herz ausschüttet! Zu Beginn eines Coachings ist es durchaus üblich und normal, dass ein Mitarbeiter zunächst einmal ausweichend antwortet, wenn er auf etwaige Probleme bei der Arbeit angesprochen wird.

Das ist weder tragisch, noch macht es die Sache besonders schwierig. Schwierig wird es nur, wenn die Führungskraft diese Reaktion als Beweis einordnet: Der Mitarbeiter hat kein Vertrauen zu mir! Er weicht mir aus, er will das Coaching gar nicht. Solche Gedanken führen natürlich leicht zu Ärger und Abwehr auf Seiten der Führungskraft und sind deshalb überhaupt nicht hilfreich.

Dabei ist der Grund für ausweichende Antworten häufig ganz einfach darin zu finden, dass der Mitarbeiter selbst erst einmal suchen und Worte finden muss für das, was er gerade durchlebt. Die wenigsten Menschen sind so hochgradig selbstreflektiert, dass es ihnen leicht fällt, ihr Innenleben spontan in die richtigen Worte zu fassen. Aus diesem Grund weichen sie aus auf nichtssagende Antworten wie: »Ich weiß auch nicht so recht« oder reagieren mit einer Gegenfrage: »Ist das wirklich so? Sind Sie mit meiner Arbeit nicht zufrieden?«

Dieses Kommunikationsverhalten nennt die Transaktionsanalyse Tangentialtransaktionen. So, wie die Tangente einen Kreis nur an einem äußeren Punkt berührt, zielt diese Art von Kommunikation nicht ins Schwarze, sondern streift das Thema nur am Rande, um dann ganz woanders hinzuführen.

Wir alle geben solche tangentialen Antworten, wenn uns das angesprochene Thema entweder unangenehm ist oder wir keine rechte Antwort wissen und auf jeden Fall das Thema lieber wechseln würden. Das Kommunikationsangebot, das mit der oben genannten Tangentialtransaktion gemacht wird, heißt im Grunde genommen: »Lassen Sie uns lieber darüber sprechen, ob Sie mit meiner Arbeit zufrieden sind, als über die Ursachen meines Verhaltens.«

Tangentialtransaktionen sollten Sie immer hellhörig machen, denn sie sind ein ganz guter Hinweis darauf, dass man sich dem springenden Punkt nähert. Es mag am Anfang vielleicht ein bisschen schwierig sein, wieder sensibel zu werden für das Erkennen von Tangentialtransaktionen, denn unser Alltag ist so voll davon, dass wir sie oft gar nicht mehr wahrnehmen.

Doch wer seine Wahrnehmung schult, wird bald feststellen, wie oft die Menschen unbemerkt, aber nichtsdestoweniger dramatisch den Fokus ihrer Aufmerksamkeit durch Tangentialtransaktionen verschieben lassen. Da gibt es zum Beispiel Verschiebungen vom Fühlen auf das Denken, wenn auf die

Frage: »Wie fühlen Sie sich denn in dieser Situation mit Ihrem Kollegen?« die Antwort erfolgt: »Ich denke, ich sollte jetzt erst einmal mit meinem Gruppenleiter sprechen!« Ganz folgerichtig schließt sich an diese Antwort die nächste Frage an: »Was wollen Sie ihm denn sagen?« Und schon hat sich das Gespräch wegentwickelt vom Fühlen und ist über das Denken zum Handeln gekommen!

Wenn Sie im Coaching merken, dass Ihr Gesprächspartner mit Tangentialtransaktionen auf Ihre Fragen reagiert, sollten Sie ihn durch erneutes Fragen wieder zum eigentlichen Thema zurückführen. Wenn zwei oder drei Versuche jedoch zu keinem Ergebnis führen, wenn der Mitarbeiter immer wieder ausweichend antwortet, können Sie dieses Verhalten auch offen ansprechen. Machen Sie ihn darauf aufmerksam, dass Ihnen auffällt, dass er das angesprochene Thema vermeidet. So klärt sich wahrscheinlich schnell, warum das ein heikler Punkt ist.

Wichtig ist auf jeden Fall, dass Sie sich nicht widerspruchslos auf ein Terrain führen lassen, wo Sie gar nicht hinwollten, denn dort, wo Sie mit Ihren Fragen gerade sind, scheint ja eine »heiße Gegend« zu sein. Die Chance, diese Gegend zu erkunden, sollten Sie sich nicht nehmen lassen, auch nicht durch ein verlockendes anderes Gesprächsthema.

Das Kommunikationsmuster

Es gibt eine weitere Kommunikationsregel, die sowohl im Führungsalltag als auch im Coaching eine wichtige Bedeutung besitzt, weshalb es gut ist, sie zu kennen.

Eric Berne, der Begründer der Transaktionsanalyse, hat Folgendes herausgefunden:

> ***Die ersten Transaktionen sind die entscheidenden, denn während der ersten Transaktionen werden bereits die Weichen dafür gestellt, wie die Menschen in Zukunft miteinander umgehen werden.***

Gleich zu Beginn einer Beziehung kann also ein gemeinsames Kommunikationsmuster entstehen, das völlig anders aussehen kann als das Muster, das man mit einem anderen Menschen hat. Dieses früh festgelegte Muster später wieder zu verändern, ist sehr viel schwieriger, als von Beginn an darauf zu achten, dass die Kommunikation in den richtigen Bahnen verläuft.

In diesem Punkt hat es die Führungskraft als Coach schwerer als ein externer Coach, denn die erste Sitzung ist für Führungskraft und Mitarbeiter natürlich kein wirklicher Neuanfang. Man kann miteinander nicht bei Null anfangen und von vornherein ein gutes Coaching-Kommunikationsmuster aufbauen, denn es besteht ja längst ein gemeinsames Muster. Und dieses bestehende Kommunikationsmuster ist nicht unbedingt hilfreich im Coaching-Kontext.

Es ist nicht möglich, Regeln darüber aufzustellen, was denn nun ein gutes Kommunikationsmuster im Coaching ist. Es lässt sich nur lapidar sagen: Gut ist es dann, wenn man miteinander die Inhalte geregelt bekommt und die Beziehung gut ist. Das kann von Fall zu Fall und von Mensch zu Mensch verschieden sein. Es lässt sich jedoch viel leichter präzisieren, wie ein schlechtes Kommunikationsmuster aussieht.

Es könnte zum Beispiel sein, dass eine Führungskraft sich auf Grund des andauernden Zeitdrucks angewöhnt hat, sofort im Stakkato alle anstehenden Themen abzuhandeln, bevor der Mitarbeiter noch richtig zum Gespräch Platz genommen hat, und daher kein Gespräch länger als zehn Minuten dauert. Weil es schnell gehen soll, hat der Chef es sich vielleicht gar angewöhnt, die Sätze eines Mitarbeiters selbst zu vollenden, wenn der eine kleine Denkpause einlegt oder nach den richtigen Worten sucht.

Oder es gibt den umgekehrten Fall, dass der Chef gern ein Weilchen unverbindlich plaudert, bevor er zum eigentlichen Kern der Sache kommt. Das ist für den Mitarbeiter im Coaching-Kontext eine schwierige Situation, weil er nicht weiß, wann er denn nun zur Sache kommen soll.

Für Führungskräfte ist es manchmal schwierig, in der Coaching-Situation nicht in die gewohnten Verhaltensmuster zu verfallen, sondern ganz bewusst ein eigenes Kommunikationsmuster für die Coaching-Gespräche aufzubauen. Um über diese Schwierigkeit hinwegzukommen, ist es hilfreich, sich vor der ersten Sitzung bewusst zu machen, welches die üblichen Kommunikationsmuster mit diesem Mitarbeiter sind, welche Rituale sich bereits etabliert haben. Man kann sich fragen, ob der übliche und gewohnte Gesprächsverlauf auch für das Coaching-Gespräch anwendbar und hilfreich ist oder ob man die Situation ganz bewusst anders gestalten will. Die Gedanken, die man sich darüber macht, sind ein ganz wesentlicher Teil der Vorbereitung auf das Coaching. Dieser Punkt wird deshalb in die Checkliste zur Vorbereitung auf die erste Sitzung aufgenommen, ohne dass im entsprechenden Kapitel noch ein weiteres Mal auf ihn eingegangen wird.

Psychologische Spiele

Sie haben nun schon einiges erfahren über Kommunikation, ihre Muster und ihre Regeln. Eine meist sehr konfliktträchtige Variante von Kommunikation stellen die psychologischen Spiele dar. Sie werden auch im beruflichen Kontext sehr häufig gespielt, und da eines der Hauptmerkmale eines psychologischen Spieles ist, dass sich alle Beteiligten hinterher schlecht fühlen, werden Sie auch im Coaching wohl gelegentlich damit konfrontiert. Oft hilft es schon, wenn Sie Ihrem Mitarbeiter etwas über die innere Dynamik von psychologischen Spielen erklären können, damit er sich aus einem solchen Spiel befreien kann. Es kann natürlich auch vorkommen, dass Ihr Mitarbeiter Ihnen ein »Spielangebot« macht – gut, wenn Sie dann erkennen, was da mit Ihnen gespielt werden soll, und gar nicht erst einsteigen.

Psychologische Spiele sind ein komplexes Thema. Es würde den Rahmen dieses Buches sprengen, mit der notwendigen Gründlichkeit darauf einzugehen. Wir können Ihnen hier nur eine kurze Einführung in die Theorie und die Beschreibung der am häufigsten gespielten Spiele bieten. Wenn Sie nach der Lektüre dieses Kapitels den Wunsch verspüren, mehr darüber zu erfahren, finden Sie Informationen im Buch *Die alltäglichen Spielchen im Büro* von Ulrich Dehner (Campus 2001).

Ob ein psychologisches Spiel gespielt wird, lässt sich meist schnell erspüren. Wenn man denkt: »Oh nein, nicht schon wieder. Jetzt geht das schon wieder los! Als nächstes kommt dann ...«, so ist das meist ein Indiz dafür, dass man gerade in ein Spiel gerutscht ist. Denn wie andere Spiele auch folgen sie ganz bestimmten Regeln. Aus diesem Grund gibt es in der Transaktionsanalyse eine Spielformel, mit der die Abfolge eines Spieles beschrieben werden kann:

- Jedes Spiel beginnt mit einem Köder.
- Der Köder trifft auf den wunden Punkt des Partners.
- Die Spielpartner nehmen ihre Rolle im Drama-Dreieck ein.
- Darauf folgen die eigentlichen Spielzüge, das heißt eine mehr oder weniger lange Reihe verdeckter Transaktionen.

- Einer der Partner oder beide wechseln die Rolle im Drama-Dreieck, worauf das Spiel zu einem überraschenden Ende kommt.
- Es erfolgt die Endauszahlung in Form negativer Gefühle.

Wie jedes andere Gesellschaftsspiel auch, kann ein psychologisches Spiel nur gespielt werden, wenn mindestens zwei mitspielen. Um den anderen zum Mitspielen zu bewegen, wirft man ihm einen Köder hin. Der Köder kann eine Frage sein, er kann eine Aussage oder eine Aufforderung sein. Als Köder eignet sich alles, was den anderen anbeißen lässt. Wenn Sie ein sehr gutmütiger Mensch sind, dessen Hilfsbereitschaft gern ausgenutzt wird, wäre ein klägliches »Ich komme da einfach nicht weiter, kannst du mir das noch einmal erklären?« (obwohl Sie es schon hundertmal erklärt haben!) wahrscheinlich ein sehr geeigneter Köder.

Ein anderer, der nichts auf seine Kompetenz kommen lassen möchte, wäre vielleicht besser zu einem Helferspiel zu ködern mit der zweifelnden Bemerkung: »Oh, ich glaube nicht, dass Sie das hinkriegen …«

Wie Sie nun schon erkennen, nutzt ein Köder nur etwas, wenn er geschluckt wird. Wenn Sie ihn liegen lassen, kommt das Spiel nicht zustande. Aber warum schlucken wir immer wieder Köder, obwohl wir oft genug schon beim Schlucken merken, dass uns das nicht bekommt?

Weil der andere mit seinem Spielangebot das trifft, was die Transaktionsanalyse den »wunden Punkt« nennt. Ein wunder Punkt kann bei jedem etwas ganz anderes sein und hat viel mit unserem Bezugsrahmen (darüber erfahren Sie im nächsten Kapitel mehr) und unseren Glaubenssätzen zu tun. Ein gutmütiger Mensch hat vielleicht den Glaubenssatz verinnerlicht: Nur wer hilfsbereit und für seine Mitmenschen da ist, ist etwas wert! Für so jemanden ist der Köder »Bitte, hilf mir!« doch der reinste Leckerbissen.

Wer jedoch seine eigenen wunden Punkte kennt, der hat es sehr viel leichter, sich nicht ködern zu lassen. Um die eigenen wunden Punkte kennen zu lernen, kann man sich fragen:

- Wo fühle ich mich schnell angegriffen?
- Was kann ich einfach nicht unwidersprochen durchgehen lassen?
- Wo entsteht ein innerer Druck für mich zu handeln?

Wenn ein Partner ein Spielangebot gemacht hat, auf das der andere eingestiegen ist, haben beide ihre Rolle im so genannten Drama-Dreieck eingenommen.

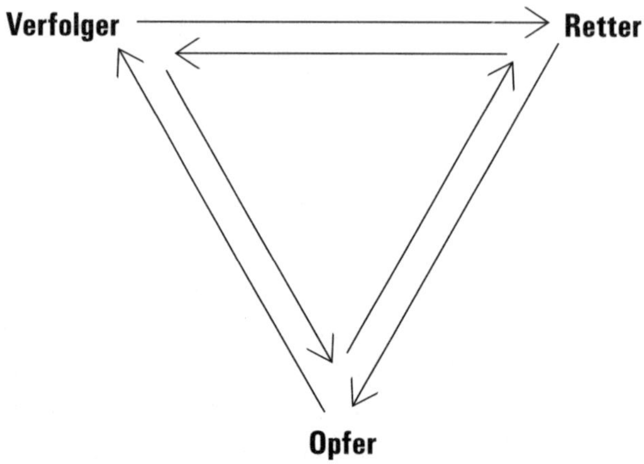

Das Drama-Dreieck

Wie auf der Abbildung zu erkennen ist, sind in einem psychologischen Spiel drei Rollen zu besetzen: Die des Opfers, die des Retters und die des Verfolgers. Spielangebote können aus jeder Rolle heraus gemacht werden. Der Köder »Bitte, hilf mir« (der natürlich nur dann ein Köder ist, wenn derjenige, der ihn auslegt, ohne weiteres in der Lage wäre, sich selbst zu helfen) kommt von jemandem, der die Opferrolle eingenommen hat. Er bietet dem anderen die Retterrolle an. Wer aus der Retter- oder der Verfolgerposition ein Spiel anzetteln will, ist auf der Suche nach jemandem, der die Opferrolle übernimmt.

Wer eine Rolle im Drama-Dreieck akzeptiert hat, ist schon mitten im Spiel. Weitergespielt wird dann mit Hilfe verdeckter Transaktionen, die nicht der Klärung irgendwelcher Sachfragen dienen, auch wenn sie sich so tarnen, sondern den einzigen Zweck haben, die Rollenverteilung zu bekräftigen.

Aber irgendwann hat jeder auch von den schönsten Spielen genug. Außerdem wird es ja Zeit, dem anderen die Endauszahlung zu verpassen. Erreicht wird das durch den abrupten Rollenwechsel: Aus dem Retter oder dem Opfer wird vielleicht ganz plötzlich ein Verfolger. Da schlägt das »arme Opfer« überraschend zu und spricht mit ätzender Stimme: »Wenn Sie das ein einziges Mal so erklären würden, dass man es auch verstehen kann, bräuchte ich Sie nicht immer wieder um Hilfe zu bitten!« Oder der bisher so geduldige Retter fährt aus der Haut: »Immer muss ich mich um deinen Mist kümmern, mach doch deinen Krempel mal allein!«

Das Ergebnis ist immer das gleiche, man fühlt sich schlecht dabei! Auf den ersten Blick ist es schwer zu verstehen, dass Menschen sich so viel Mühe geben, etwas zu tun, was ihnen nichts weiter einbringt als schlechte Gefühle. Doch diese schlechten Gefühle haben einen interessanten Nebeneffekt: Sie bestätigen unseren Blick auf uns und die Welt. Wenn ich glaube, dass ich ein armes Schwein bin, dann gibt es mir Sicherheit, mir das selbst immer wieder durch die Opferrolle zu bestätigen. Diese Sicherheit ist vielen Menschen so viel wert, dass sie bereit sind, dafür mit der Preisgabe ihres Selbstbewusstseins zu bezahlen. Wenn ich glaube, dass meine Lebensberechtigung darin besteht, nur für andere da zu sein, werde ich mich für sie aufopfern und bezahle mit der Preisgabe meiner eigenen Interessen.

In diesem Streben nach Sicherheit – der Sicherheit, dass die Welt tatsächlich so ist, wie ich immer geglaubt habe, dass sie ist – liegt eine der tieferliegenden Ursachen für psychologische Spiele. Eine andere liegt darin, dass wir einige Spiele vielleicht schon in der Kindheit erlernt haben und sich dieses Verhalten so automatisiert hat, dass wir gar keine Alternative mehr dazu griffbereit haben. Und eine dritte Ursache kann natürlich sein, dass es uns Erfolg gebracht hat zu spielen: Ich will keine Verantwortung übernehmen. Denn das erwartet auch niemand von einem Opfer. Oftmals ist den Menschen gar nicht klar, welch hohen Preis sie für diese Erfolge bezahlen.

Wie kann man das Mitspielen verhindern?

Da psychologische Spiele im Sinne einer wirklich erfolgreichen Kommunikation unfruchtbar sind, außerdem Zeit und Nerven kosten und die meisten Menschen gute Gefühle für erstrebenswerter halten als schlechte, würden sie sich gern weniger häufig in Spiele verstricken lassen. Am einfachsten ist es natürlich, gar nicht erst in das Spiel einzusteigen. Dazu muss man die eigenen wunden Punkte kennen lernen. Denn wenn man weiß, auf welche Köder man gern anbeißt, kann man es trainieren, sie links liegen zu lassen, was in diesem Fall nicht heißt, den anderen zu ignorieren, sondern beispielsweise einem Angriff auf die eigene Kompetenz sachlich und freundlich zu begegnen, statt sofort in Verteidigungshaltung zu gehen.

Wenn man den Eindruck hat, dass man in ein Spiel verwickelt werden soll, kann man sich fragen: Welche Rolle spielt der Partner? Welche Rolle bietet er mir an? Gelingt es, in keine der drei Rollen zu schlüpfen, weder die angebotene noch eine andere, so kommt auch kein Spiel zustande. Dabei darf man nicht unterschätzen, wie hartnäckig Spieler manchmal sein können und wie ausgefeilt in ihren Methoden. Psychologische Spiele werden schließlich nicht zum Spaß gespielt, sondern sie erfüllen für den Spieler einen Zweck. Also setzt er einiges daran, damit das Spiel in Gang kommt, er eskaliert. Und ehe man es sich versieht, hat man doch die mit Nachdruck aufgedrängte Rolle übernommen.

Zum Handwerkszeug eines versierten Spielers gehört es auch, seine Rolle zu wechseln, wenn das ursprüngliche Spielangebot ausgeschlagen wurde, um zu sehen, ob ein anderer Köder besser greift. Man sollte also auch darauf vorbereitet sein, dass beispielsweise aus dem ursprünglichen Opfer ein Verfolger wird – oder umgekehrt. Wenn man erst einmal ein Gespür für die Rollen des Drama-Dreiecks entwickelt hat, fällt es immer leichter, sie zu erkennen.

Trotzdem wird es immer wieder passieren, dass man es zu spät merkt: Eben war man noch gelassen und freundlich und dann kommt dieser hanebüchene Vorwurf, den man einfach nicht auf sich sitzen lassen kann! Quasi gegen den eigenen Willen ist man zum Verfolger geworden. Keine Panik, man kann zu jedem Zeitpunkt aus einem Spiel aussteigen! Nur weil man einmal hineingerutscht ist, muss man es nicht bis zum bitteren Ende spielen. Es ist jederzeit möglich, eine Rolle wieder abzulegen.

Das Ja-Aber-Spiel

Dem Ja-Aber-Spiel sind Sie sicherlich auch schon begegnet, denn es wird sehr gern gespielt. Wie der Name des Spiels schon andeutet, wird jeder Vorschlag mit einem »Ja, aber …« abgeschmettert, so lange, bis der, der sich bemüht, konstruktive Ideen zu entwickeln, schließlich keine Lust mehr hat und aufgibt.

Dem Ja-Aber-Spiel liegen unterschiedliche Motivationen zugrunde. Entweder geht es dem Spieler darum zu dokumentieren, dass der andere ja keine Ahnung hat, sonst würde er nicht mit solchen unbrauchbaren Vorschlägen kommen. Oder ein Spieler will die Verantwortung für etwas abwälzen und seine Einwände dienen dem Nachweis, dass er diese Aufgabe unmöglich übernehmen kann.

Mit noch genialeren Vorschlägen oder noch besseren Argumenten können Sie dieses Spiel nicht stoppen. Sie können es nur unterbrechen, wenn Sie den

Spieler auf sich selbst zurückwerfen. Wenn man Sie um Ideen gebeten hat und Ihnen nach dem dritten »Ja, aber …« auf Ihre Vorschläge der Verdacht kommt, dass da ein Spiel im Gange ist, fragen Sie Ihren Gesprächspartner, was er denn für eine gute Lösung seines Problems halte. Und wenn Sie den Eindruck haben, dass das Spiel gespielt wird, weil jemand sich vor etwas drücken will, machen Sie ihn klar und freundlich darauf aufmerksam, dass aber just genau das zu den Aufgaben zählt, für die er bezahlt wird.

Es gibt noch eine dritte Variante des Ja-Aber-Spiels, mit der man es im Coaching gelegentlich zu tun hat. Ein Mitarbeiter benutzt die Methode, weil er ambivalent ist: Einerseits möchte er etwas verändern, andererseits traut er sich das Neue noch nicht zu oder hat Angst davor. Diese Ambivalenz drückt sich dann in Formulierungen wie »Eigentlich möchte ich schon gern, aber …« aus.

Als Coach unterlaufen Sie ein solches Ja-Aber-Spiel am besten, indem Sie konsequent den Spieß umdrehen. Stellen Sie sich auf die Seite der Nichtveränderung und spielen Sie Ihrerseits »Ja, aber …« Wenn Sie die ambivalente Haltung Ihres Mitarbeiters erkennen, können Sie ihm zum Beispiel sagen, dass Sie völlig eingesehen haben, dass er den besprochenen neuen Schritt nicht gehen kann. Antwortet er darauf, dass das doch aber diesen und jenen Vorteil hätte, wenn er es machen würde, argumentieren Sie dagegen, dass er doch vorhin schlüssig dargelegt habe, weshalb es nicht geht. Wenn Sie lange genug gegen die gewünschte Veränderung plädieren, muss er immer mehr Gründe für sich selbst finden, die den Schritt doch möglich machen.

Das funktioniert jedoch, wie gesagt, nur dann, wenn beim Gesprächspartner eine Ambivalenz vorliegt. Und wenn Sie nicht der Versuchung erliegen, zu schnell wieder die Seite der Veränderung zu unterstützen! Als Coach müssen Sie sehr lange auf der Seite des Zweifelns bleiben, um beim Mitarbeiter den Wunsch nach Veränderung wirklich zu verfestigen. Wenn er sich durch Ihre »zweifelnde« Haltung zu schnell entmutigen lässt und Ihnen beipflichtet, dass es wohl wirklich nichts bringen würde, den Schritt zu machen, dann hatte er ohnehin nicht genügend innere Motivation dazu.

Das Gerichtssaalspiel

Beim Gerichtssaalspiel geht es um die beliebte Frage: Wer hat Schuld? Ein Problem ist aufgetreten, aber nicht Lösungswege werden gesucht, sondern Schuldige. Es gibt Anklagen und Verteidigungsreden, es werden Zeugen aufgerufen und Beweismittel vorgelegt. Das alles kostet sehr viel Zeit und löst das Problem nicht!

Chefs wird meistens die undankbare Aufgabe angetragen, die Richterrolle zu übernehmen. Diese Rolle ist nicht nur deshalb undankbar, weil es so viel Zeit kostet, sich all die Anklagen und Rechtfertigungen anzuhören. Sie ist es auch deshalb, weil nach einem »Urteilsspruch« meist eine unzufriedene Partei übrig bleibt, die darauf sinnt, den Richter so bald wie möglich wieder anzurufen, um doch noch Recht zu bekommen. Oder die einen Groll nährt, der sich früher oder später auch bei der Arbeit bemerkbar macht.

Ein Warnsignal dafür, dass sich ein Gerichtssaalspiel ankündigt, sind folgende Fragen:

- Wer hat Recht?
- Wer hat Schuld?
- Wer hat angefangen?
- Wer ist dafür verantwortlich?

Das Gerichtssaalspiel beenden Sie als Chef am effektivsten dadurch, dass Sie konsequent die Richterrolle ablehnen. Wenn die streitenden Parteien sich durch Ihre zum Ausdruck gebrachte Haltung, dass Sie nicht an der Schuldfrage, sondern an den Lösungen interessiert seien, nicht beeindrucken lassen und versuchen, weiter zu spielen, konfrontieren Sie sie auch mit der Frage, ob die Auffindung eines Verantwortlichen denn wirklich die aufgetretene Schwierigkeit behebt, das Malheur beseitigt. Oder ob Rechthaben allein schon jemals auch nur einen müden Euro Umsatz gebracht habe.

Wenn Sie hingegen von einem »Richter« als »Angeklagter« in ein Gerichtssaalspiel gezogen werden sollen, ziehen Sie sich am besten dadurch aus der Affäre, dass Sie nicht auf die Schuldzuweisungen reagieren, sondern den anderen auf mögliche Lösungswege hin orientieren. Wenn Sie wirklich einen Fehler gemacht haben, ist es natürlich gut, sich dafür zu entschuldigen, aber lange Verteidigungsreden führen zu nichts. Dann ist es schon sehr viel besser, sich zu überlegen, wie man die Sache in Ordnung bringen kann.

Das Blöd-Spiel

Das Blöd-Spiel ist ein typisches Opferspiel. Der Spieler ignoriert die eigene Denk- und Problemlösefähigkeit, um in der Opferrolle nach dem Retter zu suchen, der ihm irgendeinen längst bekannten Sachverhalt zum x-ten Mal erklärt oder ihm bei einer Aufgabe hilft, die er locker allein bewältigen könnte. Dabei gilt zu beachten, dass der Blöd-Spieler keineswegs blöde ist, sondern mindestens so intelligent wie Sie und ich.

Warum hat er es dann trotzdem nötig, sich auf eine Art und Weise zu verhalten, die ihm nur Kopfschütteln, wenn nicht gar die Verachtung seiner Mitmenschen einbringt? Weil er dieses Verhalten in der Kindheit als Überlebensstrategie gebraucht hat. Gelegentlich sind Eltern mit der Intelligenz ihrer Kinder überfordert. Da sie die Macht dazu haben, machen sie den Kindern auf drastische Weise klar, was für dumme, kleine Würstchen sie sind. Blöd-Spieler haben als Kinder gelernt, dass ihnen »dumme« Fragen liebevolle Aufmerksamkeit einbringen, wohingegen es nur zu Ärger führt, wenn sie zeigen, was sie drauf haben.

Dieser Lernprozess ist natürlich nicht bewusst vonstatten gegangen. Aber gerade, weil die Strategie unbewusst erlernt wurde und weil sie viele Male seit der Kindheit ihre Bestätigung erfahren hat, hielt sie sich im Berufsleben, wo es schließlich auch genügend Menschen gibt, die anderen gern zeigen, dass sie einfach besser sind.

Bei diesem Spiel haben nämlich sowohl Opfer als auch Retter einen Gewinn. Das Opfer bekommt die Aufmerksamkeit, die es haben will; der Retter kann sein Selbstwertgefühl steigern. Allerdings hat natürlich auch dieses Spiel seinen Preis, weshalb die negativen Gefühle auch diesmal nicht ausbleiben. Da das Opfer, wie wir wissen, gescheit ist, merkt es natürlich, dass es sich weit unter Wert verkauft. Das nagt an seinem Selbstwertgefühl, ebenso wie die Einschätzung seiner Mitmenschen, die ihm ebenfalls nicht verborgen bleibt.

Der Retter zahlt mit seiner Zeit, die ihm immer wieder für seine eigenen Tätigkeiten abhanden kommt, wenn er die Aufgaben des Opfers löst.

Als Retter können Sie aus diesem Spiel aussteigen, wenn Sie das Opfer konsequent zum Selbstdenken und Problemlösen ermuntern. Allerdings nicht, indem Sie aus der Retter- in die Verfolgerrolle wechseln und das Opfer anpfeifen: »Jetzt stellen Sie sich mal nicht so dämlich an. Ich weiß doch, dass Sie das können!« Ein guter Spieler kommt damit locker klar und beweist Ihnen, dass er es doch nicht kann.

Wenn Sie jedoch freundlich auf Ihrer Weigerung beharren, die Retterrolle anzunehmen und zum Beispiel, statt zum x-ten Mal zu helfen, fragen: »Wie haben Sie es denn das letzte Mal gemacht?« und ihn ermuntern, seine Fragen selbst zu beantworten, kostet das am Anfang zwar schon ein bisschen Zeit, führt aber dazu, dass der Blöd-Spieler auf die Dauer mehr und mehr seinen eigenen Fähigkeiten vertraut.

Eine Führungskraft vereinbarte sogar Folgendes mit einem hartnäckigen Blöd-Spieler:

- Jede Frage, mit der Sie zu mir wollen, legen Sie bitte schriftlich nieder!
- Formulieren Sie auf diese Frage, ebenfalls schriftlich, mindestens drei eigene Antworten.
- Klären Sie für sich, welche Antwort die richtige ist.
- Wenn Sie dann noch eine Frage haben, kommen Sie selbstverständlich zu mir. Aber bringen Sie den Zettel mit.

Dieses Vorgehen erwies sich als äußerst erfolgreich. Mit blöden Fragen kam der Mitarbeiter nicht wieder, sondern nur noch mit solchen, die er wirklich nicht selbst beantworten konnte. Diesen Aufwand zu betreiben, nur um ein Spiel abzubrechen, lohnt sich ganz besonders mit Blöd-Spielern, denn dank ihrer Intelligenz entwickeln sie sich meist zu hervorragenden Mitarbeitern.

Innerer Bezugsrahmen und Werte

Eines der wichtigsten psychologischen Konzepte im Zusammenhang mit Coaching befasst sich mit dem Bezugsrahmen von Menschen. Der Bezugsrahmen ist deshalb so wichtig, weil er unsere innere, psychologische Dynamik bestimmt. Unsere gefühlsmäßigen Reaktionen hängen genauso von ihm ab wie unsere Verhaltensweisen und Handlungsmöglichkeiten.

Der innere Bezugsrahmen entspricht einer Brille, die unsere Wahrnehmung einfärbt.

Wobei das eine Brillenglas getönt wird durch die Sichtweisen, die auf unseren früheren Erfahrungen basieren: »So ist die Welt. Immer wieder habe ich die Erfahrung gemacht, dass Handwerker sich dreimal bitten lassen und dann trotzdem nicht kommen!« Habe ich es also wieder mit Handwerkern zu tun, werde ich dafür Sorge tragen, dass ich sie terminlich festnagle, notfalls unter Strafandrohung, denn mein Bezugsrahmen sagt mir, dass auf Handwerker kein Verlass ist.

Im anderen Brillenglas spiegeln sich unsere Werte und all die Dinge, die uns wichtig sind: »Kundenzufriedenheit ist das oberste Gebot! Wenn es sein muss, gehe ich auch am Sonntag ins Geschäft und sorge dafür, dass der Kunde mit unserer Leistung zufrieden ist.« Da können Ehepartner und Kinder noch so lange (und berechtigt) schimpfen. Wenn im Bezugsrahmen der Wert Kundenzufriedenheit höher ist als der Wert Familienglück, muss die Familie sich mit dem Spielen der zweiten Geige zufrieden geben!

Dinge, die einem wichtig sind, alle die Werte, die man hat, bestimmen jedoch nicht nur unser Verhalten. Sie setzen bereits viel früher an: Sie steuern und prägen sogar schon unsere Wahrnehmung. Was ein begeisterter Autonarr zum Beispiel mit einem Blick erfasst: sämtliche Details des neuen Facelifts bei seiner Lieblingsmarke, wird von einem anderen noch überhaupt nicht bemerkt. Wo ein Jazzliebhaber beim ersten Ton eines Saxophons den für ihn unverwechselbaren Klang von Stan Getz heraushört, merkt ein anderer vielleicht noch nicht einmal, dass da überhaupt Musik spielt.

Um möglichst viel Verständnis für andere Menschen und ihre Verhaltensweisen zu entwickeln, ist es hilfreich, sich diese Wahrnehmungsprägung immer wieder bewusst zu machen. Wie schnell ist man geneigt zu glauben: »Das gibt es doch gar nicht, dass man das nicht hört/sieht/erkennt!« Wie vieles von dem, was Sie umgibt, hören oder sehen Sie nicht? Einfach, weil es Ihnen nicht wichtig ist?

Diese Wahrnehmungsprägung verstellt einem manchmal nämlich auch den Blick, wenn der Mitarbeiter so ganz anders handelt, als man selbst es tun würde. Das Wissen darüber ist vor allem dann wichtig, wenn der Mitarbeiter mit ganz anderen Werten an Dinge herangeht als die Führungskraft. Für einen Chef, der als obersten Wert Leistung und Kundenorientierung hat, ist es natürlich unbegreiflich, dass ein Mitarbeiter beispielsweise einen auswärtigen Kundentermin verschiebt, nur weil sein Kind an diesem Tag Geburtstag hat und er deshalb am Abend zu Hause sein möchte.

Zum inneren Bezugsrahmen gehört jedoch nicht nur unsere Sicht auf die Welt, sondern auch unsere Sicht auf uns selbst. Er besteht also aus Weltbild plus Selbstbild und umfasst die Gesamtheit unserer Denk- und Glaubenssysteme. In Analogie zur Computerwelt könnte man vielleicht bildlich sagen, der innere Bezugsrahmen ist der Quellcode für unser Lebensprogramm.

Die Grundlagen des inneren Bezugsrahmens werden schon in der Kindheit gelegt. Manches übernehmen wir wahrscheinlich auch von Eltern oder anderen wichtigen Bezugspersonen, doch ist der Bezugsrahmen als Ganzes keine feststehende Größe. Manche Teile ändern sich durch persönliche Entwicklung, durch neue Erfahrungen oder durch einschneidende Erlebnisse. Andere Teile schleppen wir über Jahre oder Jahrzehnte ziemlich unverändert mit uns herum.

Wie sich der Bezugsrahmen durch neue Erfahrungen ändern kann, lässt sich sehr schön erkennen, wenn man als Vater oder Mutter plötzlich Dinge tut, die man als Kind oder Jugendlicher bei den eigenen Eltern wirklich ätzend fand! Nun lässt man die Kinder auch nicht stundenlang vor dem Fernseher sitzen, lässt sie Zähneputzen, immer, wenn es am schönsten ist, und besteht darauf, dass sie spätestens um zehn zu Hause sind.

Beispiele für den Bezugsrahmen eines Menschen, oder korrekter gesagt, für Teile seines Bezugsrahmens, lassen sich in allen möglichen Alltagssituationen finden. Da gab es zum Beispiel vor Jahren jenen älteren Luxuswagenkunden, der sich vom Autoverkäufer von den Vorteilen eines Airbag überzeugen ließ. Aber so ein Airbag war ja damals eine teure Sache! Den Airbag wollte er deshalb nur auf der Fahrerseite haben, für den Beifahrer beziehungsweise die Beifahrerin fand er es überflüssig – bis der Verkäufer zu ihm sagte: »Haben Sie mir nicht erzählt, dass manchmal abends Ihre Frau Sie nach Hause fährt? Dann sitzen doch Sie auf dem Beifahrersitz!« Nun leuchtete ihm ein, dass auch auf der Beifahrerseite ein Airbag eine Notwendigkeit ist. Der Bezugsrahmen, der hinter dieser Entscheidung steckte, liegt auf der Hand: Geld wird nur für meine eigene Sicherheit ausgegeben!

An einem Bahnhofsschalter gerieten zwei Wartende fast in ein Handgemenge. Eine Dame stand seitlich versetzt neben einer langen Schlange. Ein Herr kam hinzu und stellte sich hinter den in seinen Augen letzten Wartenden. Die Dame fuhr ihn recht barsch an, was ihm einfiele, sich so vorzudrängeln. Der Herr entschuldigte sich und sagte, er habe sich keineswegs vordrängen wollen. Er habe gedacht, sie warte auf jemanden, der in der Schlange steht. Sie antwortete streng, dass sie genau rechtwinklig zum Schalter stünde. Dieses Beispiel zeigt, dass es in seinem Bezugsrahmen bedeutete, sich korrekt anzustellen, wenn man unmittelbar hinter den letzten Wartenden tritt, in ihrem Bezugsrahmen hingegen stand man nur richtig an, wenn man in gerader Linie zum Schalter stand.

In allen Problemsituationen spielt der Bezugsrahmen eines Menschen eine Rolle. Als Führungskraft kommt man zum Beispiel schnell in die Problemsituation völliger Überlastung, wenn man den Bezugsrahmen hat, dass man nur dann eine gute Führungskraft ist, wenn man jederzeit für jeden Mitarbeiter da ist.

Das Wissen über den inneren Bezugsrahmen ist im Coaching aus zwei Gründen besonders wichtig: Zum einen für die Diagnostik, zum anderen für die Interventionen. Die Diagnostik spielt für die Veränderungsprozesse, um die es im Coaching ja hauptsächlich geht, eine große Rolle, denn man muss wissen, wie der Mitarbeiter tickt. Für die Führungskraft heißt das, sie muss wissen, wie sein Klient an die Situation herangeht, mit der er hinterher ein Problem hat.

Bezugsrahmen und Probleme sind eng verknüpft

Probleme zu haben scheint die einfachste Sache der Welt zu sein, selbst der Dümmste hat sie – und doch ist es ein kreativer Akt! Man muss einiges tun und lassen, um hinterher mit einem Problem dazustehen. Was man tut und was man lässt aus der unendlichen Zahl von Möglichkeiten, hat viel mit unseren Denkweisen zu tun, mit den inneren Einschätzungen, die wir vornehmen, und den inneren Botschaften, die wir uns geben.

Dass zwei Menschen auf die haargenau gleiche Situation vollkommen unterschiedlich reagieren, liegt an ihren unterschiedlichen Denkmustern. Dieses Denkmuster zu erkennen liefert dem Coach oft schon den Schlüssel zur Lösung des Problems. Denn Probleme ergeben sich meistens nicht daraus, dass jemand eine bestimmte Verhaltensweise nicht beherrscht, sondern daraus, dass es ihm aufgrund seines Bezugsrahmens nicht möglich erscheint, diese Verhaltensweise zu zeigen.

Das lässt sich ganz einfach nachvollziehen am Beispiel desjenigen, dessen Problem es ist, nicht Nein sagen zu können, wenn man ihn um etwas bittet. Aber auch wenn sein Bezugsrahmen ihm verbietet, eine Bitte abzuschlagen, hat er wahrscheinlich überhaupt keine Mühe damit, »Nein, danke« zu sagen, wenn man ihm ein weiteres Stück Kuchen aufnötigen will.

Deshalb ist der Bezugsrahmen unter anderem auch dafür verantwortlich, welche Handlungsalternativen uns zur Verfügung stehen. Wenn man als Chef zum Beispiel im Verhalten eines Mitarbeiters einen persönlich gegen sich gerichteten Affront sieht, wird die Verhaltensweise »Verständnis zeigen« in dem Moment nicht zum Verhaltensrepertoire gehören. Ordnet man hingegen die gleiche Verhaltensweise als Ausdruck der Überforderung des Mitarbeiters ein, ist »Verständnis zeigen« wahrscheinlich eine leichte Übung, man braucht das nicht erst zu lernen.

Aus diesem Grund ist die Kenntnis des Bezugsrahmens des Mitarbeiters, den man coacht, auch für die Interventionen wichtig, denn Interventionen führen nur dann zum gewünschten Ziel, wenn sie Handlungen in Gang setzen. Wenn diese Handlungen am inneren Bezugsrahmen des Mitarbeiters scheitern, weil sie zum Beispiel aufgrund seiner Werte keine Handlungsalternative für ihn darstellen, verpufft die schönste Intervention gänzlich wirkungslos.

Manchmal erkennt man auch sehr schnell, dass ein Vorschlag, den man machen will, nicht greifen kann, weil man von seinem eigenen Bezugsrahmen ausgegangen ist, das Gegenüber aber einen ganz anderen hat. So erging es einem Coach, der ein ganz abenteuerliches Arbeitspensum bewältigte und aus diesem Grund dazu übergegangen war, zu allen auswärtigen Terminen nach Möglichkeit mit dem Zug zu fahren: Das war seine Schlafenszeit! Ein Klient, den er neu hatte, beklagte sich im Coaching über seine wahnsinnige Arbeitsbelastung, und der Coach wollte ihm gerade den Trick mit dem Zug als mögliche Lösung anbieten. Da hob der Klient noch einmal zu klagen an und sagte: »Ich finde es einfach unmenschlich, keinen einzigen Tag vor sechs Uhr abends aus dem Büro zu kommen!« Dem Coach blieb sein konstruktiver Vorschlag im Halse stecken! Nach seinem Bezugsrahmen wäre er wahrscheinlich völlig unterbeschäftigt gewesen, wenn er täglich nur bis 18 Uhr gearbeitet hätte.

Der innere Bezugsrahmen ist die wichtige Größe, an der wir alles, was uns zustößt, messen. Der innere Bezugsrahmen ist verantwortlich dafür, wie wir innere und äußere Ereignisse einordnen und verarbeiten. Von der Art, wie wir Ereignisse einordnen, hängen unsere Reaktionen im emotionalen und im Verhaltensbereich ab. Man stelle sich zwei Menschen vor, die beide einen Fehler begehen. Der eine hat den Bezugsrahmen »Wenn mir etwas schief geht, fange ich einfach wieder von vorn an«. Er nimmt den Fehler nicht weiter tragisch und macht sich unbeeindruckt wieder an die Arbeit. Der andere hingegen hat den Bezugsrahmen »Ich bin ein Versager«. Er wertet den Fehler als Bestätigung für sein Selbstbild, fühlt sich entsprechend mies und gibt, im schlimmsten Fall, ganz auf.

Der Bezugsrahmen ist ein Mosaik, kein fest gefügtes Ganzes

Da der Bezugsrahmen wie ein Mosaik ist, das aus vielen kleinen Teilen zusammengesetzt ist, kann es vorkommen, dass in manchen Situationen verschiedene Teile des gesamten Bezugsrahmens miteinander im Widerstreit liegen. Ein Teil des Bezugsrahmens sagt vielleicht: »Jetzt ist es schon fast acht Uhr! Ich finde, niemand sollte länger als zehn Stunden im Büro sein. Außerdem bin ich müde.« Aber ein anderer Teil des Bezugsrahmens wendet ein: »Was man angefangen hat, das bringt man auch zu Ende! Noch ein Stündchen, dann hast du es doch geschafft.«

In solchen Fällen gibt es normalerweise eine Hierarchie von Wertungen, sodass bei widersprüchlichen Impulsen derjenige zum Tragen kommt, der einen höheren Platz in der Werteskala einnimmt. Nur dann, wenn die Teile des Bezugsrahmens völlig gleichwertig sind, kommt es zu einer Pattsituation. Die Folge ist, dass der Betreffende das als unlösbaren Konflikt erlebt und sich wie gelähmt fühlt.

Ein Familienvater hatte zum Beispiel den Glaubenssatz, dass Familie etwas ganz Wichtiges und er für das Wohl und Wehe seiner Familie verantwortlich ist. Außerdem war er der Überzeugung, dass es wichtig ist, sich seine Arbeitskraft zu erhalten, und drittens gehörte es zu seinen obersten Grundsätzen, dass man das, was man angefangen hat, auch beenden muss. Mit diesen drei einigermaßen gleichrangigen Werten kam er so lange klar, bis er sich selbstständig machte.

Als Unternehmer machte er nämlich recht schnell die Erfahrung, dass er niemals fertig war. Wie viel er auch tat, es gab immer noch eine ganze Menge mehr zu tun! Wenn er also bis spät in die Nacht hinein arbeitete, hatte er das Gefühl, ein schlechter Ehepartner und Vater zu sein und nichts für sich selbst zu tun. Nahm er sich frei, fühlte er sich als schlechter Unternehmer. Es kam so weit, dass er das Gefühl hatte, gar nichts mehr richtig zu machen. Bei der Arbeit grübelte er über die Versäumnisse seiner Familie gegenüber nach, doch der Familie konnte er sich auch nicht wirklich widmen, weil er dann ständig an all die unerledigten Aufgaben dachte, die im Büro auf ihn warteten. Die drei im Widerspruch zueinander stehenden Anteile seines Bezugsrahmens lähmten ihn so, dass er allein keinen Ausweg aus diesem Dilemma fand.

Zwei Personen können niemals exakt den gleichen Bezugsrahmen haben, denn selbst wenn ihr Bezugsrahmen sich stellenweise deckt, bleiben doch genug unterschiedliche Sichtweisen und Bewertungen übrig, die letztlich auch die unterschiedlichen Persönlichkeiten ausmachen. Allerdings kann es natürlich vorkommen, dass zwei Menschen in Hinblick auf ein bestimmtes Problem den gleichen Bezugsrahmen haben.

Wenn das im Coaching passiert, werden die beiden vermutlich stecken bleiben. Denn da der Bezugsrahmen des Mitarbeiters offensichtlich nicht geeignet ist, das Problem zu lösen, wird die Sache nicht besser dadurch, dass der Coach den Bezugsrahmen des Mitarbeiters teilt. Betrachtet er das Problem auf die gleiche Weise, ist er nicht in der Lage, neue Aspekte hinsichtlich der Lösbarkeit in den Prozess einzuführen. Im schlimmsten Fall wird ihn ein Gefühl der Macht- und Ausweglosigkeit gegenüber dem Problem des Mitarbeiters überfallen, und wo man machtlos ist, kann man auch nichts verändern.

Kein Bezugsrahmen gleicht einem anderen

Alle Veränderungen im Denken, Fühlen und Handeln gehen einher mit einer Veränderung des Bezugsrahmens.

Eine sehr wichtige Veränderung des Bezugsrahmens kann schon stattfinden durch die Erkenntnis, dass andere Menschen einen anderen Bezugsrahmen haben als man selbst! Es gehört nämlich zu den Merkmalen des Bezugsrahmens, dass ein jeder zunächst ganz naiv, aber nichtsdestoweniger felsenfest davon überzeugt ist, der eigene Bezugsrahmen sei quasi eine universelle Größe. »Das ist doch vollkommen natürlich, dass man so darüber denkt!« »Na selbstverständlich sehe ich das so! Wie soll man das denn sonst sehen?«

Das hat nichts damit zu tun, dass wir nicht jedem seine Meinung zugestehen (manchmal jedoch mit dem unausgesprochenen Zusatz: »Aber verstehen kann ich das nicht, wie er zu so einer dämlichen Meinung kommt«), sondern eher damit, dass viele der Glaubenssätze und Gedanken, die die Grundlage unseres Bezugsrahmens bilden, so tief in uns verankert sind, dass wir sie bewusst gar nicht mehr wahrnehmen. Sie sind einfach da, wir brauchen über sie nicht mehr nachzudenken, und da ergibt sich wie von selbst die Überzeugung, dass alle anderen von den gleichen Voraussetzungen ausgehen wie man selbst und allen anderen die gleichen Dinge wichtig sind.

Kommt es dann doch zu einer Konfrontation von verschiedenen Bezugsrahmen, erzeugt das im günstigsten Fall ein Überraschungsmoment. So erging es mir, als ich mit dem bescheidenen Segelboot, das ich mit einem Freund teilte, in einem fremden Hafen neben einer umwerfenden Holzyacht aus den zwanziger Jahren festmachte, die wie neu aussah. Voller Ehrfurcht bewunderte ich das herrliche Schiff und eingedenk der vielen Stunden, die wir jedes Jahr an unserem Boot schleiften, lackierten und reparierten, sagte ich zum Besitzer: »Das ist bestimmt ein Haufen Arbeit!« Er sah mich ein bisschen mitleidig an, bevor er meinte: »Wenn man es selbst macht, schon!« Mit meinem Bezugsrahmen war ich gar nicht auf die Idee gekommen, dass man das andere für sich erledigen lassen kann!

Manchmal löst ein sehr unterschiedlicher Bezugsrahmen aber auch tiefes Unverständnis aus. In einem Zielfindungsseminar hatte ich einmal eine Reihe von Teilnehmern mit sehr ehrgeizigen Zielen, es ging um große Karrieren und viel Geld. Diese Teilnehmer waren fassungslos, fast schon schockiert, als ein anderer sagte, sein oberstes Lebensziel sei es, mit möglichst wenig Geld auszukommen!

Im schlechtesten Fall kommt es jedoch zu einer Abwehrreaktion: »Das ist ja unglaublich, empörend, so kann man das doch nicht sehen!«, die in einen ernsthaften Konflikt münden kann. So gerieten einmal ein älterer und ein jüngerer Kollege heftig aneinander, weil der jüngere sich einem Kunden gegenüber einer etwas saloppen Ausdrucksweise bedient hatte. Für den Älteren stellte das einen Affront dem Kunden gegenüber dar, während der Jüngere meinte, er habe damit nur zum Ausdruck gebracht, dass er nicht so ein »steifer alter Knochen« sei. Von ihrer Warte aus gesehen, hatten natürlich beide recht: Was für den Jungen einfach ein lockerer Spruch war, war in den Ohren des Älteren grob unhöflich. Ihr Bezugsrahmen hinsichtlich angemessener Ausdrucksweise klaffte eben weit auseinander. Es ist nicht überliefert, wie der Kunde zu der Sache stand.

Wenn ich mit Seminarteilnehmern über unterschiedliche Bezugsrahmen spreche, wähle ich sehr gern folgendes Beispiel: Ich erzähle, dass ich in einer sehr großen Wohnung aufgewachsen bin und frage die Teilnehmer dann, was das ihrer Meinung nach heiße. Für die meisten Bezugsrahmen bedeutet das eine Größe von 100 bis 150 Quadratmetern. Unsere Wohnung war jedoch 240 Quadratmeter groß. Ein Teilnehmer meinte einmal pikiert, das hätte ich auch gleich sagen können, dass ich ein Einfamilienhaus meine. In seinem Bezugsrahmen kam eine Etagenwohnung von 240 Quadratmetern gar nicht vor! Und damit kommen wir zum nächsten Punkt, der im Zusammenhang mit Bezugsrahmen von großer Bedeutung ist, nämlich zu den Worthülsen.

Worthülsen müssen geknackt werden

Wir benutzen im alltäglichen Sprachgebrauch unentwegt Worthülsen wie »sehr große Wohnung« oder »Das hat mich ein bisschen Zeit gekostet« oder »Das ist viel zu viel Arbeit«. Worthülsen, die ein jeder aufgrund seiner Erfahrungswerte, sprich aus seinem Bezugsrahmen heraus, füllt. Wenn die Bezugsrahmen sehr weit auseinander klaffen, kann es schnell zu Missverständnissen kommen, weil man aneinander vorbei redet.

Im Extremfall kann es sogar zu einer Konfliktsituation führen. Man denke nur an den Mitarbeiter, der zu seinem Chef sagt: »Ich habe so viel geleistet, ich finde, ich habe eine deutliche Gehaltserhöhung verdient!« Dem Vorgesetzten wird schon ganz flau, weil er sich darunter mindestens 800 Euro vorstellt. Der Mitarbeiter will aber tatsächlich nur 300 Euro mehr und ist ziemlich erbost über die ablehnende Haltung seines Chefs, der auf die vermeintlichen 800 reagiert und nicht weiß, wie er eine solche Erhöhung bewerkstelligen soll.

Worthülsen bergen immer dann besondere Probleme, wenn irgendwelche Mengenangaben unpräzise gemacht werden. Wer weiß schon genau, was damit gemeint ist, wenn gesagt wird: »Sie brauchen zu lang für diese Arbeit!« Oder was bedeutet das kryptische: »Da habe ich mehr erwartet!«? Und auch auf Folgendes sollte man sich erst einlassen, wenn man genauer nachgefragt hat: »Könntest du mir einen kleinen Gefallen tun?«

Natürlich werden Sie auch im Coaching immer wieder mit Worthülsen konfrontiert, die Sie genau erfragen müssen: »Was meinen Sie konkret?« Wenn es nötig ist, sollten Sie sich die Worthülsen mit Beispielen füllen lassen. Denn manchmal bekommt man auf eine Nachfrage nur eine zweite Worthülse serviert, davon wird man nicht klüger. Fragt man zum Beispiel: »Inwiefern ist dieses Projekt für Sie denn eine große Belastung?« und erhält zur Antwort: »Es ist eben eine Riesenarbeit!«, weiß man auch nicht mehr als vorher. Präziser wäre: »Das Projekt kostet zusätzliche drei Stunden pro Tag, sodass ich jeden Tag elf Stunden arbeiten muss!«

Um wirklich genau zu wissen, um was es dem anderen geht, ist es nötig, ein sehr feines Ohr zu entwickeln für all die Worthülsen, die einem angeboten werden. Man darf nicht nachlassen, so lange weiter zu fragen, bis die Aussagen konkret sind. Gerade weil unsere Alltagskommunikation gespickt ist mit Worthülsen, ist es sehr verführerisch, sich im Coaching zu schnell mit einer »logischen«, »einleuchtenden«, aber nur scheinbar klaren Aussage zufrieden zu geben. Wir sind so daran gewöhnt, die Worthülsen anderer Menschen zu füllen (und uns selbst genauso unpräzise auszudrücken, das heißt, unsere eigenen Worthülsen füllen zu lassen), dass es Mühe und Konzentration kostet, darauf zu achten und sich zu fragen: »Weiß ich jetzt genau, was der andere meint?«

Innere Antreiber

Ein anderes psychologisches Konzept, das im Coaching wertvolle Unterstützung bietet, stammt ebenfalls aus der Transaktionsanalyse. Es befasst sich mit den so genannten *inneren Antreibern.*

Sicherlich sind Ihnen in Ihrem Berufsleben, vielleicht auch im Privatleben, schon Menschen begegnet, von denen Sie den Eindruck hatten, dass sie sich das Leben selbst unnötig schwer machen. Sei es, dass sie sich selbst unter einen ungeheuren Anforderungsdruck setzten, sei es, dass sie alles noch komplizierter machen, als es ohnehin schon ist oder dass sie mit Gewalt versuchen, 25 Stunden in den Tag zu pressen – Möglichkeiten, es sich schwer zu machen, gibt es viele.

Menschen, die in bestimmten Situationen dazu neigen, es sich schwer zu machen, stehen häufig unter dem Druck von inneren Antreibern. Die Transaktionsanalyse hat das Konzept der inneren Antreiber entwickelt, um erklären zu können, wie bestimmte Verhaltensweisen zustande kommen. Die inneren Antreiber, die wir in der Kindheit erworben haben, sind nicht permanent innerlich aktiv. Sie treten meist erst dann in Erscheinung, wenn sie durch Stresssituationen oder ganz bestimmte Auslöser aktiviert werden. Die Transaktionsanalyse unterscheidet fünf verschiedene Antreiber:

- Sei perfekt!
- Machs anderen recht!
- Beeil dich!
- Streng dich an!
- Sei stark!

Sei perfekt!

Höchstwahrscheinlich ist das der Antreiber, auf den man im Wirtschaftsleben am häufigsten stößt. Menschen, in denen dieser Antreiber die Knute schwingt, zeigen ganz spezielle Verhaltens- und Denkmuster. Sie haben sich während ihrer Kindheit die Botschaft »Sei perfekt!« zu eigen gemacht, weil sie glaubten, nur so die Anerkennung einer wichtigen Bezugsperson, meist Mutter oder Vater, erringen zu können. Perfekt sein bedeutet, dass man keinen Fehler machen darf. Deshalb wird man bei solchen Menschen feststellen, dass ihnen die innere Erlaubnis fehlt, auch einmal einen Fehler zu begehen. Das korrespondiert natürlich mit den Zielen mancher Firmen. Wie wichtig Fehler sind, wird bei all dem Perfektionsstreben gern vergessen.

Ohne die innere Erlaubnis, Fehler zu machen, fällt auch das Lernen schwer. Denn da ein Lernender zwangsläufig Fehler macht, gerät man schnell in eine Zwickmühle. In den Coaching-Ausbildungsgruppen und Trainings fällt immer wieder auf, dass solche Menschen sich sehr schwer tun, zum Beispiel ein Rollenspiel vor der ganzen Gruppe zu machen. Rollenspiel ist verhaltensbezogenes Lernen und dabei könnten sie ja einen Fehler machen, der nachher womöglich auch noch vor der ganzen Gruppe besprochen wird. Da sie sich eigene Fehler weder zugestehen noch verzeihen, bringen sie sich selbst damit in eine äußerst angespannte Situation.

Aufgrund der fehlenden Erlaubnis, Fehler zu machen, entwickeln sie innerlich generell einen so hohen Stress, dass sie mehr mit sich als zum Beispiel mit ihrem Gesprächspartner oder ihrer Arbeit beschäftigt sind, was dazu führt, dass ihre Leistung häufig weit hinter dem zurückbleibt, was sie eigentlich könnten. Das ist das Paradoxe mit diesem Antreiber: Er führt keineswegs zu einer besseren Arbeit! Eigentlich sollte man meinen, mit einem so hohen Anspruch an die eigene Perfektion müsste eine deutlich bessere Arbeit das Ergebnis sein, doch das ist nicht der Fall. Jemand mit einem Perfekt-Antreiber schafft entweder wirklich gute Arbeit, aber dann mit einem immensen Energieaufwand, der viel höher ist als bei anderen mit gleich guten Ergebnissen, oder er bringt tatsächlich schlechtere Leistungen als andere.

Worüber diese Menschen stolpern, ist ihre Null-Fehler-Toleranz! Um eine wirklich gute Leistung bringen zu können, muss man eine gewisse Fehlertoleranz haben. Man muss aus seinen Fehlern schnell lernen können, ohne dass man von ihnen stunden- oder gar tagelang beeinträchtigt wird. Doch für solche Perfektionisten bedeutet schon ein kleiner Fehler eine mittlere Katastrophe, von der sich die Gedanken kaum wieder lösen können, der Betroffene gerät völlig aus der Spur. Denn alles ist entweder ganz schwarz oder ganz weiß, hundertprozentig oder gar nicht.

Um sich gegen mögliche Fehler abzusichern, wird ein sehr hoher Aufwand betrieben. Das kann sich in sehr umständlichen und langwierigen Arbeitsvorbereitungen äußern. Es zeigt sich typischerweise aber auch daran, dass jemand, der vom »Sei perfekt«-Anspruch angetrieben wird, Mühe hat, bei einer Darstellung schnell, knapp und klar auf den Punkt zu kommen. Denn er wird immer versuchen, sämtliche Informationen auf einmal zu geben, was meist viel zu viel des Guten ist. Ein Drittel der Informationsmenge tut es meistens auch, um etwas zu verstehen.

Ein gutes Beispiel dafür ist der Mitarbeiter, der eine neue Marketingstrategie präsentieren will. Er beschränkt sich jedoch nicht darauf, einfach nur den Ist-Zustand mit den damit verbundenen Problemen in ein oder zwei Sätzen zu schildern, um sodann überzugehen zu den gewünschten Zielen plus der Strategie, wie man sie erreichen kann. Nein, wenn man Pech hat, beginnt er mit der Entstehung der Firma, zeichnet sämtliche Veränderungen, die der Markt seither durchgemacht hat, nach, desgleichen, wie man versucht hat, darauf zu reagieren, um dann weitschweifig zu erklären, wie seine neue Strategie da hinein passt.

Das Ganze in drei oder vier Sätzen wäre durchaus akzeptabel, aber es wird ein längerer Vortrag. Der Mitarbeiter macht das, weil er alle wichtigen Informationen zur Verfügung stellen will, die aus seiner Sicht gebraucht werden, um seine Argumentation zu verstehen.

Wenn Sie als Zuhörer bei einer langatmigen Erklärung ungeduldig werden, könnte das ein Indiz dafür sein, dass Sie es mit jemandem zu tun haben, der unter Perfektionszwang leidet. Ein weiteres Indiz dafür könnte sein, dass jemand zwar gute Arbeit abliefert, aber unverhältnismäßig lange dafür braucht. Oder Sie erhalten von einem Mitarbeiter eine viel höhere Qualität, als Sie im Moment tatsächlich brauchen. Angenommen, Sie haben um den Entwurf eines vorläufigen internen Diskussionspapiers gebeten und Ihr Mitarbeiter feilt sehr lange an Schrifttypen, Gestaltung und Formatierung herum, wohingegen Sie mit einem gut leserlichen, handgeschriebenen Exemplar schon ganz zufrieden gewesen wären.

Ein weiteres Indiz für den Perfekt-Antreiber ist das Bestreben des Mitarbeiters sich permanent abzusichern, weshalb Sie bei jeder seiner E-Mails auf dem Verteiler stehen. Oder er fragt Dinge nach, die schon längst besprochen wurden. Der Perfekt-Antreiber kann sich auch äußern als Scheu und Unsicherheit neuen Aufgaben gegenüber. Denn neue Aufgaben bergen eine größere Gefahr für Fehler als Altvertrautes.

Eine Führungskraft mit Perfekt-Antreiber investiert wahrscheinlich sehr viel Zeit in Kontrollen und will ständig über alles informiert sein. Denn für eine solche Führungskraft käme es einer Katastrophe gleich, beispielsweise während einer Sitzung, auf eine Begebenheit in ihrem Bereich angesprochen zu werden, über die sie nichts weiß, weil sie dann ständig überlegen müsste, was jetzt wohl die anderen denken und ob sie sich als Führungskraft völlig blamiert hat.

Jemand, der unter einem Perfekt-Antreiber leidet, darf nicht verwechselt werden mit jemandem, der einfach nur einen hohen Anspruch an seine Arbeit hat und sich freut, wenn sie ihm so gut wie möglich gelingt. Nicht im hohen Anspruch an die Perfektion liegt das Problem, sondern in der übergroßen Angst vor Fehlern. Auch jemand mit einem hohen Anspruch an seine Arbeit wird sich natürlich bemühen, möglichst keine Fehler zu machen. Doch wenn sie passieren, wird er seine Energien nicht damit blockieren, dass er sie sich stunden- und tagelang übel nimmt, sondern das, was schief gegangen ist, korrigieren. Er lässt Fehler zu, lernt daraus und leistet aus diesem Grund wirklich Überdurchschnittliches. Der Perfekt-Antreiber hingegen verhindert eigentlich gute Arbeit, weil er den Menschen unter einen viel zu hohen Anforderungsdruck setzt.

Machs anderen recht!

Eben haben wir dargestellt, wie es jemandem ergeht, dem die Erlaubnis fehlt, Fehler zu machen. Es ist ein generelles Merkmal von Antreibern, dass eine innere Erlaubnis fehlt – eine innere Erlaubnis, die uns hilft, mit den Wechselfällen und Unzulänglichkeiten des Lebens möglichst stressfrei umzugehen.

Bei dem Antreiber »Machs anderen recht« fehlt die innere Erlaubnis, sich selbst genauso wichtig zu nehmen wie die anderen. Ein Mitarbeiter, der mit diesem Antreiber zu kämpfen hat, schaut sich ständig mit den Augen seiner Umgebung an, um herauszufinden, ob sie auch zufrieden mit ihm ist. Er fragt sich unentwegt, was wohl die anderen über ihn denken. Denken sie auch dann noch positiv über ihn, wenn er dieses oder jenes tut? Das wohlwollende Urteil der anderen ist ihm immens wichtig. Außerdem will er auf gar keinen Fall jemandem weh tun. Und er braucht ein möglichst harmonisches Umfeld.

Aus diesem Antreiber erwachsen eine Reihe von typischen Problemen. Wenn Sie als Coach zum Beispiel damit konfrontiert sind, dass Ihr Mitarbeiter recht konfliktscheu ist, könnten Sie durchaus auf das Vorhandensein dieses Antreibers tippen. Einige weitere Indizien sind zum Beispiel die faulen Kompromisse, die der Mitarbeiter bereit ist einzugehen, um einen Konflikt zu beenden, wenn er unumgänglich geworden war. Meist werden diese faulen Kompromisse gemacht, ohne dem eigentlichen Konflikt wirklich auf den Grund gegangen zu sein, einfach nur, weil man die damit verbundene Spannung nicht aushält.

Ein anderes Muster, das aus diesem Antreiber erwächst, sieht so aus, dass Ihr Mitarbeiter selten mit seiner Arbeit pünktlich fertig wird, weil er ständig noch für Kollegen einspringen muss, die ihm ihre eigenen ungeliebten Aufgaben aufs Auge drücken. Manchmal kann das so weit gehen, dass der Mitarbeiter sogar unbezahlte Überstunden macht, nur weil er nicht Nein sagen kann. Und sich nicht traut, Geld für Überstunden einzufordern, denn dann müsste er ja erklären, weshalb der Kollege seine Arbeit eigentlich nicht selbst macht. Aus Angst, eine Missstimmung herbeizuführen, übernimmt er vielleicht sogar Aufgaben, die gar nicht in seinen Bereich gehören, er will es halt allen recht machen. Sich gegen andere abzugrenzen, ist für ihn ein größerer Stress als länger zu arbeiten.

Sein Auftreten ist dabei über die Maßen bescheiden. Einem solchen Mitarbeiter ist es nachgerade peinlich, einmal gefeiert zu werden, sei es wegen eines Geburtstages, Jubiläums oder eines besonderen Erfolges. Sein auffälligstes Merkmal ist seine Unauffälligkeit! Er bleibt lieber im Hintergrund und sorgt dort für Harmonie.

Schlimm wird es für ihn nämlich dann, wenn es etwa Spannungen im Team gibt. Um auf gar keinen Fall zwischen zwei Lager zu geraten, vermeidet er es, Partei zu ergreifen. Aus solchen Dingen hält er sich lieber heraus. Denn seine Hauptsorge ist, jemand könnte ärgerlich auf ihn sein oder er könnte womöglich jemandem auf die Füße treten. Aus diesem Grund würde er wahrscheinlich auch, trotz guter sachlicher Argumente, niemals seinem Chef widersprechen.

Beeil dich!

Hier fehlt den Menschen die innere Erlaubnis, die Dinge gelassen zu machen. Sie scheinen von dem Gedanken durchdrungen zu sein, dass Geschwindigkeit alles ist – und verbreiten deshalb eine unglaubliche Hektik um sich herum. Der Zwang, alles in einem rasanten Tempo machen zu müssen, drückt sich oft auch in ihrer Art zu sprechen aus: So als würde eine Maschinengewehrsalve abgefeuert.

Die meisten Menschen geben ihre inneren Antreiber auch als Forderung an andere Menschen weiter. Jemand mit dem Sei perfekt-Antreiber rastet fast aus, wenn andere Fehler machen; wer es allen recht macht, ist immer wieder enttäuscht und frustriert, wenn andere ihre eigenen Interessen in den Vordergrund stellen. Genauso erwartet auch der Hektiker, das alles »zack-zack« geht. Seine Hektik wirkt ziemlich ansteckend auf die Umgebung, doch nicht in konstruktiver Weise.

Auch bei diesem Antreiber kann man sehr klar den Unterschied sehen zwischen einem Menschen, der den Anspruch hat, seine Arbeit so zügig wie möglich zu erledigen, und einem Menschen mit dem innerem Zwang, sich zu beeilen. Denn die Hektik, die durch den Antreiber entsteht und die für ihn das Normale ist, ist verantwortlich für viele Fehler, die natürlich zusätzliche Zeit kosten. Ebenso wie der Perfektionszwang keineswegs zur Perfektion führt, führt auch Beeil-Zwang nicht zu schnellen Ergebnissen.

Dass vermeintliche Abkürzungen oft viel Zeit kosten, wussten schon die alten Chinesen, weshalb es bei ihnen das Sprichwort gab: »Wer es eilig hat, soll einen Umweg machen.« Außerdem sind Hektik und Stress so eine Art Zwillingsbrüder, und unter diesen beiden Erscheinungsformen des Antreibers leidet dann nicht nur der unmittelbar Betroffene, sondern unter Umständen die ganze Abteilung, die auf diesen Mitarbeiter gereizt reagiert. Das kann für Sie als Führungskraft bereits ein Hinweis sein, dass tatsächlich ein Antreiber im Spiel ist. Denn niemand reagiert gereizt auf jemanden, der einfach nur zügig seine Arbeit macht.

Auch wenn man den Eindruck hat, dass der Mitarbeiter die Dinge fast so arrangiert, dass er alles in Zeitnot machen muss, indem er zum Beispiel Pufferzeiten nicht ausnutzt oder Aufgaben bis zum letztmöglichen Zeitpunkt liegen lässt, kann das auf den Eil-Antreiber deuten. Ebenso wenn ihm immer wieder in der allerletzten Minute ganz »dringende« Angelegenheiten einfallen, mit denen er seine Umgebung dann unter Druck setzt. Anders als seine

Mitmenschen scheint er die Hektik zu genießen, die auch als gute Entschuldigung dient, wenn die Ergebnisse zu wünschen übrig lassen. Bei all der Hektik ging es halt nicht besser, das wird der Chef ja wohl einsehen.

Der Beeil dich-Antreiber kann auch noch eine andere Auswirkung haben: Nämlich dass der Mitarbeiter recht viel Abwechslung braucht, weil es ihm sonst schnell langweilig wird. Unrast, Hektik und Stress machen es ihm manchmal schwer, sich in eine Thematik zu vertiefen, er möchte lieber etwas Neues anfangen.

Streng dich an!

Bei diesem Antreiber fehlt den Menschen die innere Erlaubnis, Dinge leicht und entspannt zu machen. Ergebnisse zählen nur dann, wenn sie mit enormer Anstrengung verbunden waren. Was keine Mühe gekostet hat, ist auch nichts wert, selbst wenn es in den Augen aller anderen eine gute Sache ist. Selbst Sport und Spiel werden niemals nur des Spaßes wegen betrieben, sondern eher hochleistungsmäßig, und gut war ein Training nur, wenn man hinterher auf dem Zahnfleisch geht.

Entscheidend bei allem ist die Anstrengung, nicht das Ergebnis! Und da liegt auch der Haken bei diesem Antreiber: Wenn man nämlich bei hoher Anstrengung wenig erreicht, ist das auch in Ordnung – denn man hat sich ja viel Mühe gegeben. Da die Anstrengung das zentrale Thema ist, erzählen solche Menschen auch selten von ihren Erfolgen, dafür um so häufiger von ihren großen Mühen.

Solche Mitarbeiter sprechen gern darüber, wie viele Überstunden sie machen, unter welch schwierigen Bedingungen sie arbeiten müssen, wie spät sie die Firma immer verlassen, wie wenig sie zum Schlafen kommen. Da sie erwarten, dass man diese enormen Anstrengungen auch entsprechend würdigt, wären sie entsetzt über die Frage, ob sie denn ihren Job nicht im Griff haben, wenn sie so viele Überstunden machen müssen.

Auch bei diesem Antreiber heißt es, genau hinzuschauen: Nicht jeder, der viel arbeitet, hat auch den Streng-dich-an-Antreiber. Wer viel arbeitet, ohne dass das jetzt unbedingt immer mit viel Anstrengung verbunden sein muss, dabei aber auch viel erreicht, hat vielleicht einfach Spaß an seinem Job, oder es liegt eine besondere Gegebenheit vor, die momentan Überstunden erfordert. Wer sich jedoch ungeheuer anstrengt, dabei aber höchstens so viel erreicht wie andere, die sich nicht halb so viel abstrampeln, macht sich das Leben vielleicht nur deshalb so schwer, weil er seinem inneren Antreiber folgen muss. Da die innere Erlaubnis fehlt, eine Leistung anzuerkennen, die einem leicht gefallen ist, arbeiten diese Mitarbeiter manchmal recht umständlich. Sie zeigen einen sehr hohen Arbeitseinsatz, der jedoch bei genauerem Hinsehen nicht mit dem Ergebnis korrespondiert.

Sei stark!

Ein Mensch, der diesem Antreiber gehorcht, gibt sich selbst nicht die Erlaubnis, sich auch einmal Hilfe von anderen zu holen. Öffentlich eine Schwäche zu zeigen, ist ihm fast unmöglich, denn er neigt dazu, einfach alles aushalten zu wollen. Das führt natürlich oft genug zu einer realen Überlastung, denn das Eingeständnis: »Ich kann nicht mehr« käme für ihn einer totalen Niederlage gleich. Deshalb ist er, trotz eigener hoher Arbeitsbelastung, immer noch bereit, Kollegen zu unterstützen, dem Chef einen Gefallen zu tun und am Wochenende Freunden beim Umzug zu helfen.

Nur er selbst braucht niemals Hilfe! Er kommt immer allein klar – und ist darauf auch noch stolz. Er kann das auch über lange Zeit erstaunlich gut durchhalten, weil er im Laufe der Jahre enorme Fähigkeiten entwickelt hat, mit Überlastung umzugehen. Die Gefahr besteht allerdings, dass es zu einem plötzlichen Zusammenbruch kommt, da alle vorhergehenden Warnsignale von ihm einfach nicht zur Kenntnis genommen wurden. Ein solcher Zusammenbruch stellt dann nicht nur eine körperliche, sondern auch eine psychische Belastung dar. Denn ein Mensch mit Sei-stark-Antreiber versteht gar nicht, wie es dazu kommen konnte. Er hat doch bisher auch alles geschultert!

Solche Mitarbeiter sind natürlich in jeder Firma sehr gern gesehen, weil sie jederzeit bereit sind, einzuspringen, weil sie auch Unangenehmes übernehmen und ihnen nichts zu viel ist. Man fragt sich zwar manchmal im Stillen, wie der das wohl packt, aber man nimmt es gern an. Doch auch diese Medaille hat eine Kehrseite. Die zeigt sich dann, wenn ein Mitarbeiter von einer Aufgabe zum Beispiel tatsächlich überfordert ist, sich aber keine Hilfe holt, weil sein Antreiber ihm befiehlt, dass er das auch allein hinkriegen muss!

So arbeitete etwa der Servicemitarbeiter einer Software-Firma tagelang verbissen am Problem eines Kunden, ohne weiterzukommen. Schließlich bestand der Kunde darauf, dass noch jemand anderes aus der Firma dazukam, der das

Problem in drei Stunden bewältigte. Der ursprünglich mit dem Problem befasste Mitarbeiter stand so im Banne seines Antreibers, es allein schaffen zu müssen, dass er von sich aus niemals auf die Idee gekommen wäre, sich bei einem anderen Rat oder Unterstützung zu holen.

Wie Sie als Coach mit den Antreibern umgehen können, wird ausführlich im Kapitel »Interventionstechniken« besprochen werden. An dieser Stelle ging es uns zunächst einmal darum, die Antreiber zu benennen, um sie als Problemmuster erkennen zu können.

Die erste Coaching-Sitzung

Zur Vorbereitung auf die erste Sitzung gehört, dass man sich klar wird über die Interessen des Unternehmens in Bezug auf dieses Coaching und über die eigenen Ziele. Um hierbei nicht in eine selbst gestellte Falle zu laufen, darf man die eigenen Hypothesen über eventuelle Problemursachen nicht mit der Realität verwechseln. Nur wer offen bleibt für das, was der Mitarbeiter an Informationen gibt, kann individuell passende Lösungen finden. Um sich auf das Coaching einzustellen, ist es hilfreich, sich die einzelnen Phasen eines Coachings zu vergegenwärtigen. Und wer sich gut überlegt, was er dem Mitarbeiter auf welche Art sagen will, stottert nicht im entscheidenden Moment herum. Bedenken und Einwände des Mitarbeiters sind ernst zu nehmen: Außerdem ist er unbedingt darüber aufzuklären, was ein Coaching kann und was nicht.

Der Mitarbeiter muss spüren, dass er beim Coaching im Zentrum steht. Deshalb erhält er Gelegenheit, sich ausführlich zu äußern. Der Coach stellt dazu vertiefende Fragen. Um eine klare, gemeinsame Problemsicht zu erreichen, ist es wichtig, ein deutliches Feedback zu geben, mit dem der Mitarbeiter etwas anfangen kann. Die Formulierung gemeinsamer Ziele gibt dem Coaching die Richtung. Diese Ziele müssen bestimmte Kriterien erfüllen, um tauglich zu sein. Außerdem müssen sie Zugkraft entwickeln und dürfen keine Schlupflöcher enthalten.

Schon in der ersten Sitzung kann es zu einer Gefährdung des Coaching-Prozesses kommen, wenn nämlich die Sicht des Mitarbeiters eklatant von der des Coachs abweicht. Daher sollte der Coach gelernt haben, seine Anschauungen zunächst zurückzustellen. Auch der Übereifer des Coachs kann zum Stolperstein werden. Er sollte deshalb in der Lage sein, jederzeit auf die Meta-Ebene wechseln zu können. Genauso können zu großes Mitteilungsbedürfnis oder zu große Zurückhaltung beim Mitarbeiter ein Coaching zu Fall bringen, da braucht man Geduld und die richtigen Fragetechniken. Auch ein großer

Altersunterschied könnte ein Problem sein. Und nicht zuletzt gibt es drei Rollen, die dem Erfolg eines Coachings abträglich sind: Die Rolle dessen, der den Job besser kann, die des väterlichen Freundes und die des Oberlehrers.

Die Vorbereitung der ersten Sitzung

Eine Coaching-Sitzung sollte gut vorbereitet sein. Zu den ersten und wichtigsten Vorbereitungen gehört die Auseinandersetzung mit folgenden Fragen:

- Was braucht das Unternehmen? Wie viel Coaching ist nötig, um zu einem optimalen Arbeitsergebnis zu kommen?
- Welches sind meine eigenen Ziele? Wohin will ich in gegebener Zeit mit meiner Abteilung, meinem Bereich kommen?
- Was braucht, aus meiner Sicht, der Mitarbeiter?

In diesem Zusammenhang ist unbedingt an die weiter vorne schon thematisierte Überlegung zu erinnern: Wie weit darf ich coachen? Denn es wäre unverantwortlich, Mitarbeitern durch ein weitreichendes Coaching Hoffnungen auf eine anspruchsvollere Tätigkeit zu machen, die sie dann aus betrieblichen Gründen gar nicht haben können.

Hypothesen sind Hypothesen sind Hypothesen

Ein wichtiger Teil der Vorbereitung besteht darin, sich als Führungskraft die eigenen Ziele, die man *mit diesem Coaching* verfolgt, klar zu machen. Wohin will man den Mitarbeiter entwickeln? Welche Probleme sollen gelöst werden? Höchstwahrscheinlich wird man sich in dem Zusammenhang auch Gedanken darüber machen, was man selbst für die Ursachen dieser Probleme hält.

Dabei muss der Führungskraft bewusst bleiben, dass das zunächst nur Hypothesen sind. Auch die schönste, geradezu ins Auge springende Erklärung kann falsch sein! Hat man sich vorschnell für eine Betrachtungsweise entschieden nach dem Motto: Die Sache ist doch völlig klar! Alle Schwierigkeiten rühren daher, dass Müller sich nicht durchsetzen kann. Das muss er lernen!, so sitzt man auf einem Erklärungsmodell fest und behindert sich dadurch womöglich selbst bei der Suche nach der richtigen Lösung.

Wenn die Hypothese, die man sich gemacht hat, mit der Realität verwechselt wird, so wirkt sie wie ein Wahrnehmungsfilter. Wenn das Erklärungsmodell beispielsweise lautet: Ist nicht durchsetzungsfähig, nimmt man von allem, was der Mitarbeiter erzählt, nur noch diejenigen Aussagen wahr, die diese Hypothese unterstützen. Während die anderen Informationen, die der Hypothese widersprechen, am Filter hängen bleiben und ausgeblendet werden. Wenn man als einziges Werkzeug einen Hammer hat, sehen alle Probleme aus wie Nägel!

Dieses Phänomen zeigt sich immer wieder in der Supervision. Wenn ein Coach einen Fall vorstellt, mit dem er nicht recht weiterkommt, kann man meist schon nach sehr kurzer Zeit erkennen, ob er bestimmte Hypothesen hat oder nicht. Man erkennt es anhand der Fragen, die er stellt. Es werden nämlich nur noch Fragen gestellt, die das eigene Modell unterstützen! Informationen, die dazu im Widerspruch stehen, werden teilweise aktiv ausgeblendet. Manchmal lässt sich das, wenn ein Video oder ein Tonband mitläuft, sehr schön nachweisen. Da kamen vom Klienten Informationen, die eindeutig gegen die Hypothesen des Coachs sprachen, von ihm aber überhaupt nicht zur Kenntnis genommen wurden.

Um nicht in diese selbst gestellte Falle zu laufen, ist es hilfreich, sich in der Vorbereitung auf die erste Sitzung nicht auf eine einzige mögliche Problemursache festzulegen, sondern eine ganze Reihe von Hypothesen zu entwickeln. Das führt nebenbei ganz automatisch dazu, dass man sich bewusst wird, dass es nicht nur ein Erklärungsmodell gibt.

Wenn man sich Klarheit über die oben genannten Punkte verschafft hat, kann man sich ganz konkret auf ein anstehendes Coaching einstellen. Die geistige Vorbereitung auf die erste Sitzung könnte damit beginnen, dass man sich noch einmal die einzelnen Phasen eines Coachings vergegenwärtigt.

Die einzelnen Phasen eines Coachings

Die erste Phase ist von zweierlei geprägt. Einmal davon, dass das nötige Vertrauen aufgebaut wird, um miteinander arbeiten zu können, darüber wurde bisher ja schon einiges gesagt. Des Weiteren davon, dass gemeinsam Ziele formuliert werden.

Was das Formulieren der Ziele betrifft, so unterscheidet sich das Coaching eines Mitarbeiters durch die Führungskraft deutlich von einem Coaching durch einen Externen. Denn die Führungskraft ist von den vereinbarten Zielen direkt betroffen. Sie haben ein eigenes Anliegen, was die Ziele des Mitarbeiters betrifft. Als Führungskraft wollen Sie den Mitarbeiter schließlich in eine bestimmte Richtung entwickeln, um mit ihm die eigenen Ziele erreichen zu können. Für die Zielfindung bedeutet das, dass ein Vorgesetzter in diesem Punkt niemals so neutral sein kann wie ein externer Coach.

Die nächste Phase im Coaching-Prozess ist die gründliche Problemanalyse, in der man entweder dem vorhandenen Problem auf den Grund geht oder genau abklopft, welche Probleme in Zukunft, beim Übernehmen der neuen Aufgabe, auf den Mitarbeiter zukommen könnten. Da Sinn und Ziel des Coachings der Umgang mit Problemen ist, entweder um bereits bestehende zu beseitigen oder um zukünftige zu vermeiden, kommt der Problemanalyse die zentrale Bedeutung zu. Sie wird in einem eigenen Kapitel ausführlich dargestellt.

Hat man das Problem erforscht, folgt die Phase der Maßnahmenentwicklung, in der Ihre Interventionstechniken zum Zuge kommen. Gemeinsam mit dem Mitarbeiter werden Sie Schritte erarbeiten, die tauglich scheinen, das Problem aufzulösen beziehungsweise einen Lernprozess in Gang zu setzen, um der künftigen Aufgabe gewachsen zu sein.

Das Maßnahmencontrolling ist die Phase des Coaching-Prozesses, in der der Kreis sich schließt. Denn zum Maßnahmencontrolling gehört, dass man immer wieder auch auf die Ziele schaut und überprüft, ob man das Problem richtig verstanden hat.

Der Umgang mit Bedenken des Mitarbeiters

Ein weiterer wichtiger Punkt, der keineswegs zu vernachlässigen ist und der deshalb unbedingt mit in die Vorbereitung der ersten Sitzung gehört, gilt der Überlegung, auf welche Art und Weise man dem Mitarbeiter vermitteln will, was im Coaching passiert. Wie wollen Sie ihm Ihre eigene Rolle im Coaching darstellen? Wie und was wollen Sie ihm zu den eigenen Zielen sagen? Wie können Sie dem Mitarbeiter die nötige Sicherheit geben?

Um nicht im entscheidenden Moment hilflos herumzustottern, sollte man sich vorher sehr gründlich überlegen, welche Informationen man dem Mitarbeiter geben muss und wie man das machen will. Da Sie den Mitarbeiter ja kennen, können Sie sich durchaus auch Gedanken darüber machen, wie er wohl reagieren wird. Wird er eher ängstlich oder verschlossen sein? Oder wird er es freudig begrüßen? Oder lässt er es halt mal über sich ergehen? Wie kann man dem als Führungskraft Rechnung tragen? Wie will man damit umgehen?

Elegant könnte man das Coaching im Zusammenhang mit der Besprechung anderer Themen ankündigen. Wenn man also ohnehin beieinander sitzt, könnte man dabei das Coaching anbieten: »Ich habe übrigens noch ein Anliegen. Mein Eindruck ist, dass Ihnen die Neukundengewinnung einigermaßen im Magen liegt. Wir haben ja auch schon das eine oder andere Mal darüber gesprochen. Zu diesem Thema würde ich Sie sehr gern coachen. Sie können sich das vielleicht vorstellen wie bei einem Fußballcoach, der gemerkt hat, dass einer seiner Spieler in bestimmten Spielsituationen Schwierigkeiten hat. Wir schauen gemeinsam nach Ursachen und suchen geeignete Trainingsschritte, um diese Schwierigkeiten zu überwinden. Ich habe mir vorgestellt, dass wir uns einmal zu einem richtig langen, ausführlichen Gespräch zusammensetzen, wo wir uns genug Zeit nehmen, um das Problem richtig zu verstehen und herauszuarbeiten, was noch alles mit in dieses Problem hineinspielt. Anschließend, so dachte ich, werden wir dann mit einigem Abstand zu kürzeren Sitzungen zusammentreffen. Bei diesen Sitzungen soll es darum gehen, dass wir uns gemeinsam das Erreichte ansehen und überlegen, was weiter zu tun ist. Vielleicht werden wir ja auch einzelne Trainingsschritte gemeinsam machen. Ich könnte mir gut vorstellen, dass Sie damit in kurzer Zeit deutliche Fortschritte in Bezug auf Neukundengewinnung machen werden. Wie stehen Sie dazu?«

Als Reaktion darauf könnten verschiedene Fragen seitens des Mitarbeiters kommen: »Was ist denn Ihre Rolle dabei?« oder: »Muss ich das so verstehen, dass Sie mir vorgeben, was ich tun soll?« oder gar ein misstrauisches: »Werde ich von Ihnen jetzt auf die richtige Schiene gesetzt?«

Hinter solchen Fragen steckt häufig die Sorge, dass man von einem psychologisch geschulten Chef völlig umgekrempelt wird, »sodass die eigene Frau einen nicht mehr erkennt!« Auch wenn es fast wie ein Witz klingt: Der Glaube an die Allmacht der Psychologie und an das, was sie alles zu leisten vermag, ist weiter verbreitet, als man für möglich halten möchte, und viele Menschen haben recht naive Vorstellungen über »Gehirnwäsche« und dergleichen.

Auch solche zum Teil ausufernden Bedenken und Ängste sollte man jedoch auf jeden Fall ernst nehmen und sich darüber keinesfalls lustig machen. Auch ein entrüsteter Aufschrei: »Herr Müller, ich bin total entsetzt, was unterstellen Sie mir eigentlich! Sie sollten mich doch gut genug kennen, um zu wissen, dass ich so etwas nicht mache!« ist wenig hilfreich.

Sehr viel besser ist es, wenn man versucht, das Vertrauen des Mitarbeiters zu gewinnen, indem man ihm Verständnis entgegenbringt: »Ich kann Ihre Bedenken sehr gut verstehen! Aber es geht mir überhaupt nicht darum, Ihnen etwas aufzuzwingen oder Sie gar zu verbiegen, was mir auch gar nicht gelingen würde, selbst wenn ich es wollte. Mir geht es darum, mit Ihnen gemeinsam Wege zu entwickeln, die zu Ihnen und Ihrer Persönlichkeit passen und die Sie deshalb auch gut gehen können.«

Es gibt noch andere typische Bedenken, die dennoch gar nichts über die Mitarbeiterqualität aussagen. Bedenken wie: »Muss ich jetzt einen Seelenstriptease machen? Muss ich auf die Couch, mein Innerstes nach außen kehren?« begegnet man ebenfalls am besten mit Aufklärung.

Machen Sie dem Mitarbeiter deutlich, dass Coaching eine ganz pragmatische, zielorientierte Angelegenheit ist, wo weder Kindheitserlebnisse noch private Verstrickungen interessieren – sondern wo es darum geht, dem Mitarbeiter Feedback über sein Arbeitsverhalten zu geben.

Wenn der Mitarbeiter besonders ängstlich reagieren sollte, können Sie das Gespräch dazu nutzen, ihn aufzufordern, dass er sehr genau darauf achten und sich sofort melden soll, wenn er den Eindruck hat, das, was passiert, sei nicht mehr seine Wahl. Das hat auch für Sie Vorteile. Denn auch der beste Coach kann sich einmal in einen bestimmten Lösungsweg verlieben und den Versuch machen, diese Lösung mehr oder weniger elegant dem anderen aufzudrängen. Doch davon hat natürlich keiner der beiden etwas!

Möglicherweise tritt jedoch noch eine andere Schwierigkeiten auf, wenn dem Mitarbeiter das Coaching angeboten wird. Es könnte sein, dass der Mitarbeiter den Vorschlag glatt ablehnt: »Nein, ich sehe es nicht so, dass ich Coaching brauche, und ich möchte es auch gar nicht!«

Wenn die Mittel dazu vorhanden sind, wäre folgende Reaktion denkbar: »Mir ist es aber sehr wichtig, dass da etwas passiert. Ich halte das Coaching für sinnvoll. Liegt Ihre Ablehnung daran, dass ich das Coaching machen will? Wären Sie zu einem Coaching mit einem externen Coach bereit? Dafür könnte ich das Budget zur Verfügung stellen.«

Lässt sich das jedoch nicht machen, kann man auch anders antworten: »In Ordnung, ich kann akzeptieren, dass Sie kein Coaching wünschen. Wie stellen Sie sich vor, mit dem Problem umzugehen? Denn etwas muss sich daran ändern, so bleiben wie bisher kann es nicht!«

Es ist wichtig, dem Mitarbeiter deutlich zu machen, dass es in seiner Verantwortung liegt, eine Veränderung des Zustands herbeizuführen, wenn er die Hilfe des Vorgesetzten ausschlägt. Das Problem muss schließlich gelöst werden. Die Botschaft lautet eindeutig: »Es muss etwas passieren, darauf werde ich achten! Wenn Sie es ohne mich hinkriegen, ist das in Ordnung, aber ich werde nicht akzeptieren, dass die Dinge einfach so weiterlaufen wie bisher!«

Für die Führungskraft ist es in einer solchen Situation wichtig, die Reaktion des Mitarbeiters nicht als Zurückweisung zu verarbeiten, sondern sie eher positiv-skeptisch aufzunehmen. Positiv im Sinne der Zeitersparnis, die man nun hat, skeptisch, weil man sehr genau hinschauen muss, ob der Mitarbeiter tatsächlich etwas zur Problemlösung unternimmt. Da ist eine gewisse Vorsicht durchaus angebracht, denn wenn der Mitarbeiter die Schwierigkeit allein bewältigen kann, warum hat er es dann nicht längst getan? Aber möglicherweise hatte das Gespräch ja den positiven Effekt, dass der Mitarbeiter sich einen privaten Coach sucht, weil ihm klargeworden ist, dass er wirklich etwas verändern muss.

Zu guter Letzt gehört zur Vorbereitung auch, den Termin für die erste Sitzung mit dem Mitarbeiter vorher abzustimmen, ihn damit nicht zu überfallen. Wenn es sich nicht, wie oben geschildert, bei einem ohnehin stattfindenden Gespräch ergibt, muss man selbst eine passende Gelegenheit herbeiführen. Dabei spielt das richtige Maß an Bedeutungsgebung eine Rolle. Man muss zwar darauf achten, dass das Ganze seinen eigenen Rahmen hat, man darf es aber auch nicht hochstilisieren: Ein Coaching ist schließlich keine sakrale Handlung!

Den Termin für die eigentliche erste Coaching-Sitzung möglichst zeitnah nach dem Einführungsgespräch festzulegen, hat den Vorteil, dass der Mitarbeiter nicht allzu viel Zeit hat, sich irgendwelchen Fantasien oder Ängsten über das Coaching hinzugeben oder von anderen durch deren Mutmaßungen verschreckt zu werden. Es hat sich als arbeitsförderlich erwiesen, dem Mitarbeiter beim Vereinbaren des Termins gleichzeitig den Auftrag zu geben, sich bis zur ersten Sitzung Gedanken über seine Ziele im Coaching zu machen.

Checkliste zur eigenen Vorbereitung der ersten Sitzung

✓ Klarmachen, welches die Erfordernisse der Firma sind.

✓ Klarmachen, welches meine eigenen Ziele sind.

- ✓ Was braucht aus meiner Sicht der Mitarbeiter?
- ✓ Wie weit darf ich coachen?
- ✓ Welche Hypothesen habe ich über die Ursachen des Problems?
- ✓ Vergegenwärtigung der einzelnen Phasen eines Coachings.
- ✓ Wie will ich das Coaching ankündigen?
- ✓ Wie will ich mit etwaigen Bedenken des Mitarbeiters umgehen?
- ✓ Daran denken: Dem Mitarbeiter bereits bei der Ankündigung den Auftrag geben, sich Gedanken über seine eigenen Ziele zu machen.
- ✓ Überprüfen, ob das bereits bestehende Kommunikationsmuster mit dem Mitarbeiter für das Coaching tauglich ist.

Der Start der ersten Sitzung

Um dem Mitarbeiter den Einstieg in den Coaching-Prozess zu erleichtern, ist es sinnvoll, ihn zu Beginn der ersten Sitzung zu fragen, ob er denn Fragen hat, zum Ablauf des Coachings zum Beispiel oder zu irgendeinem anderen Punkt das Coaching betreffend.

Wenn alle Fragen beantwortet sind, hat auf jeden Fall der Mitarbeiter die Gelegenheit, als erster darzulegen, wie seine Sicht des Problems oder der Sachlage ist, wie er sich das Problem erklärt, welche Ursachen er sieht. Um die Sicht des Mitarbeiters wirklich zu verstehen, um nachzuvollziehen, was er denkt und glaubt, stellen Sie als Coach etliche vertiefende Fragen. Auch wenn Sie vielleicht schon vorsichtig damit beginnen, eigene Sichtweisen beizusteuern, mit dem Ziel, zu einer gemeinsamen Sichtweise des Problems zu kommen:

Die Darlegungen des Mitarbeiters haben auf jeden Fall die Priorität!

Dass der Mitarbeiter die Gelegenheit haben muss, seine Sicht als erster und ausführlich darzustellen, hat verschiedene Gründe. Der wichtigste ist jedoch die implizite Botschaft, die Sie ihm damit geben, dass nämlich der Mitarbeiter im Zentrum steht!

Es hilft nicht viel, wenn zwar die Führungskraft im Vorgespräch betont, dass es um den Mitarbeiter und um ein gemeinsames Erarbeiten geht, aber bereits nach dem zweiten Satz des Mitarbeiters das Gespräch an sich reißt und ihm vermittelt, dass seine Sichtweise gar nicht mehr wichtig ist. Wie heißt es so schön bei Kurt Tucholsky: »Eine Sage ist noch keine Tue!« Deshalb muss der Mitarbeiter erleben, dass der Chef tut, was er sagt.

Der zweite Grund ist, dass auf diese Art und Weise vermieden wird, dass der Mitarbeiter sich womöglich einfach nur unkritisch an die Sichtweise seines Vorgesetzten anpasst. Das wäre schade, denn so gehen unter Umständen wichtige Informationen verloren, weil der Mitarbeiter sie gar nicht mehr einbringt. Das könnte die Lösungssuche unnötig verlängern.

Manchmal ist es allerdings auch so, dass der Mitarbeiter kein ausgeprägtes Problembewusstsein hat, dann ist es natürlich erforderlich, dass die Führungskraft klar und ausführlich darlegt, um was es geht.

Um zu gemeinsamen Zielen kommen zu können, muss zunächst einmal Klarheit über den Ist-Zustand herrschen. Dazu sollten Sie als Führungskraft dem Mitarbeiter unter Umständen noch einmal ausführlich den Grund für das Coaching nennen und ihm ein detailliertes Feedback geben. Wie ein gutes Feedback auszusehen hat, wollen wir hier kurz und knapp beschreiben.

Ein gutes Feedback besteht aus drei Grundschritten:

- die nicht wertende Beschreibung des Sachverhalts oder des Verhaltens,
- die Auswirkungen, die dieser Sachverhalt oder das Verhalten auf einen selbst und die anderen hat,
- Beschreibung, welches Verhalten man sich stattdessen wünscht.

So können auch heikle Feedbacks ohne Peinlichkeit gegeben werden. Eine ausführliche Darstellung finden Sie zu Beginn des Kapitels »Interventionstechniken«.

Feedback geben kann durchaus eine heikle Angelegenheit sein, je nachdem, wie nahe man dabei der Person »auf die Pelle rücken« muss. Es ist sehr viel leichter zu sagen: »Mir fällt auf, dass bei Ihnen häufiger Terminchaos herrscht«, als wenn Sie sagen müssen: »Sie treten selbst Kunden sehr ungepflegt gegenüber, und Ihr Körpergeruch war schon öfter Anlass zu Bemerkungen« oder: »Sie haben eine sehr leise, zittrige Stimme und wirken, wie ein Kunde es neulich ausdrückte, wie eine verschreckte kleine Maus, wenn Sie etwas sagen«.

Viele Führungskräfte scheuen sich, solche Feedbacks zu geben, aus Angst, den Mitarbeiter zu verletzen. Paradoxerweise hat das oft zur Folge, dass sie sich besonders brutal ausdrücken, wenn das Feedback unerlässlich geworden ist, um es recht schnell hinter sich zu bringen. Oder sie reden so lange um den heißen Brei herum, bis keiner mehr weiß, worum es eigentlich geht. Das schafft auch für den Mitarbeiter leider nicht die zur Veränderung nötige Klarheit. Von einem solchen Feedback hat er nichts! Gutes Feedback hingegen, mit dem jeder auch etwas anfangen kann, besteht immer aus den drei oben skizzierten Grundschritten.

Nachdem man, durch die Ausführungen des Mitarbeiters und durch das Feedback der Führungskraft, zu einer gemeinsamen Sichtweise des Problems gekommen ist, stellt sich die Frage nach den Zielen.

Das Finden gemeinsamer Ziele

Coaching bedeutet nicht, dem Mitarbeiter endlos Händchen zu halten! Da Führungskräfte in aller Regel in Zeitnot sind, ist es wichtig, effizient vorzugehen. Das gelingt nur, wenn man die Ziele vorher gemeinsam klar festlegt. Sonst irrt man nur richtungslos durch den Problemdschungel, weiß weder, wo man ist, noch, wo man hin will. Aber bei aller Zeitknappheit dürfen Sie auch hier nicht am falschen Ende sparen.

Eine der Klippen, die es am Anfang zu umschiffen gilt, besteht darin, dass man sich zu schnell mit einer Zieldefinition zufrieden gibt. Gerade als Anfänger neigt man dazu, jedes Ziel willkommen zu heißen, froh darüber, überhaupt eine Zieldefinition zu haben. So werden Ziele akzeptiert, die lauten: »Ich möchte mein Verhalten Kunden gegenüber verbessern« oder: »Ich möchte meine Projekte geordneter abwickeln«. Auf den ersten Blick scheint zwar klar zu sein, wo es hingehen soll. Jeder bekommt sofort Vorstellungen davon, was da verbessert werden will. Aber auf den zweiten Blick stellt sich die Frage, ob sich die Vorstellungen von Mitarbeiter und Führungskraft decken?

Es hat sich bewährt, an Coaching-Ziele die gleichen Kriterien anzulegen wie an Business-Ziele. Ein Ziel muss also

- konkret sein,
- messbar sein,
- realistisch sein,
- es muss im Machtbereich des Mitarbeiters liegen,
- es muss eine positive Richtung haben.

Ein Ziel wie »Ich möchte mein Verhalten Kunden gegenüber verbessern« ist keineswegs konkret. Da kann man sich viele Fragen stellen, zum Beispiel:

Welches Verhalten ist genau gemeint? Gilt dieser Vorsatz allen Kunden gegenüber oder nur speziellen? Wann wäre denn das Verhalten als verbessert zu betrachten? Woran würde man es merken? Um welche Situationen geht es? Gilt der Vorsatz gleichermaßen für die persönliche Begegnung, den telefonischen und schriftlichen Kontakt?

Das Problem bei so schwammig formulierten Zielen ist, dass wir dazu neigen, uns all diese fehlenden Informationen zurecht zu fantasieren und dann zu glauben, wir hätten den anderen verstanden. Wir füllen munter die Worthülsen, die der andere uns präsentiert. Diese Fantasien mögen gut sein für ein Kreativitätstraining, aber nicht für ein Coaching. Im Coaching kommt es darauf an, dass ein Ziel konkret beschreibbar ist. Dazu braucht man meist mehrere Sätze, einer allein genügt da nicht.

Für die Klarheit der Ziele ist auch die Formulierung wichtig. Ziele, die mit »Ich werde« beginnen, sind Absichtserklärungen. Ziele, die mit »Ich möchte« anfangen, sind noch schwächer, es sind Wunschvorstellungen. Erst Ziele, die als Ergebnisse formuliert werden, sind wirklich klare Ziele: »Spätestens ab 1. Juli bin ich in der Lage, das und das zu machen.«.

Wer daran zweifelt, wie wichtig die Formulierung für ein Ziel ist, kann es ja einmal bei sich selbst ausprobieren. Höchstwahrscheinlich wird man die Erfahrung machen, dass etwas mit »Ich möchte« Formuliertes keinerlei Verbindlichkeit besitzt, während ein schriftlich fixiertes »Bis dann und dann ist folgendes erreicht« einen fordert, das nun auch in die Tat umzusetzen.

Nirgendwohin führen Ziele, die bereits die Schlupflöcher enthalten, durch die man entwischen kann. »Ich versuche, bis 1. Juli so weit zu sein, dass ...« ist ein solches berüchtigtes Beispiel für vorprogrammiertes Scheitern. Man kann das im Alltag sehr schön beobachten. Niemand, der sich etwas ernsthaft vorgenommen hat, von dessen Ausführung er felsenfest überzeugt ist, wird das mit »Ich versuche« umschreiben, obwohl die Fährnisse des Lebens immer unwägbar sind und man niemals weiß, was heute Abend sein wird. Trotzdem käme niemand auf die Idee zu sagen: »Ich versuche, heute Abend mit Freunden essen zu gehen«, wenn die Verabredung seit Tagen feststeht. So würde man sich nur ausdrücken, wenn mehr als ungewiss ist, ob das Treffen zustande kommt.

Auch das kindliche »Ich werde mir große Mühe geben, bis 1. Juli ... zu können«, ist ein Schlupfloch, das gern von Menschen benutzt wird, denen die Mühe dabei wichtiger zu sein scheint als die Ergebnisse. Bei der berüchtigten Floskel »Er war stets sehr bemüht« ist auch jedem klar, dass der gute Mensch niemals wirklich etwas erreicht hat. Im Coaching geht es nicht darum, sich Mühe zu geben, sondern Ziele zu erreichen!

Dass eine Formulierung wie »Ich hoffe sehr, dass ich am 1. Juli so weit bin«, vollkommen untauglich ist, liegt auf der Hand. Das einzige, was hier klar wird, ist die Unsicherheit über das Ziel. Wann immer Mitarbeiter Ihnen solche Formulierungen anbieten: Wenn es um die Ziele geht, gibt es nur einen guten Weg, damit umzugehen, nämlich die implizit darin ausgedrückten Hinderungsgründe oder Unsicherheiten zum Thema zu machen.

Statt mit sanftem Zwang zu einer kraftvolleren Zielformulierung zu kommen, indem Sie selbst einen Vorschlag machen, ist es immer besser, durch Fragen der Sache auf den Grund zu gehen. Sie könnten zum Beispiel fragen: »Herr Müller, Sie sagen, Sie hoffen, bis 1. Juli so weit zu sein, dass Sie ... im Griff haben. Was lässt Sie denn zögern, stattdessen zu sagen: Ich habe das am 1. Juli im Griff?«

Wenn darauf die ausweichende Antwort kommt, man könne ja die Zukunft nicht vorhersehen, es könne ja so viel Unerwartetes passieren, geben Sie sich damit nicht zufrieden, sondern insistieren Sie: »Das ist immer so, dass alle möglichen Dinge passieren können, das trifft auf alle Lebenslagen zu. Was befürchten Sie denn, weshalb Sie ... bis 1. Juli nicht im Griff haben könnten?«

Manche Menschen tun sich sehr schwer, sich verbindlich auf Ziele festzulegen. Das hat für sie den Vorteil, dass sie sich nie damit auseinander setzen müssen, wenn sie die Ziele verfehlen. Der Nachteil jedoch ist, dass sie auf diese Weise auch niemals richtige Erfolgserlebnisse haben, weil niemals klar ist, ob sie ein Ziel voll und ganz oder nur teilweise erreicht haben.

Und auch einem Coach, der sich auf so unklare und unkonkrete Ziele einlässt, ist nie ganz klar, wann das Coaching nun eigentlich zu Ende ist. Wenn das Ziel heißt: »Wir wollen nach Italien«, ist dieses Ziel dann erreicht, wenn wir in Chiasso an der Grenze sind? Oder in Mailand oder in Rom oder gar erst in Sizilien? Man weiß nie, wann es Zeit ist, einen Punkt zu setzen. Möglicherweise hat der Mitarbeiter das Bedürfnis, sich die Aufmerksamkeit seines Vorgesetzten, die ihm das Coaching beschert, über längere Zeit zu erhalten. Wenn Sie als Führungskraft dann in Mailand sagen, so, jetzt sei das Ziel erreicht, kann der Mitarbeiter anführen, er habe aber immer Neapel im Sinn gehabt. Dieses Manöver verfängt nicht, wenn man das Ziel vorher so konkret wie möglich bestimmt hat.

Auch für den Ablauf des Coachings ist es wichtig, dass das Ziel konkret ist. Das zeigt sich in Supervisionen immer wieder. Der häufigste Grund für eine festgefahrene Coaching-Situation ist, dass die Ziele nicht richtig geklärt wurden. Wenn man nicht weiß, wo man hin will, ist es schwer, den richtigen Weg zu finden!

Das zweite wichtige Kriterium ist die Messbarkeit des Ziels. Dieses Kriterium ist schnell erfüllt, sobald Zahlen im Spiel sind. »Bis 1. Juli zwanzig Neukunden gewinnen« ist einfach, zumindest was die Messbarkeit betrifft. Schwieriger wird es, wenn es um qualitative Ziele geht. »Das Verhalten Kunden gegenüber verbessern« ist schwieriger zu messen als die Anzahl der Neukunden. Trotzdem ist auch bei Zielen, wo es um die Verbesserung der Qualität geht, das Kriterium der Messbarkeit wichtig, denn man kann nichts anfangen mit einem Ziel, von dem man nicht sagen kann, wann man es erreicht hat.

Man kann sich behelfen, indem man sich überlegt, wie man ein solches Ziel indirekt messen kann. Der einfachste Weg dazu ist, mit dem Mitarbeiter zusammen zu einer Antwort zu kommen auf die Frage: »Woran würde jemand merken, dass das Ziel erreicht ist?« oder, noch besser: »Woran werden Sie und ich merken, dass das Ziel erreicht ist?« Dazu sollten Sie beschreibbare Ereignisse definieren.

Wenn es dem Mitarbeiter schwer fällt, auf eine Antwort zu kommen, hilft oft eine andere Frage weiter: »Woran merke ich *jetzt*, dass mein Verhalten Kunden gegenüber besser werden müsste?« Die Antworten darauf liefern in den meisten Fällen die Kriterien zur Feststellung der Verbesserung.

Das Kriterium »realistisch« kommt zwar sehr harmlos daher, und der gesunde Menschenverstand nickt auch beifällig dazu, trotzdem hat es seine Tücken. Denn oft genug kann man erst im Nachhinein sagen, was denn nun ein realistisches Ziel war und was nicht.

Wenn jemand, der nichts weiter als ein guter Hobbysportler ist, als Ziel angibt, in drei Monaten Weltmeister in seiner Disziplin zu werden, ist es verhältnismäßig leicht zu sagen, das dieses Ziel unrealistisch ist, denn um das zu können, so haben die Erfahrungen gezeigt, braucht man über einen viel längeren Zeitraum ein ausgeprägtes Training.

Doch wenn jemand, den der Firmeninhaber als »Weichei« eingestuft hat, weil er bei einem schwierigen Kundengespräch den Mund nicht aufbekam, das Ziel hat, Geschäftsführer zu werden, wie realistisch ist das? Ganz und gar unrealistisch, hätte der Firmeninhaber gesagt – und hätte sich doch getäuscht. Schon nach wenigen Coaching-Sitzungen war der Mann so weit, mit Bravour Konferenzen zu moderieren, die einberufen worden waren, um schwierigen, reklamierenden Kunden Gelegenheit zu geben, sich zu äußern. Seiner Ernennung zum Geschäftsführer stand nichts im Weg.

Ob ein großes Ziel in kurzer Zeit erreichbar ist, hängt nicht nur von den Fähigkeiten des Coachs ab, sondern auch von der Lernfähigkeit, der Flexibilität und der Motivation desjenigen, der gecoacht wird. Wenn es also darum geht, dass ein Ziel realistisch sein soll, ist es wichtig, dass man beidem Rechnung trägt: Was traut der Coach sich zu und was traut der Mitarbeiter sich zu?

Herausfordernde Ziele, auch wenn sie »unrealistisch« anmuten, beflügeln manche Menschen mehr, als wenn sie brav und bieder Schritt für Schritt tun sollen. Andere erschrecken vor zu großen Zielen und kommen viel weiter, wenn sie sich nur wenig vornehmen. Sie erreichen auf diese Art und Weise Dinge, die sie niemals als Ziele ausgesprochen hätten. Es ist eine Frage der Persönlichkeit, auf die der Coach eingehen muss.

Ein Coach, der auf das Kriterium: »Das Ziel muss im Machtbereich des Mitarbeiters liegen« achtet, verhindert, dass Ziele akzeptiert werden, die nur zu erreichen sind, wenn andere sich verändern. »Mein Ziel ist, dass meine Kollegen mich besser akzeptieren«, wäre zum Beispiel ein solches unzulässiges Ziel. Denn ob die Kollegen den Mitarbeiter akzeptieren oder nicht, liegt keineswegs allein in seiner Macht, da kann er sich noch so sehr anstrengen.

Da wäre ein Ziel sinnvoller, das lautet: »Ich will mein Verhalten den Kollegen gegenüber ändern«. Er kann daran arbeiten, den Kollegen gegenüber freundlicher aufzutreten, zuverlässiger in der Zusammenarbeit zu werden und so weiter; und all das führt dann vielleicht dazu, dass sie ihn besser akzeptieren, doch sicher ist es nicht. An Dingen, die der Mitarbeiter nicht selbst beeinflussen kann, kann man im Coaching nicht arbeiten. Solche Ziele würden denjenigen, der sie sich vornimmt, auch viel zu schnell entmutigen. Bei dem Ziel: »Die Kollegen akzeptieren mich mehr« genügt ein schlechter Tag eines Kollegen und man ist wieder bei Null. Jedoch bei dem Ziel: »Ich trete meinen Kollegen freundlich und hilfsbereit gegenüber« kann man selbst die muffigste Reaktion mit einem Schulterzucken abtun, wenn man weiß, dass man sich selbst dem Ziel gemäß verhalten hat.

Ein weiterer wichtiger Punkt ist: Ziele müssen eine positive Richtung haben. Ziele wie: »Ich will nicht mehr so viel vergessen« oder: »Ich will im Umgang mit Kollegen nicht mehr so ironisch sein« sind als Ziele deshalb unbrauchbar, weil sie keinerlei Richtung geben. Es soll zwar etwas vermieden werden, aber es ist überhaupt nicht klar, wohin es stattdessen gehen soll!

Man stelle sich dazu nur mal vor, ein Kunde beträte ein Reisebüro und sage, nach seinen Wünschen befragt: »Ich will nicht nach Italien!« Natürlich ist es auch wichtig zu wissen, was man nicht will, nur dabei stehen bleiben darf man nicht.

Als Coach könnten Sie also weiter fragen: »Wie möchten Sie denn mit Kollegen umgehen, wenn nicht mehr so ironisch?« Manchmal hilft auch eine Umformulierung auf dem Weg zu einem positiven Ziel weiter: »Sie wollen nicht mehr so vergesslich sein. Das heißt, Sie wollen in der Lage sein, sich jederzeit an alles, was wichtig ist, verlässlich zu erinnern. Wie können Sie das sicherstellen?«

Ein positives Ziel entwickelt sehr viel mehr Zugkraft als ein negatives. Außerdem führt die Fokussierung auf das, was man unbedingt vermeiden möchte, oft genau dahin, wo man nicht hin will. Schon in der Fahrschule lernt man, den Blick dahin zu richten, wo man hin will und auf gar keinen Fall auf das Hindernis, ein entgegenkommendes Fahrzeug oder Ähnliches, denn das erhöht die Gefahr einer Kollision ganz beträchtlich.

Checkliste für die erste Sitzung

- ✓ Mitarbeiter fragen, ob er Fragen zum Coaching hat;
- ✓ ihn seine Sicht des Problems darlegen lassen;
- ✓ den Ist-Zustand aus eigener Sicht darstellen;
- ✓ gemeinsame Ziele erarbeiten (siehe Checkliste Ziele);
- ✓ viele offene Fragen stellen;
- ✓ Widerspiegeln (siehe folgendes Kapitel);
- ✓ Meta-Ebene einnehmen (siehe folgendes Kapitel).

Checkliste Ziele

- ✓ Ziel des Mitarbeiters nur akzeptieren, wenn es die erforderlichen Kriterien erfüllt.
- ✓ Das Ziel muss:
  - konkret sein,
  - messbar sein,

- realistisch sein,
- im Machtbereich des Mitarbeiters liegen,
- eine positive Richtung haben.

✓ Das Ziel muss Zugkraft haben: Auf Formulierungen achten.

✓ Das Ziel darf keine Schlupflöcher enthalten.

Mögliche Stolpersteine in der ersten Sitzung

Ein typischer Stolperstein, der das ganze Coaching zu Fall bringen kann: Wenn es bereits in der ersten Sitzung zu gravierend voneinander abweichenden Sichtweisen oder gar zu einer Konfrontation kommt. Es kommt immer wieder mal vor, dass ein Mitarbeiter eine Sicht der Dinge entwickelt und darlegt, die absolut nicht mit dem übereinstimmt, was die Führungskraft sich gedacht hat.

Ist die Führungskraft so gestrickt, dass sie meint, ihre Sicht auf Teufel komm raus durchsetzen zu müssen, wird sie sofort viele Argumente ins Feld führen, die den Mitarbeiter widerlegen sollen. Mit dem zweifelhaften Erfolg, damit den ganzen Coaching-Prozess zu gefährden. Denn was wird wohl passieren, wenn ein Mitarbeiter sich gleich beim ersten Gespräch so abgeschmettert erlebt? Wird er sich freudig weiter öffnen, weil sich mit dem Chef ja so herrlich diskutieren lässt?

Wohl kaum! Wahrscheinlicher ist, dass er sich nicht verstanden fühlt, aus diesem Grund kein Vertrauen in die Segnungen des Coachings entwickelt und sich verschließt. Das kann sogar noch eskalieren. Denn wenn die Führungskraft merkt, dass sie mit ihren Argumenten beim Mitarbeiter nicht ankommt und deshalb meint, dass sie ihre Sicht noch eindringlicher, noch ausführlicher oder gar lauter darstellen muss, löst das beim Mitarbeiter vermutlich die heftigsten Fluchttendenzen aus.

Deshalb gehört zum A und O eines guten Coachings, dass ein Coach gelernt hat, seine eigenen Sichtweisen hintanzustellen und sich, obwohl er die Dinge vielleicht ganz anders beurteilt, zunächst für die Sichtweisen des Mitarbeiters zu interessieren und Fragen dazu zu stellen!

Ein Coach ist kein Missionar

Ein weiterer Stolperstein ist ein gewisser missionarischer Übereifer. Der besonders dann entsteht, wenn die angestrebte Veränderung der Führungskraft viel wichtiger ist als dem Mitarbeiter. Dann wird der Coach immer aktiver, er drängt und argumentiert immer mehr in Richtung Veränderung, und je aktiver er wird, desto passiver wird der Mitarbeiter. Das ergibt zu guter Letzt einen Passivitätszirkel, denn die Passivität des Mitarbeiters löst eine noch weiter gesteigerte Aktivität der Führungskraft aus, was zu weiterer Passivität beim Mitarbeiter führt und immer so weiter.

Diesen Stolperstein kann der Coach umgehen, wenn er in der Lage ist, die Meta-Ebene einzunehmen. Das heißt, er muss fähig sein, sich nicht nur auf den Inhalt zu konzentrieren, sondern auch den Prozess der Kommunikation im Auge zu behalten. Der alte Witz von Tünnes und Schääl erhellt ganz wunderbar die Bedeutung der Meta-Ebene:

Tünnes und Schääl stehen am Rheinufer und sehen den Wildenten zu, die gen Süden fliegen. Tünnes sagt sehnsuchtsvoll: »Ich wollte, ich wäre eine Wildente und könnte mir die Welt von oben ansehen!« Da meint Schääl, nicht minder sehnsuchtsvoll: »Ich wollte, ich wäre zwei Wildenten. Dann könnte ich mir dabei zusehen, wie ich die Welt von oben ansehe!«

Die zweite Wildente – das ist die Meta-Ebene!

Für die meisten Menschen ist es eher unüblich, sich selbst beim Handeln zuzusehen. Und besonders wenn sie etwas erzählt bekommen, lassen sich die meisten Menschen völlig vom Inhalt absorbieren. Dem Coach darf das nicht passieren, er muss immer auch das, was sich gerade zwischen ihm und dem Mitarbeiter abspielt, im Blick haben. Das klingt schwierig und ist es auch.

Doch jeder Mensch hat diese Fähigkeit und kann sie trainieren. Denn wie fast alles ist es eine Trainingsangelegenheit. Man braucht dafür allerdings zusätzliche Konzentration. Diese zusätzliche Konzentration hat zur Folge, dass Coaching-Gespräche besonders für Anfänger so besonders anstrengend sind, viel anstrengender als normale Gespräche, bei denen man sich nur auf den Inhalt konzentriert.

Da gerade Anfänger immer wieder dazu neigen, die Meta-Ebene aus dem Blick zu verlieren, hat sich ein einfaches Hilfsmittel sehr bewährt. Einen Schreibblock braucht man beim Coaching ohnehin, denn ohne Notizen geht es nicht. Also könnten Sie sich zur Erinnerung, vielleicht ganz dünn mit Bleistift, aufschreiben »Prozess?«, um daran zu denken, sich immer wieder zu fragen: Was läuft gerade zwischen uns ab? Bin ich zu aktiv? oder Ähnliches.

Um auf den oben erwähnten Stolperstein des missionarischen Eifers zurückzukommen: Es gibt, um den Aktivitätslevel in allen Arten von Beratungsprozessen zu veranschaulichen, eine sehr schöne Metapher: Man denke sich eine Leine, die sich von Stirn zu Stirn spannt. Auf dieser Leine hängt ein Ring, der die Energie symbolisiert. Dieser Ring sollte die meiste Zeit beim Klienten sein! Es lohnt sich, sich immer wieder zu fragen: Wo ist der Energiering im Moment? Denn wenn er dauernd beim Coach ist, geht das Coaching schief.

Ein Coach braucht Geduld

Ein weiterer Stolperstein gleich zu Beginn eines Coachings kann sein, dass die Führungskraft nicht genügend Geduld aufbringt, wenn der Mitarbeiter zunächst erst einmal ganz unglaublich viel loswerden muss. Es kommt immer wieder vor, dass man sich fast erschlagen fühlt von der Fülle dessen, was der Mitarbeiter zu Gehör bringen will.

Es lohnt sich auf jeden Fall, erst einmal abzuwarten und nicht gleich bremsend einzugreifen. Wenn solch ein Wortschwall typisch für den Mitarbeiter ist, dann muss man dem selbstverständlich Struktur geben und ihn mit Fragen immer wieder zum eigentlichen Thema zurückführen. Ist er aber sonst eher wortkarg, dann ist es wichtig, sich erst einmal alles anzuhören, auch wenn man Angst um seine kostbare Zeit hat. Denn wenn der Chef das Mitteilungsbedürfnis zu früh abwürgt, geht Kostbareres als Zeit verloren, nämlich das Vertrauen des Mitarbeiters. Die Botschaft, die beim Mitarbeiter ankommt, lautet dann nämlich klipp und klar: »Mein Chef interessiert sich gar nicht für das, was ich zu sagen habe. Er will nicht wissen, wie es mir geht, welche Schwierigkeiten ich sehe, was ich denke!«

Das gegenteilige Verhalten eines Mitarbeiters kann genauso gut zum Stolperstein werden. Jemand, der den Mund nicht aufbekommt, am liebsten nur mit Ja und Nein antwortet, der sich nach zwei aufeinander folgenden Drei-Wort-Sätzen schon für eine Plaudertasche hält, ist ein reichlich undankbarer Kandidat für ein Coaching. Da kommt es ebenfalls auf Geduld und auf eine gute Fragetechnik an.

Kontraindiziert sind auf jeden Fall geschlossene Fragen, also solche, auf die man nur mit Ja und Nein zu antworten braucht, oder die sogenannten Multiple-Choice-Fragen, denn die fördern das oben geschilderte Verhalten, wie der kleine Beispieldialog zeigt.

Chef: »Ist denn die Situation für Sie auch schwierig?«
Mitarbeiter: »Ja, schon!«
Chef: »Können Sie denn sehen, dass Sie daran auch einen Anteil haben?«
Mitarbeiter: »Ja, vermutlich schon.«
Chef: »Wenn Sie mehr ... machen würden, wäre es dann nicht besser?«
Mitarbeiter: »Doch, wahrscheinlich.«

So kommt kein Coaching zustande. Der arme Coach fragt sich vermutlich zu Tode, und der Mitarbeiter denkt sich seinen Teil. Im Ernst, auf diesem Weg erzeugt der Coach bei sich selbst nur einen unerhörten Druck, immer weiter zu fragen. Da es nichts in den Antworten gibt, wo er ansetzen könnte, muss er ganz schnell die nächste Frage parat haben. Das führt allerdings auch ganz schnell zu einer Blockade, denn man weiß bald gar nicht mehr, was man jetzt noch fragen könnte, um irgendwie weiter zu kommen.

Dabei ist nichts gegen geschlossene Fragen einzuwenden, sie sind nur in der eben geschilderten Situation falsch. Wenn es hingegen darum geht, erhaltene Informationen abzusichern oder sicher zu gehen, dass man den anderen richtig verstanden hat, dann sind geschlossene Fragen optimal: »Heißt das, Sie möchten am liebsten einen Teil Ihrer Arbeit abgeben, um sich mehr dem neuen Projekt widmen zu können?« So lässt man sich bestätigen, was man beim anderen gehört hat. Doch zur Informationsgewinnung taugen solche Fragen gar nichts. Mit geschlossenen Fragen Informationen erhalten zu wollen, hieße, auf gut Glück im Dunkeln herumzustochern, bis man zufällig auf das Richtige trifft, das der andere dann bestätigen kann.

Offene Fragen hingegen, die nicht einfach mit Ja oder Nein beantwortet werden können, veranlassen das Gegenüber, mehr preiszugeben. Fragen, um den verschlossenen Mitarbeiter zum Sprechen zu animieren, könnten zum Beispiel so lauten:

- »Wie erleben Sie denn die Situation im Moment?«
- »Welchen Anteil haben Sie eventuell am Problem?«
- »Was würde aus Ihrer Sicht die Situation verbessern?«

Wenn er nicht gänzlich verstummt, was kaum anzunehmen ist, kommt der Mitarbeiter nicht umhin, sich zu äußern, was dem Coach die Möglichkeit gibt, mit weiteren Fragen einzuhaken. Meist ergibt es sich dann von ganz allein, dass der Mitarbeiter beginnt, mehr und mehr zu erzählen.

Die Technik des Widerspiegelns

Um den Mitarbeiter zu animieren, sich zu öffnen, eignet sich eine Gesprächstechnik, die durch die »Managerkonferenz« von Gordon bekannt geworden ist, das so genannte Widerspiegeln. In der einfachsten Form des Widerspiegelns fasst man mit eigenen Worten noch einmal kurz zusammen, was der Gesprächspartner gesagt hat, sodass der andere sich seine eigene Aussage noch einmal wie in einem Spiegel anschauen kann. Das führt in der Regel dazu, dass er Ergänzungen anfügt, was den Vorteil hat, dass sich die Thematik vertieft. Das folgende Beispiel soll dies veranschaulichen.

Chef: »Wie erleben Sie die Situation im Moment?«

Mitarbeiter: »Schwierig, weil ich auf der einen Seite in dem neuen IT-Projekt sehr gefordert bin als Projektmitarbeiter, auf der anderen Seite in unserer Abteilung hauptverantwortlich bin für das Kostensparprojekt, für das ich sehr viel tun müsste. Das fällt mir aber schwer, weil ich zur Zeit einen Praktikanten habe, der mich mehr Zeit kostet, als dass er Zeit spart. Er stellt sich ziemlich ungeschickt an und macht so viel falsch, dass man ihm nur wenige Aufgaben übertragen kann.«

Die einfachste Art des Widerspiegelns wäre es nun, den Inhalt zusammenzufassen und zu sagen: »Sie sind also im Moment durch die zwei Projekte, die Sie betreuen, stark zusätzlich belastet und die Arbeit mit dem neuen Praktikanten ist für Sie viel schwieriger als davor mit den Praktikantinnen?«

Meistens kommen daraufhin schon Ergänzungen: »Ja, mit dem Praktikanten, das ist besonders unangenehm, weil er auch noch bei mir im Zimmer sitzt und mich ständig irgendwelches Zeug fragt ...«

Schon dieses kurze Beispiel lässt erkennen, wie man durch diese Technik mehr und mehr Informationen bekommt, wie das Bild angereichert wird. Man könnte jetzt fortfahren mit vertiefendem Widerspiegeln, das etwas mehr Kunstfertigkeit vom Coach erfordert. Denn nun geht es nicht mehr nur darum, den reinen Inhalt widerzuspiegeln, sondern man gibt auch die impliziten, besonders die emotionalen Aspekte, die man herausgehört hat, wieder.

Das könnte zum Beispiel Folgendes sein: »Habe ich Sie richtig verstanden, dass Sie glauben, wenn Sie die Belastung mit dem Praktikanten nicht hätten, mit Ihren Projekten eigentlich ganz gut zurecht zu kommen?« Man könnte natürlich auch etwas ganz anderes heraushören: »Kann es sein, dass es Ihnen schwer fällt, sich dem Praktikanten gegenüber abzugrenzen?«

Das Schöne an dieser Technik ist, dass man nichts falsch machen kann! Selbst wenn man etwas falsch verstanden hat, kann der Mitarbeiter es sofort richtig stellen. Zum Beispiel indem er sagt: »Nein, ich kann mich da schon abgrenzen. Das ist nicht das Problem. Aber wenn er eine Frage stellt, hat er mich schon aus meinem Gedankengang gerissen. Es sind diese dauernden Störungen, die mich aufhalten.«

Mit der Technik des Widerspiegelns können Sie sehr elegant die eigenen Hypothesen überprüfen – allerdings nur, wenn Sie sich nicht bereits in die eigenen Hypothesen verliebt haben und deshalb noch offen sind für die Antworten, die Sie erhalten.

Wenn Sie das Widerspiegeln im Wechsel mit offenen Fragen kombinieren, können Sie in der Regel auch sehr verschlossene Menschen anregen, sich zu öffnen und mehr zu erzählen. Ein weiterer Vorteil des Widerspiegelns ist, dass Sie so sehr schnell die nötige Vertrauensbasis aufbauen können, denn Sie zeigen dem anderen damit implizit, dass Sie gut zuhören und wirklich versuchen, ihn zu verstehen.

Absolut Gift ist diese wunderbare Technik jedoch bei den Dampfplauderern. Dann wird sie selbst zum Stolperstein gleich zu Beginn. Denn wer ohnehin vom Hölzchen aufs Stöckchen kommt, darf mit dieser Methode nicht noch zusätzlich animiert werden, er hört sonst nie auf zu reden. Die angebotene Informationsflut bringt auch keinerlei zusätzlichen Nutzen.

Wenn die Führungskraft also den Eindruck hat, es kommt hauptsächlich heiße Luft, und die noch dazu redundant, wird es höchste Zeit, das Gespräch zu strukturieren. Als wirksam hat sich dabei die Methode erwiesen, immer wieder konsequent das eigentliche Thema anzusprechen. Dabei muss man natürlich hellwach sein, sodass man sich nicht selbst von den Mäandern und Abschweifungen des Klienten forttragen lässt, sondern im richtigen Moment sagen kann: »Ich fürchte, das gehört jetzt nicht hierher, wir sprachen doch gerade über ...« oder »Lassen Sie uns doch noch einmal zum Punkt ... zurückkehren« oder Ähnliches.

Junge Führungskraft – älterer Mitarbeiter

Auch ein großer Altersunterschied könnte im Coaching zu einem Stolperstein werden. Denn gerade junge Führungskräfte tun sich manchmal schwer, Mitarbeiter, die dem Alter nach ihr Vater sein könnten, zu beraten. Das liegt zum Teil daran, dass die Coaching-Situation durch ein weiteres Beziehungsgefälle charakterisiert ist, neben dem, was durch die Beschäftigungssituation ohnehin schon gegeben ist: Der Coach als derjenige, der helfen kann, ist in der überlegenen One-up-Position, der andere, dem geholfen wird, ist One-down.

Manch eine junge Führungskraft fürchtet oder fantasiert, dass in der Beratungssituation ein Altersunterschied beim Mitarbeiter ein Unterlegenheitsgefühl hervorrufen könnte. Das trifft oft gar nicht zu, doch kann diese Fantasie leicht zur Self-fulfilling-Prophecy werden. Dann nämlich, wenn die Führungskraft wegen ihrer Befürchtungen unsicher ist und diese Unsicherheit kommuniziert, kann es tatsächlich zu Akzeptanzproblemen kommen.

Häufiger kommt es jedoch vor, dass eine junge Führungskraft Bedenken hat, in den Augen der älteren Mitarbeiter als »Besserwisser« zu erscheinen, der es nötig hat, herauszukehren, wie kompetent er ist. Aber ob das Angebot, ein Coaching mit ihm zu machen, beim Mitarbeiter so ankommt oder so, wie es gemeint ist, nämlich als Unterstützung, hat ja auch damit etwas zu tun, wie es gemacht wird. Und das hat die Führungskraft schließlich selbst in der Hand.

Natürlich kann es im Einzelfall vorkommen, dass ein älterer Mitarbeiter nicht von einer viel jüngeren Führungskraft gecoacht werden will. Das ändert sich jedoch meist in dem Moment, wo der Mitarbeiter die Autorität der Führungskraft spürt. Autorität ist alterslos!

Wenn die Führungskraft wirklich glaubt, dass ein großer Altersunterschied im Coaching ein Problem sei, müsste sie eigentlich ihre ganze Führungsfähigkeit in Frage stellen. In diesem Moment wäre es doch ganz hilfreich, sich darauf zu besinnen, wie die Firma das sieht. Die hatte schließlich ihre Gründe, just ihn oder sie zur Führungskraft zu machen und nicht den Mitarbeiter. Man tut den Älteren vielleicht sogar ein bisschen unrecht, wenn man glaubt, sie seien nicht willens oder nicht in der Lage, etwas von Jüngeren anzunehmen.

Wenn es für einen Mitarbeiter tatsächlich ein Problem sein sollte, seine Schwierigkeiten mit einem jüngeren Chef zu besprechen (»Ich lasse mich gern von ihm führen, denn er hat die bessere Qualifikation, aber ganz offen mit ihm sprechen, das schaffe ich nicht!«), dann sollte das auf jeden Fall thematisiert werden.

Auch bei diesem Punkt ist es für Sie als Coach sehr wichtig, sich genügend Zeit zu nehmen und zu erfragen, worin genau für den Mitarbeiter das Problem besteht, und nicht etwa nur dagegen zu argumentieren. Wenn Sie sich die Mühe machen, diesen Punkt mit dem Mitarbeiter zusammen gründlich zu analysieren, wissen Sie wenigstens genau, ob wirklich das Alter der Grund ist oder ob es noch andere Hindernisse für ein Coaching gibt.

So kommt es unter Umständen zu einer längst fälligen Beziehungsklärung. Denn hinter der Begründung »Ich lasse mich von einem so jungen Chef nicht beraten« kann ein ganz anderes Beziehungsproblem stecken und das Alter war nur als vordergründige Ausrede sehr willkommen. Denn so brauchte man sich nicht mit den wahren Ursachen auseinander zu setzen. Wenn alles auf dem Tisch ist, finden die beiden entweder einen Weg, wie sie es miteinander probieren können, oder man entscheidet sich doch für einen externen Coach. Wenn die Führungskraft zu ihrer Kompetenz steht, ist das Alter jedoch normalerweise kein Problem!

Ein falsches Rollenverständnis

Es gibt bestimmte Rollen, die ein Coach niemals einnehmen sollte, weil sie erfolgreiches Arbeiten unmöglich machen. Da, wie wir in der Transaktionsanalyse gelernt haben, gleich zu Beginn die wesentlichen Kommunikationsmuster festgelegt werden, ist es nützlich, bereits in der ersten Coaching-Sitzung darauf zu achten, dass nicht ein falsches Rollenverständnis zum Stolperstein für das Coaching wird.

Unbedingt zu meiden ist zum einen die Rolle dessen, der den Job besser kann. Ein wohlmeinender Chef, der den Mitarbeiter mit der Haltung coacht »Ich zeige Ihnen jetzt einmal, wie das geht!«, wird im besten Fall nichts bewirken. Im schlimmsten Fall bekommt er einen Mitarbeiter, der sich selbst permanent klein macht, um dem Vorgesetzten die Möglichkeit zu geben, immer wieder zu beweisen, was für ein toller Hecht er ist. Damit ist für niemanden etwas gewonnen, im Gegenteil werden am Ende beide enttäuscht sein.

Zum zweiten ist es die Rolle des väterlichen Ratgebers. Diese Rolle liegt besonders dann nahe, wenn tatsächlich ein größerer Altersunterschied zwischen Chef und Mitarbeiter besteht. Auch hier meint es der Chef sicherlich gut, nur – der Mitarbeiter hat nichts davon! Ab und an ein guter Rat kann eine äußerst hilfreiche Angelegenheit sein, keine Frage; aber was man sich selbst erarbeitet hat, sitzt einfach besser.

Und zum dritten ist es die Rolle des Oberlehrers. Wenn der Coach glaubt, alles erklären zu müssen, erklärt er meist viel zu viel. Der Mitarbeiter wird sich angewöhnen, immer nur mit Fragen zu kommen, die ihm getreulich beantwortet werden, denn ganz offensichtlich scheint darin ja das Coaching zu bestehen. Das ist aber natürlich keineswegs im Sinne des Erfinders, sondern der Mitarbeiter sollte angeregt werden, sich selbst Antworten zu geben.

Die Problemanalyse

Nur wer die Konstruktion eines Problems verstanden hat, kann es lösen. Um intensive innere Suchprozesse beim Mitarbeiter auszulösen, braucht man die richtigen Fragetechniken. Die so genannten »Problemüberschriften« müssen durch Fragen wieder auf die Verhaltensebene zurückgebracht werden, damit man an einer Veränderung arbeiten kann. Einige Standardfragen helfen dem Coach, den Bezugsrahmen des Mitarbeiters zu erkennen. Oft behindert schon eine Problemdefinition, die allzu eng mit dem Bezugsrahmen verknüpft ist, die Lösung eines Problems. Deshalb sollte der Coach niemals die Problemdefinition des Mitarbeiters übernehmen.

Was für einen Techniker gänzlich undenkbar wäre, nämlich einfach draufloszureparieren, wenn er noch gar nicht weiß, worin das Problem besteht, ist für viele Führungskräfte leider die übliche Vorgehensweise, wenn es sich um ihre Mitarbeiter handelt.

Ein Techniker weiß, dass das Problem erst eingegrenzt werden muss, bevor man in Richtung Problemlösung aktiv werden kann. Doch derselbe Techniker verhält sich in seiner Funktion als Führungskraft oftmals vollkommen anders. Wie bitte, es gibt Schwierigkeiten bei der Arbeit? Da wird auf die Schnelle entschieden, welche Maßnahmen dagegen zu ergreifen sind.

Man ist mit der Lösung schon bei der Hand, wenn ein Außenstehender vielleicht sagen würde, dass man das Problem doch noch gar nicht verstanden hat. Zum Teil liegt das wahrscheinlich daran, dass viele Führungskräfte glauben, nur dann eine gute Führungskraft zu sein, wenn sie fähig sind, schnelle Entscheidungen zu treffen. Aus diesem Irrglauben heraus machen sie sich nicht die Mühe, dem Problem wirklich auf den Grund zu gehen, sondern ordnen Maßnahmen an.

Doch das kann ins Auge gehen. Denn wenn die Maßnahme nicht greift, weil sie gar nicht zum Problem passt, und man geschwind die nächste ergreift, die ebenfalls nicht funktioniert, setzt sich schnell der Eindruck fest, man habe es offenbar mit einem ganz schwierigen oder gar unfähigen Mitarbeiter zu tun, was wiederum ein sehr unproduktives Wechselspiel von Verunsicherung auf beiden Seiten in Gang setzt.

In Führungstrainings zeigt sich immer wieder, dass es eine der schwersten Übungen für Führungskräfte ist, sich die Zeit und die Ruhe zu nehmen, das anstehende Problem gründlich zu erfragen. Wenn sie es dann doch tun, zeigt sich ebenfalls immer wieder, dass plötzlich ganz andere Probleme zutage treten, als man ursprünglich bei oberflächlicher Betrachtung geglaubt hatte. Um diese unteren sieben Achtel des Eisbergs ans Licht zu bringen, braucht man Zeit! Das schafft auch der gewiefteste Profi nicht in zehn Minuten.

Das liegt nicht etwa daran, dass der Mitarbeiter versuchen würde, mit Fleiß zu verbergen, was sich unter der Oberfläche befindet. Es liegt daran, dass er es selbst meist auch nicht weiß! Wer hat noch nicht die Erfahrung gemacht, dass ihm erst die einfühlsamen Fragen eines anderen auf die Sprünge geholfen haben, zu erfassen, was eigentlich mit ihm los ist? Wenn jeder allzeit genau wüsste, was in seinem Inneren vor sich geht, bräuchten wir weder Coachs noch schlaue Bücher zu diesem Thema.

Um noch einmal auf den technischen Bereich zurückzukommen: Ähnlich wie dort ist es auch im Coaching so, dass, wenn erst einmal verstanden wurde, worin das Problem besteht und wie es entsteht, meist auch gleich klar ist, was zur Lösung getan werden muss.

Hat zum Beispiel bei einem Mitarbeiter die Leistung deutlich nachgelassen und hat man herausgearbeitet, dass es daran liegt, weil er sich mit Teilen seiner Aufgabe überfordert fühlt, kommen ziemlich schnell auch die Ideen, wie man ihm helfen könnte. Man könnte ihm Schulung anbieten, um sich dem wieder gewachsen zu fühlen, oder ihm für kurze Zeit einen Kollegen zur Seite stellen oder ihn auf andere Art und Weise befähigen, seine alte Leistungsfähigkeit wieder herzustellen. Sieht man jedoch nur die nachlassende Leistung, ohne zu wissen, woran das liegt, und wendet das innerbetriebliche Universaltherapeutikum an, nämlich Druck ausüben, hilft das leider meist gar nichts.

Die Problemdefinition

Weiter oben wurde darauf hingewiesen, dass der Bezugsrahmen eines Menschen sich durch persönliche Entwicklung, durch Erfahrungen und Erlebnisse spontan verändert. Im Coaching kommt es darauf an, den Bezugsrahmen gezielt zu verändern, ihn zu erweitern, denn bei vielen Problemen wird, ohne eine Veränderung des Bezugsrahmens, alles beim Alten bleiben. Die Erweiterung des Bezugsrahmens schafft den Raum für Lösungen, die durch den zu engen Blickwinkel vorher nicht erkannt wurden. Was erfordert das vom Coach?

Zunächst kommt es darauf an, die für das Problem relevanten Teile des Bezugsrahmens zu erkennen. Durch welche Glaubenssätze über sich oder über die Welt behindert sich der Mitarbeiter in der Problemlösung? Es geht nicht darum, den ganzen Bezugsrahmen des Mitarbeiters zu erfassen, das wäre wahrscheinlich auch gar nicht möglich. Aber die Teile, die beim Problem eine Rolle spielen, sollten Sie als Coach zu fassen bekommen, damit Sie wissen, wo Sie ansetzen müssen.

Manchmal, wenn weit und breit keine Lösung in Sicht scheint, liegt schon in der Definition des Problems der Hund begraben!

Deshalb fördert es den Erfolg eines Coachings sehr, wenn Sie die Problemdefinition des Mitarbeiters nicht übernehmen. Sie ist nicht hilfreich, sonst gäbe es wahrscheinlich das Problem nicht mehr! Denn die Definition eines Problems entscheidet meist schon darüber, welche Lösungsmöglichkeiten man entdeckt. Ich mache das den Teilnehmern meiner Coaching-Ausbildung gern an einem einfachen Beispiel klar: Man stelle sich vor, hundert Tennisspieler spielen im K.O.-System gegeneinander; wer einmal verloren hat, ist nicht mehr im Spiel. Wie viele Spiele müssen gespielt werden, bis der Sieger feststeht?

Die meisten fangen nun an, komplizierte Berechnungen anzustellen und manche finden so auch die Lösung. Wenn man jedoch das Problem neu definiert, ist die Antwort absolut kinderleicht, auch für Mathe-Nieten: Wie viele Verlierer muss man produzieren, damit ein Gewinner übrig bleibt?

Vor einigen Jahren konnte man im Firmenbereich ein eindrucksvolles Beispiel dafür erleben, wie entscheidend die Problemdefinition für die Lösungsfindung ist. Ein großes Unternehmen hatte für die firmeneigene LKW-Flotte eine eigene Tankstelle. Weil die LKWs im Laufe der Zeit immer höher geworden waren, passten sie mittlerweile nur noch schwer beladen unter das Dach dieser Tankstelle. Nun wurde händeringend ein innovativer Vorschlag gesucht, um folgendes Problem zu lösen: Wie bekommen wir den LKW auch unbeladen unter das Tankstellendach?

Der erste Vorschlag, den Boden abzutragen und tiefer zu legen, wurde aus technischen Gründen verworfen. Der zweite Vorschlag, nämlich das Dach höher zu setzen, wäre für die Firma sehr teuer geworden. Man überlegte ergebnislos hin und her, bis ein kluger Mensch schließlich das Problem neu definierte: Wie können wir die LKWs problemlos betanken? Durch diese Problemdefinition wurde klar, dass es gar nicht zwingend nötig ist, dass der LKW unter dem Dach steht, wenn er betankt wird. Also hat man ganz einfach die Tankschläuche verlängert.

Dieses Beispiel zeigt sehr anschaulich, dass die Problemdefinition meist Teil des Problems ist. Wenn jemand eine Schwierigkeit nicht bewältigen kann, ist es ja in den seltensten Fällen so, dass er einfach die Hände in den Schoß legt und abwartet, was passiert. Sondern er wird stattdessen alles mögliche überdenken und versuchen. Auch ein Mitarbeiter, der ein Problem hat, hat in aller Regel schon eine Menge probiert, um es zu lösen, nur war das mit seiner Problemdefinition eben nicht möglich.

Denn die Problemdefinition strukturiert bereits den Lösungsversuch. Die Gedanken können sich nicht mehr frei in alle Richtungen bewegen. Fragestellungen ohne Lösungsversuch hingegen (Wie kriegen wir den LKW betankt?) lassen dem Denken alle Richtungen offen.

Das beherzigt auch der Coach und unterstützt den Mitarbeiter darin, ganz neue Problemdefinitionen zu finden. Das ist meist schon der erste Ansatz, wie sich der Bezugsrahmen des Mitarbeiters erweitern kann.

Mit Fragen den Bezugsrahmen erschließen

Um noch tiefere Einblicke in die problemrelevanten Teile des Bezugsrahmens des Mitarbeiters zu gewinnen, kann der Vorgesetzte im Coaching die folgenden Fragen stellen:

- Wie definiert der Mitarbeiter seine Rolle?
- Wie sieht er seine Aufgabe?
- Welche Werte hat er?
- Wie sieht seine Wertehierarchie aus?
- Welche Werte sind für die Problemlösung dieses speziellen Problems hinderlich?

Der Bezugsrahmen kann meist nur äußerst selten direkt kommuniziert werden. Dazu denken die meisten Menschen, wenn sie überhaupt jemals etwas davon gehört haben, zu wenig über den ihren nach. Das heißt, der Bezugsrahmen muss eruiert werden aus dem, was der Mitarbeiter mitteilt. Dazu muss man sich immer wieder die Frage stellen: Welche Glaubenssätze muss jemand haben, der so handelt oder denkt? Man sucht nach dem ordnenden Muster hinter den Aussagen des anderen.

Das könnte zum Beispiel so aussehen: Ein Mitarbeiter soll gecoacht werden, weil er offenbar Probleme damit hat, die Prioritäten richtig zu setzen, sodass immer wieder sehr wichtige Aufgaben liegen bleiben.

Der Mitarbeiter spricht über den gestrigen Arbeitstag: »Ich war kaum am Arbeitsplatz, da klingelte das Telefon und der Kunde Meier bat mich, das Angebot, das er ursprünglich erst in 14 Tagen erhalten sollte, doch gleich fertig zu machen. Er sagte, er brauche es nun leider doch ganz dringend. Ich arbeitete gerade an dem Angebot, als die Tür aufging und der Abteilungsleiter vom Controlling hereinkam. Er sagte zu mir, dass er dringend ganz bestimmte Zahlen von mir bräuchte. Daraufhin habe ich mich hingesetzt und angefangen, diese Zahlen für ihn herauszusuchen, was gar nicht so einfach war …«

Der Chef fragt: »Ich verstehe das nicht. Warum haben Sie denn dem Abteilungsleiter vom Controlling nicht gesagt, dass Sie das im Moment nicht machen können?«

Der Mitarbeiter antwortet: »Das kann ich doch nicht bringen! Wenn der Abteilungsleiter extra zu mir kommt, braucht der die Zahlen doch sofort! Er muss das doch wahrscheinlich der Geschäftsleitung präsentieren, da kann ich ihn doch nicht hängen lassen.«

Der Chef versteht seinen Mitarbeiter nicht: Er hätte kein Problem gehabt, mit dieser Situation umzugehen. Er hätte vermutlich das Anliegen des Abteilungsleiters auf seine Wichtigkeit und Dringlichkeit überprüft, um dann eine vernünftige Entscheidung treffen zu können, was er nun tun will.

Wann immer man an diesen Punkt kommt, dass man nicht verstehen kann, warum jemand etwas tut oder lässt, das für einen selbst ganz undenkbar wäre, kann man davon ausgehen, dass unterschiedliche Bezugsrahmen eine Rolle spielen.

Was lässt sich im Hinblick auf den Bezugsrahmen dieses Mitarbeiters nun aus dem Gesagten schließen? Was muss in jemandem vor sich gehen, damit er zu solchen Handlungsweisen kommt?

- Die erste Hypothese könnte lauten: Der Mitarbeiter glaubt, es sei wichtiger, jemandem zu helfen, als selbst mit der Arbeit voranzukommen.
- Die zweite Hypothese könnte sein: In der Wertehierarchie des Mitarbeiters rangiert der Abteilungsleiter beziehungsweise die Geschäftsleitung vor einem Kunden.

- Als dritte wäre folgende Hypothese denkbar: Dinge, die als dringend dargestellt werden, sind in seinem Bezugsrahmen auch wirklich wichtig.
- Das führt zur vierten Hypothese: In seinem Bezugsrahmen heißt »dringend« so viel wie »sofort erledigen«.
- Die fünfte Hypothese könnte sein, dass der Mitarbeiter keine innere Erlaubnis hat, zu einer so wichtigen Person wie einem Abteilungsleiter Nein zu sagen.
- Und die sechste Hypothese schließlich: Seinem Bezugsrahmen zufolge ist es in Ordnung, die erste Aufgabe liegen zu lassen, wenn eine neue, wichtige Aufgabe kommt.

Wenn Sie im Coaching solche Hypothesen gebildet haben, besteht der nächste Schritt darin, sie durch weitere Fragen zu verifizieren. Wenn Sie zum Beispiel überprüfen wollen, ob der Mitarbeiter so eilfertig reagiert hat, weil es der Abteilungsleiter höchstpersönlich war, der ihn um die Zahlen bat, könnten Sie fragen: »Wie hätten Sie denn reagiert, wenn ein Sachbearbeiter aus dem Controlling die Bitte an Sie gerichtet hätte?«

Oder Sie fragen, wenn es um die erste Hypothese geht: »Kommt es häufiger vor, dass Sie etwas für andere machen, obwohl Sie selbst eine wichtige Aufgabe zu erledigen haben?«

Erst, wenn Sie durch solche vertiefenden Fragen herausgefunden haben, welche Ihrer Hypothesen den Nagel auf den Kopf trifft, können Sie daran gehen, mit dem Mitarbeiter Maßnahmen zu erarbeiten, wie er in Zukunft seine Arbeitszeit besser strukturieren kann.

Die richtige Fragetechnik

Um es noch einmal zu sagen: Die Problemanalyse spielt im Coaching-Prozess die wesentliche Rolle! Denn nur, wenn eindeutig geklärt ist, welches das eigentliche Problem ist, an dem man arbeiten will, können die Interventionen erfolgreich sein. Um an den Kern eines Problems zu kommen, müssen Sie sich als Coach der richtigen Fragetechniken bedienen. Wenn Sie mit der Problemanalyse beginnen, handelt es sich zunächst darum, Informationen über das Problem und den Bezugsrahmen des Mitarbeiters zu erlangen.

Obwohl die meisten Führungskräfte irgendwann einmal etwas über offene und geschlossene Fragen gehört haben und sich theoretisch darüber im Klaren sind, dass es die offenen Fragen sind, die ihnen die Informationen bringen, verhalten sie sich spontan meist anders. In Rollenspielen zeigt sich immer wieder, dass sehr viele es erst einmal mit geschlossenen Fragen oder Suggestivfragen probieren. Die sind zur Informationsgewinnung jedoch untauglich. Offene Fragen gleichen hellen Scheinwerfern, die einen großen Raum ausleuchten können, während geschlossene Fragen eher die Wirkung eines Spots haben, der sein Licht auf einen einzigen Punkt richtet.

Stellen Sie sich einmal folgende typische Situation vor: Ein Mitarbeiter, der bisher sehr engagiert war, häufiger länger blieb, wenn es nötig war, und immer sehr korrekt gearbeitet hatte, fällt seit zwei oder drei Wochen dadurch auf, dass er gelangweilt wirkt. Er geht sehr pünktlich, sein Engagement hat spürbar nachgelassen, er macht mehr Fehler als vorher. Eine Führungskraft, die noch keine Übung mit der richtigen Fragetechnik hat, stellt vielleicht folgende Fragen: »Woran liegt es denn, dass Sie in letzter Zeit so lustlos wirken? Sind Sie unzufrieden mit Ihrer Arbeit?« Da an die erste, offene Frage gleich eine geschlossene angehängt wurde, entwickelt sich schnell ein unbefriedigendes Frage- und Antwortspiel, wenn der Mitarbeiter nämlich nur auf die geschlossene Frage reagiert: »Nein, das kann man so nicht sagen.«

Der Chef versucht es von Neuem: »Haben Sie Stress mit Ihren Kollegen?« Aber die Antwort lautet: »Nein, mit den Kollegen verstehe ich mich sehr gut.« Also wird noch ein Anlauf genommen: »Fühlen Sie sich im Moment unterfordert?« Wieder wurde mit dem Spot auf den falschen Punkt gezielt: »Nein, unterfordert fühle ich mich nicht.«

Je nach Geduld und Einfallsreichtum der Führungskraft könnte dieses Fragespielchen noch lange so weitergehen, möglicherweise bis der entnervte Chef Lösungswege für ein ganz unklares Problem aufzeigt, nur damit endlich etwas vorwärts geht. Wie man an diesem kurzen Beispieldialog leicht sehen kann, bringen solche geschlossenen Fragen nur ein Minimum an Information.

Auch nicht besser wird die Situation, wenn man die Ja/Nein-Fragen ersetzt durch ein Multiple-Choice-Angebot: »Sind Sie mit Ihrem Büro unzufrieden, haben Sie Schwierigkeiten mit Ihren Kollegen, oder haben Sie einfach keine Lust mehr, immer die gleichen Sachen zu machen?« Nun steht es dem Mitarbeiter frei, sich für eine oder mehrere der angebotenen Alternativen zu entscheiden, er konzentriert sich in seiner Antwort auf eine und vergisst die anderen! Wenn man Pech hat, sind es genau die übergangenen Punkte, auf die es ankommt.

Intensive innere Suchprozesse auslösen

Eine Problemanalyse ist immer auch eine Suche, und so, wie sich mit einem Laserpointer die Suche in einem dunklen Raum sehr schwierig gestaltet, erhellen geschlossene Fragen das Problem nur geringfügig. Auch für die inneren Suchprozesse des Mitarbeiters ist es hilfreicher, offene Fragen zu stellen, die den Raum weiter ausleuchten.

Konfrontiert mit dem oben skizzierten Verhalten eines Mitarbeiters, könnten Sie es zum Beispiel so versuchen: »Mein Eindruck ist, dass Sie in letzter Zeit nicht mehr so ganz bei der Sache sind. Auf mich wirken Sie gelangweilt, Ihr Engagement ist nicht mehr so stark, und Sie gehen in der Regel sehr pünktlich nach Hause. Das war früher nicht so. Woran liegt das?« Durch das kurze Feedback der Führungskraft weiß der Mitarbeiter, um was es geht und durch die nicht determinierende Frage wird ihm ein sehr großer Antwortspielraum geöffnet.

Für den Mitarbeiter bedeutet das, dass er selbst erst einmal alle Möglichkeiten durchdenken muss, welche Ursache sein Verhalten haben könnte. Dagegen löst die Frage »Haben Sie Schwierigkeiten mit Ihren Kollegen?« nur minimale Suchprozesse aus. Man geht im Geist einmal alle Kollegen durch und kann schon antworten. Durch die offene Frage wird der innere Suchprozess des Mitarbeiters wesentlich intensiver – und genau darum geht es beim Coaching: Intensive innere Suchprozesse auszulösen, sodass der Mitarbeiter zu neuen Antworten kommen kann.

Marsische Fragen

Stellen Sie sich vor, die Frage »Woran liegt es, dass Ihre Leistung so nachgelassen hat?« ist gestellt worden, weil der Mitarbeiter deutliche Zeichen von Unzufriedenheit gezeigt hat. Nun wollen Sie sich mit seiner ausweichenden Antwort »Ich weiß es auch nicht!« nicht zufrieden geben, sondern ihn zum Thema zurückführen, also wiederholen Sie Ihre Frage. Diesmal ist die Antwort vielleicht ein schwammiges »Irgendwie bin ich wohl sauer!« Der daran anschließende Dialog könnte sich etwa so gestalten:

»Worüber sind Sie denn sauer?«
»Dass mein Kollege sich immer so blöd verhält.«
»Was speziell am Verhalten Ihres Kollegen macht Sie denn sauer?«

»Eigentlich sind wir eine Arbeitsgruppe, in der alle gleichwertig arbeiten. Aber wenn es um die Präsentation der Ergebnisse geht, tut er so, als sei alles auf seinem Mist gewachsen!«

»Inwiefern ärgert Sie das denn so?«

»Mein Anteil an der Arbeit kommt dann gar nicht mehr vor, und er kassiert alles Lob ein.«

»Das heißt, Sie haben das Gefühl, dass Sie zwar einen großen Teil der Arbeit machen, aber wenn es um die Ehre geht, schiebt er Sie beiseite und Sie fühlen sich übergangen?«

»Ja, genau, das trifft die Sache! Wenn es um die Arbeit geht, macht er mir ständig Druck. Aber wenn es um die Präsentation der Ergebnisse in der Firma oder in der Öffentlichkeit geht, reißt er sie an sich, und ich darf den Laptop und den Beamer bedienen. Genau das ist es! Bei der nächsten Präsentation werde ich darauf bestehen, dass ich präsentiere und er die Technik bedient!«

Hier hat nicht nur ein Klärungsprozess für die Führungskraft stattgefunden, die nun weiß, warum der Mitarbeiter unzufrieden und bedrückt wirkte, auch der Mitarbeiter selbst versteht erst jetzt sein Problem tiefer und hat auch zugleich einen Lösungsansatz gefunden. Was vorher nur diffuses Unbehagen war, bekam durch die Fragen Konturen und wurde dadurch greifbar und handhabbar.

Gerade die Fragen nach den Ursachen für bestimmte Gefühle sind übrigens für die meisten Menschen schwierig, weil es ihnen sehr schwer fällt, ihre Gefühle differenziert wahrzunehmen und zu reflektieren. Sie erleben vielmehr ein Mischmasch von Gefühlen, einen Gefühlsbrei aus Unwohlsein, dessen Ursache sie selbst erst einmal nicht klar erkennen.

Das Beispiel zeigt, dass die Fragen, die der Coach stellt, nicht etwa besonders »raffiniert« sind. Überhaupt geht es in der Problemanalyse weniger darum, besonders ausgefeilte Fragen zu entwickeln, um den Mitarbeiter mit der Tiefe des eigenen Verständnisses zu beeindrucken, sondern eher darum »marsisch« zu fragen.

Eric Berne, der Begründer der Transaktionsanalyse, hat diesen Ausdruck geprägt und meinte damit: »Stellen Sie sich vor, Sie kämen vom Mars und Sie haben keine Ahnung, wie das Leben hier auf der Erde funktioniert! Fragen Sie daher so, wie ein Marsmensch das tun müsste. Setzen Sie absolut nichts voraus. Viel zu häufig glauben wir nämlich, bereits etwas zu wissen, was aber gar nicht stimmt!«

Im Beispiel ist erst durch das marsische Fragen der Führungskraft klar geworden, dass der Mitarbeiter sich übergangen fühlt. Der Coachinganfänger neigt dazu, weil er die Erdenwelt ja kennt, bereits bei der Antwort »Eigentlich sind wir eine Arbeitsgruppe, wo alle gleichwertig arbeiten. Aber wenn es um die Präsentation der Ergebnisse geht, tut er so, als sei alles auf seinem Mist gewachsen« Bescheid zu wissen, um was es geht.

Sein eigener Bezugsrahmen sagt ihm: »Ja, das kenne ich, so einen Kollegen hatte ich auch einmal!« Also hört er auf zu fragen – und nimmt damit sowohl sich als auch dem Mitarbeiter die Möglichkeit, zur richtigen Lösung zu finden. Denn seine Lösung war damals, vom Kollegen zu verlangen, dass er bei Präsentationen seinen Arbeitsanteil erwähnt, während es dem Mitarbeiter jetzt ja darum geht, die Präsentation auch einmal selbst zu machen.

Den Problemschrank aufräumen

Das marsische Fragen ist auch dann wichtig, wenn Mitarbeiter ihre Probleme mit einer Art Überschrift versehen, die alles zu erklären scheint: »Mein Zeitmanagement stimmt nicht« oder »Ich kann schlecht strukturieren« oder »Ich bin zu perfektionistisch«. Solche Überschriften geben dem Problem zwar zunächst einmal Gestalt, doch oft genug wird man durch Nachfragen feststellen, dass sich dahinter etwas ganz anderes verbirgt.

Für den Mitarbeiter, der sich innerlich nur noch mit der Überschrift beschäftigt, wird die Sache dadurch, metaphorisch gesprochen, zu einem Schrank mit der Aufschrift »Zeitmanagementsystem«, in den er alles Mögliche hineinstopft. Je öfter er innerlich an diesem Schrank vorbeigeht, desto sicherer weiß er, dass er dieses Zeitmanagementproblem hat! Doch was genau alles darin steckt, das weiß er nicht mehr. Denn häufig genug hat er noch ein paar andere Probleme, für die er keinen eigenen Ordner anlegen wollte, auch noch darin untergebracht – dann waren sie erst einmal versorgt. Mit der Zeit entwickelt sich daraus ein Problemwust, auf den die Überschrift Zeitmanagement nur noch zum Teil zutrifft. Will man einen solchen Problemschrank aufräumen, muss man jedes einzelne Teil in die Hand nehmen und bewerten.

Für die Problemanalyse im Coaching-Prozess heißt das, dass die abstrakte Problemüberschrift wieder mit Leben gefüllt werden muss. Was bedeutet das, ein Zeitmanagementproblem? Es setzt sich zusammen aus ganz unterschiedlichen Dingen, die man tut oder die man nicht tut oder die man ungenügend tut.

Bei dieser Aufräumaktion kommt man vielleicht auch den eigentlichen Ursachen dafür auf die Spur, weshalb der Mitarbeiter seine Zeit nicht zu seiner Zufriedenheit managt. Möglicherweise mangelt es an seiner Motivation oder vielleicht hat er zu wenig Selbstvertrauen und kann deshalb zu keiner Aufgabe, die ihm aufgehalst wird, Nein sagen, oder vielleicht steckt etwas ganz anderes dahinter.

Durch marsische Fragen kann man diese Probleme konkretisieren. Wenn ein Mitarbeiter Ihnen eine Problemüberschrift anbietet, stellen Sie Fragen wie: »Woran merken Sie es denn, dass Sie ... haben?« oder: »Woran zeigt es sich am deutlichsten?«

Eine weitere wichtige Fragetechnik ist in diesem Zusammenhang das Fragen nach den Unterschieden: »Was macht am meisten Schwierigkeiten? Was weniger?«, weil sie beim Mitarbeiter wiederum intensive innere Suchprozesse auslösen. Um diese Fragen beantworten zu können, muss er sein Verhalten und seine Einstellungen einer genauen Überprüfung unterziehen.

Das Ziel all dieser Fragen ist es, wieder auf die Verhaltensebene zu kommen. Denn nur die Verhaltensweisen bieten konkrete Ansatzpunkte für hilfreiche Interventionen. Wie man das machen kann, soll das folgende Beispielgespräch erläutern:

Mitarbeiter: »Ich würde in dieser Sitzung sehr gern an meinem Zeitmanagementproblem arbeiten.«

Führungskraft: »Was meinen Sie mit Zeitmanagementproblem?«

Mitarbeiter: »Nun, Sie haben mir ja auch schon einige Male die Rückmeldung gegeben, dass mein Schreibtisch immer von riesigen Stapeln überhäuft ist, sodass ich Mühe habe, etwas darauf zu finden. Und dass ich immer wieder Mühe habe, meine Termine einzuhalten, ist ja auch ein altbekanntes, leidiges Thema!«

(Jetzt heißt es für den Chef aufpassen! Es ist keineswegs ratsam, erleichtert zu denken: »Gott sei Dank geht es jetzt um genau die wichtigen Dinge, die mich schon so lange stören!« Damit würde er seinen eigenen Bezugsrahmen auf den Mitarbeiter übertragen. Denn noch ist das Problem nicht identifiziert, also heißt es: Weiterfragen!)

Führungskraft: »Das heißt, Sie erleben die Unordnung auf Ihrem Schreibtisch und die gelegentlich nicht eingehaltenen Termine als Ihr Problem, an dem Sie arbeiten möchten?«

Mitarbeiter: »Genau, daran sollte ich unbedingt etwas tun!«

(Noch ist es völlig unklar, ob die Motivation wirklich vom Mitarbeiter kommt, also ob es für ihn zum Problem geworden ist. Oder ob er eher außenmotiviert ist, weil er oft genug gehört hat, dass sein Schreibtisch nicht in Ordnung ist und er pünktlicher seine Termine einhalten soll. Vielleicht denkt der Mitarbeiter, dass sein Chef sehr zufrieden wäre, wenn er an seinem Verhalten etwas änderte. Deshalb fragt der Coach weiter.)

Führungskraft: »Inwiefern ist das denn für Sie ein Problem?«

Mitarbeiter: »Ich sehe ja ein, dass das kein guter Arbeitsstil und ineffizient ist.«

(Aha, Außenmotivation!)

Führungskraft: »Na gut, aber es arbeiten vermutlich Tausende von Menschen so, die keinerlei Grund sehen, daran etwas zu ändern.«

(Der Coach vertritt hier ganz bewusst die Seite der Nichtveränderung, um dem Mitarbeiter die Möglichkeit zu geben, nochmals zu überprüfen, ob er vielleicht auch eine innere Motivation hat neben der äußeren. Sollte sich nämlich herausstellen, dass die Motivation nur von außen bestimmt ist, ist die Wahrscheinlichkeit einer erfolgreichen Veränderung des Verhaltens äußerst gering. Würde die Führungskraft sofort anspringen und begeistert beipflichten: »Ich finde es sehr gut, dass Sie daran einmal arbeiten wollen«, könnte es sein, dass damit für den Mitarbeiter zuviel Druck auf die Veränderungsseite gebracht wird. In seiner inneren Einschätzung käme damit die andere Seite, die sein Verhalten bisher bestimmt hat, zu kurz, was zur Folge hätte, dass er selbst diese Seite mittels vieler Einwände gegen die Hilfsangebote seines Chefs stärken muss.)

Mitarbeiter: »Ich habe bisher ja auch so gearbeitet.«

Führungskraft: »Warum wollen Sie es dann plötzlich ändern?«

Mitarbeiter: »Ich merke einfach, dass das langsam an meinem Selbstvertrauen kratzt. Ich komme mir manchmal schon richtig bescheuert vor, wenn ich Ihnen wieder sagen muss, dass ich einen Termin nicht einhalten kann und genau weiß, das wäre nicht nötig gewesen, wenn ich mich nicht so verzettelt hätte.«

(Jetzt kommt ein eigenes Motiv zum Vorschein.)

Führungskraft: »Das leuchtet mir ein. Was meinten Sie denn damit, dass Sie den Termin hätten einhalten können, wenn Sie sich nicht so verzettelt hätten?«

Mitarbeiter: »Ich glaube, ich gehe einfach zu unstrukturiert an meine Arbeit.«

(Das ist eine sehr beliebte Worthülse.)

Führungskraft: »Nennen Sie mir doch einmal ein Beispiel, wo Sie sich verzettelt und zu unstrukturiert gearbeitet haben. Ich möchte das noch genauer verstehen.«

Mitarbeiter: »Das ist schon bei ganz einfachen Sachen so, zum Beispiel bei meinem letzten Monatsbericht an Sie. Dieser Bericht hat sich über den ganzen Vormittag hingezogen, weil ich mir immer dann, wenn ich gemerkt habe, dass mir ein Detail oder eine Zahl fehlt, die entsprechenden Unterlagen geholt habe. Beim Durchsehen dieser Unterlagen ist mir dann aufgefallen, dass da etwas nicht stimmt. So etwas macht mich ganz verrückt! Also habe ich alle Unterlagen auf Fehler überprüft. Ich habe zwar keine weiteren gefunden, aber eine ganze Stunde war weg.«

Führungskraft: »Jetzt verstehe ich mehr, was Sie mit dem Verzetteln meinen: Sie beschäftigen sich sofort mit einem neu auftauchenden Problem und lassen sich vom ursprünglichen ablenken?«

Mitarbeiter: »Ja, das ist typisch für mich! Ich versuche immer, die Dinge hundertprozentig zu machen und bin viel zu genau. Ich habe immer Angst, dass sich ein wesentlicher Fehler einschleichen könnte.«

Führungskraft: »Das klingt so, als würden Sie einen sehr hohen Aufwand betreiben, um fehlerfrei zu arbeiten, dabei aber mit der Gesamtarbeit nicht fertig werden.«

Mitarbeiter: »Ja, stimmt. Und dann habe ich immer so viel Material angeschleppt, was ich noch überprüfen wollte, dass ich nachher in dem Chaos ertrinke, das sich auf meinem Schreibtisch türmt.«

Führungskraft: »Jetzt verstehe ich, wie das Problem entsteht. Wo könnte man denn daran am einfachsten ansetzen, aus Ihrer Sicht?«

Da es in diesem Kapitel nur um die Problemanalyse und nicht auch schon um die Interventionen geht, wollen wir das Gespräch hier abbrechen. Durch das hartnäckige Fragen des Coachs hat sich schnell gezeigt, dass sich hinter der Überschrift »Zeitmanagementproblem« ein Perfektionismusproblem verbirgt. In der Problemanalyse kommt es darauf an, durch Fragen die nichtssagenden Nominalisierungen wieder auf konkrete Verhaltensweisen zurückzuführen.

Sinnesbezogene Fragen

Mit sinnesbezogenen Fragen kann man herausfinden, was der Mitarbeiter ganz konkret tut, was er sieht, was er hört, welche inneren Dialoge er führt, kurz, wie er das Problem konstruiert. Nehmen wir als Beispiel diesmal jemanden, der sehr ungern vor Gremien wie etwa der Geschäftsleitung präsentiert. Der Mitarbeiter behauptet, das Präsentieren liege ihm einfach nicht. Die Führungskraft hat jedoch die Erfahrung gemacht, dass dieser Mitarbeiter hervorragende Präsentationen vor dem eigenen Team zustande bringt.

Um den Unterschied ganz deutlich zu machen, sehen wir uns zunächst einmal einen nicht-sinnesbezogenen Dialog zwischen Coach und Mitarbeiter an:

Führungskraft: »Warum fällt Ihnen das vor dem Gremium denn so schwer?«

(Dies ist eine der beliebtesten Fragen. Sie zeichnet sich besonders dadurch aus, dass sie niemanden weiterbringt.)

Mitarbeiter: »Ich weiß auch nicht. Es ist einfach nicht mein Ding. Andere produzieren sich ja ganz gern vor solchen Gremien, ich nicht!«

Führungskraft: »Aber wenn Sie hier im Team präsentieren, ist das immer sehr gut.«

Mitarbeiter: »Das ist ja auch etwas ganz anderes. An einer Präsentation im Team hängt nicht viel dran.«

Führungskraft: »Liegt es daran, dass Sie die Leute im Gremium nicht so gut kennen?«

Mitarbeiter: »Ja, irgendwie schon. Lieber setze ich mich drei Stunden hin und mache eine Analyse. Ich mag das Präsentieren einfach nicht.«

(Ab hier dreht sich das Gespräch im Kreis. Die Wahrscheinlichkeit ist groß, dass der Mitarbeiter in einer solchen Situation ein Nebenthema anbietet, um aus dem schwierigen Gespräch heraus zu kommen.)

Sehen wir uns an, wie sinnesbezogene Fragen mit dem Problem umgehen.

Mitarbeiter: »Präsentieren ist einfach nicht mein Ding. Ich mag es nicht.«

Führungskraft: »Wenn Sie sich einen Moment lang vorstellen, Sie stehen vor diesem Gremium, sollen gleich mit der Präsentation beginnen und schauen sich Ihre Zuhörer an, was sehen Sie?«

Mitarbeiter: »Bei manchen erwartungsvolles Interesse, bei manchen Ungeduld, sogar Misstrauen.«

Führungskraft: »Wenn Sie Interesse, Ungeduld oder Misstrauen sehen, was sagen Sie sich dann innerlich über Ihre Zuhörer?«

Mitarbeiter: »Ein Teil ist ganz positiv eingestellt auf meinen Vortrag und wird auch fair damit umgehen, ein Teil wartet nur darauf, ihn zu verreißen.«

Führungskraft: »Was löst das an Stimmungen und Gefühlen in Ihnen aus?«

Mitarbeiter: »Ich werde sehr vorsichtig. Alle Alarmsignale leuchten, und ich fange an, sehr genau zu überlegen, was ich sage.«

Führungskraft: »Was fühlen Sie dabei?«

Mitarbeiter: »Ich fühle mich idiotisch, weil ich etwas präsentieren soll, das von manchen aus politischen Gründen sowieso abgelehnt wird.«

Führungskraft: »Wenn Sie also die Ungeduld und das Misstrauen bei einzelnen Kollegen sehen, interpretieren Sie das für sich im Sinne von: Die werden das sowieso verreißen, und fühlen sich dabei idiotisch. Wie wirkt sich das auf Ihr Verhalten in der Präsentation aus?«

Mitarbeiter: »Ich werde eher unsicherer und merke, dass ich innerlich stark an meinen Formulierungen arbeite. Dadurch verliere ich manchmal fast den Kontakt zu den Zuhörern, und dann ist die Präsentation wirklich nicht mehr besonders gut.«

Führungskraft: »Jetzt verstehe ich, wie das Problem in dieser Situation zustande kommt. Inwiefern ist das denn anders, als wenn Sie im Team präsentieren?«

Mitarbeiter: »Da gibt es niemanden, von dem ich weiß, dass er von vornherein nur aus politischen Gründen dagegen ist. Die Leute im Team sind offen für die Präsentation.«

Führungskraft: »Das heißt, der kritische Punkt ist, dass in dem Gremium Leute sind, von denen Sie vorher schon zu wissen glauben, dass sie dagegen sein werden. Lassen Sie uns das genauer ansehen. Stellen Sie sich noch einmal vor, Sie seien wieder am Anfang Ihrer Präsentation und Sie sehen sich Ihre Zuhörer an. Was genau sehen Sie bei bestimmten Mitgliedern des Gremiums, bei denen Sie davon ausgehen, dass sie gegen Ihre Präsentation sind? Was genau nehmen Sie wahr?«

Mitarbeiter: »Nun, da ist einmal der Bereichsleiter Maier, der kriegt immer so eine steile Falte über der Nasenwurzel und spielt hektisch mit seinem Kuli. Da weiß ich schon, der wird mich gleich unterbrechen, weil er es nicht aushält, bis ich mit meinen Ausführungen zu Ende bin.«

Führungskraft: »Würden Sie Maier eher als ungeduldig oder als gegen Ihre Präsentation eingestellt einstufen oder beides?«
Mitarbeiter: »Hm, ich denke, bei ihm ist beides vorhanden.«
Führungskraft: »Gibt es jemanden, der eindeutig dagegen ist?«
Mitarbeiter: »Ja, wenn ich mir den Herrn Reinhard aus dem Vorstand vorstelle, da bin ich mir ziemlich sicher, dass er dagegen ist.«
Führungskraft: »Was sehen Sie bei ihm, was Sie zu der Schlussfolgerung kommen lässt, er sei auf jeden Fall dagegen?«
Mitarbeiter: »Ach, das ist völlig klar. Selbst wenn ich schon mit der Präsentation anfange, hört er nicht auf, mit seinem Nachbarn zu tuscheln und zeigt ihm irgendein Papier. Er hat ganz offensichtlich überhaupt kein Interesse an dem, was ich zu sagen habe.«
Führungskraft: »Wenn Sie das so sehen, wie geht es Ihnen damit?«
Mitarbeiter: »Ich habe das Gefühl, ich bräuchte die Präsentation eigentlich gar nicht zu machen, wenn die Entscheider des Projektes nicht aufmerksam sind. Ich empfinde das als Farce!«
Führungskraft: »Jetzt ist mir klar, weshalb es Ihnen so schwer fällt, vor diesem Gremium eine Präsentation zu machen. Ein paar Punkte dabei würde ich gern näher beleuchten.«

Im weiteren Verlauf des Gesprächs würde der Coach nun die Schlussfolgerungen des Mitarbeiters unter die Lupe nehmen; da das aber schon über die Problemanalyse hinausführt, soll es in einem späteren Kapitel behandelt werden. Am bisherigen Verlauf des Gespräches erkennt man schon, dass die Problemkonstruktion immer deutlicher wird, sodass wir Antwort bekommen auf die Frage: Wie bringt der Mitarbeiter es fertig, dieses Problem zu haben?

Damit haben wir den Prozess über alle Sinnesebenen vom Sehen und Hören bis hin zum Handeln vollständig erfasst. Das ist selbstverständlich keine festgelegte Reihenfolge.

Wie in einem Gesprächskommentar weiter oben schon angemerkt, sind Warum-Fragen selten hilfreich. Zum einen liegt das daran, dass damit meist nach der Motivation gefragt wird und nicht nach der Problemkonstruktion. Zum anderen werden derartige Fragen häufig als beschuldigende Fragen missverstanden, etwa derart: »Warum, zum Teufel, machen Sie, was immer Sie tun?«, auch wenn das keineswegs in der Absicht des Fragenden liegt. In den Coaching-Ausbildungsgruppen fällt es immer wieder auf, dass Warum-Fragen die häufigsten Verlegenheitsfragen von Anfängern sind, die sich damit jedoch festfahren.

Da sich der Mitarbeiter in den meisten Fällen über seine Motivation ohnehin nicht so klar ist, dass er darüber eine vernünftige Auskunft geben könnte, ist es viel wichtiger, zunächst zu verstehen, wie das Problem zustande kommt, um Ideen entwickeln zu können, mit welchen Interventionen man eine Veränderung in Gang setzen könnte.

Ängste ganz erfragen

Im Coaching werden Sie immer mal wieder mit Ängsten Ihres Mitarbeiters konfrontiert. Das kann die Angst sein, etwas nicht zu schaffen, die Angst vor einer bestimmten Situation, die Angst, den Arbeitsplatz zu verlieren – Ängste im Berufsleben gibt es viele, auch wenn niemand gern öffentlich darüber spricht.

Auch bei diesem Themenbereich fragen Neulinge gern nach dem Woher und Warum. Doch solche Fragen nützen nichts. Meist kann der Mitarbeiter auch nicht befriedigend beantworten, woher seine Angst rührt. Und die Warum-Fragen haben den großen Nachteil, dass man meist bei der ersten rationalen Begründung aufhört, weiter zu fragen. Dann weiß man zwar, dass der Mitarbeiter Angst verspürt, weil er fürchtet, den Arbeitsplatz zu verlieren, aber das allein hilft niemandem weiter.

Deshalb ist es wichtig, weiter zu fragen:

»Was wäre denn dann, wenn Sie den Arbeitsplatz verlieren?«
»Ja, dann müsste ich in meinem Alter noch einmal ganz von vorn anfangen!«
»Und was wäre daran so schlimm?«
»Ich glaube, das schaffe ich gar nicht.«
»Und was bedeutet das, wenn Sie es nicht schaffen?«
»Dann fühle ich mich als Versager und ganz wertlos!«

Hier also liegt der Hund begraben! Wenn man es durch Fragen so weit gebracht hat, dass der Glaubenssatz, der den Mitarbeiter behindert, zur Sprache kommt, ist auch das weitere Vorgehen klar: Man kann mit dem Mitarbeiter an der Frage arbeiten, weshalb er sein Selbstwertgefühl damit verknüpft, einen Arbeitsplatz zu haben. Durch das konsequente Erfragen der Folgen, die ein Ereignis, vor dem man sich fürchtet, wohl haben würden, wird den meisten Menschen erst klar, dass ihre Bewertung und Bedeutungsgebung es sind, welche die Angst bewirken. Das Schlimme ist ja meist nicht das Ereignis als solches, sondern was man alles damit verknüpft.

Im Zusammenhang mit Ängsten haben sich zwei weitere Fragen bewährt. Die eine lautet: »Wie hoch ist denn die Wahrscheinlichkeit, dass eintritt, was Sie befürchten?« Diese Frage ist geeignet, die Irrationalität vieler Ängste deutlich zu machen, denn sehr häufig quälen wir uns ja mit unseren eigenen Chimären.

Die andere Frage lautet: »Was ist denn das Schlimmste, was passieren würde, wenn dieses oder jenes Ereignis eintritt, und könnten Sie damit leben?« Auch diese Frage zielt darauf ab, der irrationalen Angst ihre Spitze zu nehmen, denn in den allermeisten Fällen stellt sich heraus, dass das Schlimmste zwar unangenehm wäre, aber noch lange kein Grund, zum Strick zu greifen – es würde immer einen Weg geben, damit umzugehen.

Diese Fragetechnik dient einerseits der Problemanalyse, spielt in ihren Auswirkungen jedoch schon in den Bereich der Interventionen hinein. Hier wird wieder deutlich, dass Coaching eine komplexe Angelegenheit ist, in der sich Problemanalyse und Intervention manchmal so eng miteinander verzahnen, dass sie nicht voneinander zu trennen sind.

Auch ein vorsichtiges Feedback kann die Problemanalyse beschleunigen

Manchmal ist es ganz hilfreich, vom Fragen ganz wegzugehen und ein direktes Feedback zu geben. Das empfiehlt sich zum Beispiel, wenn der Mitarbeiter in seinen Äußerungen sehr vage und unspezifisch ist, unter Umständen aus dem einfachen Grund, weil er selbst noch kein klares Verständnis von seinem Problem hat. Ein klares Feedback in der Phase der Problemanalyse ist auch dann angebracht, wenn der Mitarbeiter eine Problemdefinition hat, mit der er überhaupt nicht mehr weiterkommt.

In allen diesen Fällen kann man natürlich auch über Fragen den Prozess vorwärtsbringen. Der schnellere Weg ist jedoch ein zwar klar, aber vorsichtig formuliertes Feedback. Stellen Sie sich vor, Sie hätten einen Mitarbeiter, der zum ersten Mal eigenverantwortlich eine größere, schwierige Aufgabe übernehmen soll. Der Mitarbeiter, der Angst vor der eigenen Courage bekommt, reagiert zögerlich. Er meint, er sei noch nicht so weit, das ginge alles zu schnell, er müsse erst noch mehr Sicherheit bekommen.

Jetzt könnten Sie natürlich mit vielen Fragen ins Detail gehen. Doch eigentlich haben Sie als Führungskraft den Eindruck, dass der Mitarbeiter, was das fachliche

Können betrifft, auf jeden Fall bereits fit genug ist und sehen das Problem eher darin, dass er davor zurückschreckt, die mit der Aufgabe verbundene Verantwortung zu tragen, und sich scheut, eigenverantwortlich Entscheidungen zu treffen.

Das ist zwar zunächst nur Ihre Hypothese und die Gefahren solcher Hypothesen haben wir bereits weiter vorne benannt. Doch wenn Sie sich über diese Problematik im Klaren sind und sich nicht dazu verführen lassen, Ihre Hypothesen für sicheres Wissen zu halten, dann können Sie es wagen, Ihre Hypothese dem Mitarbeiter vorzustellen. Sie können so den Prozess der Problemanalyse unter Umständen deutlich verkürzen.

Selbst wenn Ihre Hypothese sich als falsch erweisen sollte, kann ihre vorsichtige Präsentation den weiteren Fortgang beschleunigen, denn zumindest eine Hypothese hat man ja nun schon widerlegt. Das Feedback des Chefs könnte etwa so aussehen:

Führungskraft: »Ich kann Ihre Sichtweise ganz gut verstehen, aber ich persönlich habe einen etwas anderen Eindruck.« (Hier legt der erfahrene Coach eine Pause ein, die den einzigen Zweck hat, die Neugier des Mitarbeiters zu kitzeln). Ich denke, dass Sie fachlich alles haben, was Sie brauchen. Ich könnte mir aber vorstellen, dass es Ihnen schwer fällt, wirklich die Verantwortung zu übernehmen. So, wie ich Sie kennen gelernt habe, könnte ich mir gut vorstellen, dass Sie dieses Projekt absolut fehlerfrei und vorbildlich durchführen wollen und dass es das ist, was Ihnen Angst macht.«

Nun hat der Mitarbeiter die Wahl, dem zuzustimmen oder es zu verwerfen. In beiden Fällen bekommen Sie einen Ansatzpunkt, an dem Sie weiterarbeiten, sprich weitere Fragen stellen können.

Mustererkennung

Eine Problemanalyse wird nur dann zu befriedigenden Ergebnissen führen, wenn man wirklich das ganze Muster erkennt, das hinter dem Problem steckt, und sich nicht auf einzelne Bildausschnitte oder Mosaiksteine konzentriert und aus diesem Grund die falschen Interventionen wählt.

Um zu illustrieren, was gemeint ist, sei ein Beispiel aus der Medizin geschildert. Dort kommt es ja auch gelegentlich vor, dass man von einem Symptom auf eine Ursache schließt, dieses bekämpft, dann das nächste Symptom in Angriff nimmt, weil man es für isoliert hält, und viel Unnötiges tut, weil man den Zusammenhang nicht erkannt hat.

So erging es jedenfalls einem Mann, der seit einiger Zeit täglich Kopfschmerzen hatte und deshalb zu seinem Hausarzt ging. Der Hausarzt schickte ihn zu einem Neurologen, der einen erhöhten Blutdruck feststellte und das für die Ursache der Kopfschmerzen hielt und folgerichtig behandelte. Parallel suchte der Mann wegen Kreuzschmerzen auch einen Orthopäden auf, der eine leichte Schiefstellung der Wirbelsäule erkannte und dem Mann Krankengymnastik verordnete. Außerdem ließ er sich von seinem Hausarzt endlich eine stark eiternde Wunde behandeln, die schon lange nicht heilen wollte. Der Hausarzt schnitt sie auf, fand einen langen Splitter, zog ihn und versorgte die Wunde.

Bereits nach 14 Tagen konnten sich der Neurologe und der Orthopäde zum guten Erfolg ihrer Heilmaßnahmen beglückwünschen: Sowohl die Kopfschmerzen als auch die Kreuzschmerzen des Mannes waren verschwunden! Da jeder der Ärzte sich immer nur um ein Symptom gekümmert hatte, verstand keiner der drei den Zusammenhang – dass nämlich der Splitter im Fuß zu einer Schonhaltung führte, sodass durch die ungleichmäßige Belastung Verspannungen im Kreuz entstanden, die sich zu Verspannungen im Nacken und in der Schulter ausweiteten, was schließlich Kopfschmerzen auslöste.

Die Moral aus dieser langen Geschichte: Stürzen Sie sich niemals vorschnell auf ein einzelnes Problem Ihres Mitarbeiters, das Sie herauspicken, sondern schreiben Sie sich in Ruhe eines nach dem anderen auf! Nur so können Sie feststellen, welche Gemeinsamkeiten eventuell vorhanden sind und was als Problemmuster immer wieder auftaucht.

Zugegebenermaßen ist diese Problemmustererkennung keine leichte Übung. Sie stellt besonders den Anfänger vor eine Herausforderung. Denn auf den ersten Blick ist gar nicht so einfach erkennbar, welches gemeinsame Muster bei einem Mitarbeiter vorhanden ist, der folgende Probleme schildert: Nichteinhaltung von Terminen, zu der es trotz guter Zeitplanung und Organisation kommt, eine ständige Stimmung von Unzufriedenheit und Unbeliebtheit bei den eigenen Mitarbeitern.

Doch wenn man sehr genau nachfragt und alle Probleme im Auge behält, wird man dahinter kommen, dass das Nichteinhalten von Terminen durch übergroße Genauigkeit bedingt ist, die zu viele zeitraubende Kontrollen erzwingt. Diesen Perfektionismus fordert er auch von seinen Mitarbeitern, denen er gnadenlos die kleinsten Fehler ankreidet. Verständlich, dass sie ihn nicht gerade lieben. Der Perfektionismus ist es auch, von dem seine Unzufriedenheit herrührt. Da er die Messlatte unerreichbar hoch gehängt hat, genügt er seinen eigenen Ansprüchen niemals, denn er weiß, er hätte es noch besser machen müssen. Deshalb ist er trotz guter Leistungen nie mit sich zufrieden. Arbeitet man als Coach an diesem Perfektionismus, so wird sich das auswirken wie das Herausziehen des Splitters!

Problemmustererkennung heißt, immer auf der Suche zu sein nach dem gemeinsamen Nenner. Fragen Sie sich: »Was könnte die Überschrift für all diese Probleme sein? Welches Grundproblem ist in der Lage, all diese Erscheinungsformen zu produzieren?«

Vielleicht haben Sie Lust, sich einmal zu testen? Welches Grundproblem würden Sie als Coach mit einem Mitarbeiter bearbeiten, der folgende Schwierigkeiten zeigt:

- Er tut sich sehr schwer damit, Berichte zu schreiben.
- Es fällt ihm schwer, Konzepte zu machen.
- Seine Herangehensweise an komplexe Arbeiten wirkt zufällig und sprunghaft.
- Sein Zeitmanagementsystem ist eine wilde Zettelwirtschaft.
- Seine Erklärungen kommen erst über Umwege auf den Punkt.
- Man versteht nur schwer, worum es ihm geht.
- Trotz guter Fachkenntnisse und ausreichend Berufserfahrung fällt es ihm schwer, selbstständig an eine neue Aufgabe heranzugehen.
- Projektpläne sind von ihm keine zu bekommen, weil er von Idee zu Idee hüpft.

Wenn Sie sich entschieden haben, diesen Mitarbeiter darin zu trainieren, strukturiert vorzugehen, werden Sie wahrscheinlich schneller Erfolge erzielen, als wenn Sie versuchen, jedes Problem einzeln aufzuarbeiten!

Vier wesentliche Punkte unterstützen Sie bei der Problemmustererkennung:

- Fliegen Sie nicht gleich auf jedes Problem! Es ist besser, eine Gesamtschau herzustellen. Wenn man sich zu schnell auf eine Hypothese festlegt, engt man sich unnötig ein.
- Wenn Sie Hypothesen bezüglich der Probleme entwickelt haben, fragen Sie sich, ob diese Hypothesen die *ganze* Problematik erklären.

- Fragen Sie sich, ob das, was Sie als Ursache für eines der Probleme vermuten, vielleicht auch die Ursache für alle anderen Schwierigkeiten ist.
- Fragen Sie sich: Wenn ich richtig liege mit meiner Problemdiagnose, wo müsste sich das dann noch überall auswirken? Wenn Sie Vorhersagen treffen können, welche Schwierigkeiten der Mitarbeiter noch hat, die sich bewahrheiten, dann haben Sie das Problemmuster verstanden.

Es gibt noch ein weiteres Hilfsmittel zur Problemmustererkennung: Das ist das Antreiberkonzept aus der Transaktionsanalyse. Dieses Konzept kennen Sie bereits aus dem entsprechenden Kapitel, wo es ausführlich erläutert wurde. Die Konzepte der Transaktionsanalyse haben sich im Coaching sehr bewährt, weil sie einfach aufgebaut und leicht verständlich sind. Für den Coach ist es eine große Hilfe, sich solcher Konzepte zu bedienen.

Deshalb sollte ein guter Coach die wichtigsten Konzepte immer im Hinterkopf haben, denn sie erleichtern das Verständnis dessen, was sich beim anderen abspielt. Um sie jedoch nicht schematisch zu verwenden, muss man die Konzepte verknüpfen mit dem wahrgenommenen Verhalten. Dann können sie als Raster wirksam werden, welches dem Benutzer hilft, das Verhalten einzuordnen. Diese Einordnung muss selbstverständlich immer durch Nachfragen überprüft werden.

Oft genug hilft einem auch der gesunde Menschenverstand, das Muster hinter verschiedenen Problemen zu erkennen. Es darf nicht unterschätzt werden, welche wichtige Rolle dabei das Aufschreiben der Probleme spielt. Es erleichtert das Auffinden einer gemeinsamen Quelle für alle Schwierigkeiten, wenn man sich anhand seiner Notizen einen Gesamtüberblick verschaffen kann.

Systemische Ursachen für Probleme

Nicht allen Schwierigkeiten liegen individuelle Probleme zugrunde. Manchmal ist das berufliche System die Quelle für Störungen, zum Beispiel unklare Hierarchien, unklare Arbeitsabläufe oder heimliche Spielregeln in der Firma. Ein Hinweis auf systemische Ursachen könnte darin zu finden sein, wenn mehrere Mitarbeiter die gleichen Schwierigkeiten haben oder wenn ein Mitarbeiter ein gefordertes Verhalten nicht zeigt, obwohl er es könnte.

Bisher haben wir uns hauptsächlich mit der Frage beschäftigt, wie man das eigentliche Problem des Mitarbeiters herausfinden kann. Gelegentlich ergibt sich jedoch auch die Situation, dass das Problem systemisch bedingt ist. Da es nicht an seiner Persönlichkeit oder an seiner individuellen Handlungsweise liegt, dass dieses Problem auftaucht, hätte auch jeder andere Mitarbeiter, der an seine Stelle träte, die gleichen Schwierigkeiten.

Ein solcher Fall lag vor bei einem stellvertretenden Abteilungsleiter, der große Schwierigkeiten mit einem Mitarbeiter hatte. Das Verhältnis war so schlecht, dass es schließlich zu der Zuspitzung »Er oder ich« kam. In der Problemanalyse stellte sich heraus, dass er zwar formal nur stellvertretender Abteilungsleiter war, aber de facto, was Führungsaufgaben betraf, die Leitung innehatte, denn der Abteilungsleiter hatte ihm diesen Bereich nicht nur für die Zeiten seiner Abwesenheit, sondern permanent delegiert.

Systemisch spielt sich in praktisch allen Arbeitsverhältnissen Folgendes ab: Die Mitarbeiter sind bereit, Anweisungen Folge zu leisten, wenn der Anweisende als Vorgesetzter legitimiert ist, also die hierarchisch höhere Position innehat. Es gibt eine Systemebene Führungskraft und eine Systemebene Mitarbeiter.

Wenn, wie im vorliegenden Fall, der Abteilungsleiter diese Systemebenen vermischt, indem er die Führungsfunktion permanent delegiert, wird psychologisch gesehen die Machtposition, die mit der hierarchischen Position verbunden ist, vakant. Sobald ein Mitglied der Systemebene Mitarbeiter die anderen Mitarbeiter führen soll, fühlen sich die stärksten im Team herausgefordert, diese Stelle ebenfalls zu besetzen. Ein um die Macht konkurrierender Mitarbeiter würde sich zwar von einem Vorgesetzten etwas sagen lassen, aber keinesfalls auf die Dauer von einem Gleichrangigen – also sind Machtkämpfe vorprogrammiert!

Im vorliegenden Fall wäre es ein Fehler gewesen, die Probleme des stellvertretenden Abteilungsleiters als individuelle Schwierigkeiten zu behandeln und ihm etwa beizubringen, wie man mit Konflikten anders umgehen kann. Diese Maßnahme hätte bei den vorliegenden Strukturen nur sehr bedingt etwas geholfen. Das Beispiel soll zeigen, dass Sie sich als Führungskraft immer auch fragen sollten: Kann es an der Organisationsform liegen, dass jemand genau diese Probleme hat? Würde jemand anderes die gleichen Probleme bekommen?

Sie sollten auch immer dann hellhörig werden bezüglich systemischer Ursachen, wenn mehrere Mitarbeiter im Team die gleichen Schwierigkeiten haben. Wenn zum Beispiel mehrere oder gar alle Mitarbeiter einer Abteilung mit der Weitergabe von Informationen an andere Abteilungen geizen oder ein ganz bestimmtes Fehlverhalten immer wieder gezeigt wird.

Bei einem Softwarehersteller wurde festgestellt, dass die Mitarbeiter in Projekten dem Kunden regelmäßig viel zu wenig ihrer Arbeitszeit berechneten. Daraufhin wiesen sowohl der Inhaber als auch die Bereichsleiter mehrfach darauf hin, wie wichtig es sei, dass in allen Projekten dem Kunden die tatsächliche Arbeitszeit berechnet würde. Selbstverständlich leuchtete das auch allen ein. Nur am Verhalten änderte sich nichts! Selbst als der Inhaber die Projektleiter bei einer Sitzung mit dem Vorwurf konfrontierte, ob sie eigentlich zu dämlich seien, die korrekte Stundenzahl zu berechnen, änderte sich an der Praxis nichts.

Verständlich wurde dieses merkwürdig anmutende Verhalten erst, als wir gemeinsam mit Inhaber und Führungskräften die systemischen Ursachen unter die Lupe nahmen und dabei etwas untersuchten, was man die heimlichen Spielregeln eines Unternehmens nennt. Wir stellten folgende Fragen: Wer entscheidet über das berufliche Fortkommen eines Mitarbeiters in dieser Firma? Welches ist das wichtigste Kriterium, um jemanden zu fördern? Es stellte sich heraus, dass sowohl Inhaber als auch Personalchef für Beförderungen zuständig waren und dass ein Mitarbeiter sich in ihren Augen am besten empfehlen konnte, wenn er für eine hohe Kundenzufriedenheit sorgte. Damit war klar, wie es zu jener oben geschilderten Situation kommen konnte: Für die Projektleiter war es allemal interessanter, sich zwei- oder dreimal im Jahr eine Rüge anzuhören, die ohnehin alle traf, als sich mit einem Kunden bezüglich der abzurechnenden Stunden herumzustreiten und zu riskieren, dass dieser Kunde wütend den Geschäftsführer anrief und sich beschwerte.

Wenn Sie mehr über die heimlichen Spielregeln herausfinden wollen, helfen Ihnen dabei folgende Fragen: Was motiviert die Mitarbeiter hier zu arbeiten? Wer entscheidet über die berufliche Karriere? Auf welche Kriterien legen diese Entscheider Wert? Mehr Interessantes zu diesem Thema bietet Ihnen das Buch *Die heimlichen Spielregeln* von Peter Scott-Morgan und Arthur D. Little.

Auch wenn ein Mitarbeiter ein von ihm gefordertes Verhalten nicht zeigt, kann dies systemische Ursachen haben. Es könnte zum Beispiel sein, dass es einfach nicht genügend Nachfrage nach diesem Verhalten gibt. Wenn man menschliche Verhaltensweisen unter ökonomischen Gesichtspunkten betrachtet, so besagt eine Theorie, dass wir jene Verhaltensweisen zeigen, die uns am meisten bringen, das heißt, nach denen die größte Nachfrage herrscht. Wenn also ein bestimmtes Verhalten zwar erwünscht wäre, von den Führungskräften aber nie nachgefragt wird, so ist die Wahrscheinlichkeit gering, dass die Mitarbeiter dieses Verhalten zeigen.

Umgekehrt ist daraus zu folgern, dass man die Verhaltensweisen, die man haben will, auch stark nachfragen muss. Wenn Sie als Führungskraft wollen, dass Ihre Mitarbeiter pünktlich zum Monatsende einen Bericht abliefern, es aber unkommentiert durchgehen lassen, wenn die Berichte sich verzögern, ist es für die Mitarbeiter überhaupt nicht interessant, Ihnen den Bericht pünktlich zukommen zu lassen, sondern sie machen wahrscheinlich lieber andere Dinge, die wichtiger sind. Wenn Sie Verhaltensänderungen in Gang setzen wollen, ist es auch Ihre Aufgabe, das gewünschte neue Verhalten konsequent einzufordern!

Der Ansatz, menschliche Verhaltenweisen unter ökonomischen Gesichtspunkten anzusehen, vereinfacht die Dinge zwar sehr, kann deshalb aber längst nicht immer eingesetzt werden. Wenn es um Veränderungsprozesse geht, kann er indes recht hilfreich sein. Wenn die Menschen ihr Verhalten nicht so ändern, wie man es sich wünscht oder vorstellt, lohnt es sich zu überprüfen, ob das System überhaupt genügend Nachfrage für dieses Verhalten schafft, ob das System für die gewünschten Verhaltensweisen einen Markt aufgebaut hat. So erklärt sich dann vielleicht recht schnell, weshalb zäh an alten Verhaltensweisen festgehalten wird, obwohl jeder einsieht, dass etwas anders gemacht werden muss.

Es ist manchmal sehr sinnvoll, wenn Sie als Führungskraft gemeinsam mit dem Mitarbeiter die Arbeitsabläufe genau analysieren. So wird unter Umständen deutlich, weshalb es immer wieder zu den gleichen Fehlern kommt. Denn oft haben schwerwiegende Störungen recht banale Ursachen.

In einem von uns betreuten Betrieb gab es immer wieder Konflikte, weil einer Abteilung vorgeworfen wurde, dass bei ihr die Arbeit hängen bliebe. Erst eine genaue Untersuchung der Abläufe in der Abteilung brachte ans Licht, wo der Hase im Pfeffer lag. Die Abteilung arbeitete nämlich tatsächlich vollkommen korrekt. Nur musste das, was fertig war, am Ende mit der hauseigenen Rohrpost zur nächsten Abteilung weitergeschickt werden. Das ging jedoch oft nicht, weil es einen Mangel an Rohrpostpatronen gab, der so groß war, dass manche Mitarbeiter diese Patronen regelrecht horteten, was den Mangel natürlich noch verschärfte. Die einfache Maßnahme, für mehr Patronen zu sorgen, löste das Problem sehr schnell – doch vor der Arbeitsanalyse war niemand auf diesen Gedanken gekommen.

Durch eine Analyse der Abläufe kann man manchmal auch herausfinden, weshalb bestimmte Fehler immer wieder passieren. Dabei stellt man häufig fest, dass Mitarbeiter auf eigene Faust längst festgelegte Arbeitsabläufe verändert haben. Auch das kann die Arbeit schwer behindern, vor allem, wenn kein anderer Bescheid weiß, wie die Mitarbeiter die Tätigkeit nun gestalten und plötzlich damit klarkommen soll.

Gelegentlich führt eine solche Analyse auch zu dem Ergebnis, dass der vermeintliche Fehler des Mitarbeiters auf die Unwissenheit der Führungskraft zurückzuführen ist. So hat sich eine Führungskraft immer wieder darüber geärgert, wie lange ein Mitarbeiter für eine bestimmte Aufgabe brauchte, bis sie schließlich festgestellt hat, welcher Umfang an Arbeit damit verbunden war.

Systemische Ursachen hinter einem Mitarbeiterproblem zu erkennen, ist für die Führungskraft als Coach natürlich oft noch schwieriger als für einen externen Coach, denn sie ist ja selbst Teil des Systems. Und als Teil des Systems hat sie wahrscheinlich genau die Sicht auf das System, die alle teilen, sodass ihr bestimmte systemische Aspekte gar nicht auffallen. Das Hinterhältige an Selbstverständlichkeiten ist ja, dass sie einem so sehr zur Gewohnheit geworden sind, dass man sie einfach nicht mehr in Frage stellt.

Um im Coaching erfolgreich zu sein, ist es aber nötig, einen neuen Blickwinkel einzunehmen, denn mit dem alten war das Problem ja nicht zu lösen. Das ist übrigens auch ein Grund, weshalb ein so genanntes Selbst-Coaching nur innerhalb sehr enger Grenzen möglich ist: Wenn man aus sich selbst heraus immer in der Lage wäre, eine neue Sicht auf die Dinge einzunehmen, hätte man vermutlich ohnehin niemals ein Problem, weil einem sofort Lösungsideen kämen.

Checkliste Problemanalyse

- ✓ NICHT die Problemdefinition des Mitarbeiters übernehmen;
- ✓ mit Fragen den Bezugsrahmen erschließen;
- ✓ offene Fragen stellen;
- ✓ marsisch fragen;
- ✓ sinnesbezogen fragen;

- ✓ den Problemschrank aufräumen;
- ✓ Problemmuster herausfinden;
- ✓ eventuell vorsichtiges Feedback geben;
- ✓ nach möglichen systemischen Ursachen forschen;
- ✓ eventuell Arbeitsanalyse durchführen.

Interventionstechniken

Interventionen sollen den Veränderungsprozess beim Mitarbeiter einleiten. Es gibt Interventionen, die mit einer Veränderung des Bezugsrahmens zu tun haben, wie: Reframing, Arbeit mit inneren Werten, Umdefinieren des Problems, unangenehme Konsequenzen ableiten und Konsequenzen des Verhaltens durchspielen. Andere Interventionen haben mit Verhaltenstraining zu tun: Rollenspiel, Modelling oder Extrem-Training. Eine dritte Art von Interventionen besteht im Erteilen von Hausaufgaben, der Vermittlung von Planungsmethodik und der Verkäuferbegleitung.

Nun haben Sie die Problemanalyse zu Ihrer Zufriedenheit durchgeführt, Sie wissen, wo der Hase im Pfeffer liegt, jetzt geht es darum, mit Interventionen den Veränderungsprozess einzuleiten. Was hier der Klarheit zuliebe so schematisch dargestellt wird, kann sich bei realen Coaching-Sitzungen, die immer eine komplexe Angelegenheit sind, jedoch durchaus mischen. Bereits in der Problemanalyse können sich Elemente der Interventionen finden oder die Problemanalyse muss neu aufgenommen werden, weil sich beim Umsetzen der Interventionsmaßnahmen neue Schwierigkeiten gezeigt haben. Die für den Anfänger wichtigsten Techniken, Veränderungen zu erzielen, wollen wir so praxisnah wie möglich vermitteln. Auch wenn es dabei manchmal so aussehen mag, als sei das doch alles ganz kinderleicht – ein bisschen Übung braucht es schon.

Eine der ganz grundlegenden Fertigkeiten nicht nur für den Coach, sondern für jede Führungskraft, wollen wir zuerst beschreiben. Die Fähigkeit, ein gutes Feedback geben zu können, ist im Führungsalltag nützlich und im Coaching unerlässlich.

Wie ist ein gutes Feedback aufgebaut?

Der erste Grundschritt ist die konkrete Verhaltens- oder Sachbeschreibung. Falsch wäre es deshalb, mit folgenden Worten in den Ring zu steigen: »Ich möchte einen Coaching-Prozess mit Ihnen starten wegen Ihrer Unzuverlässigkeit.« Das ist falsch, weil der Mitarbeiter danach erstens keine Ahnung hat, worum genau es geht, und weil zum anderen diese Aussage stark wertend ist.

Viel mehr anfangen kann der Mitarbeiter mit folgender Aussage: »Ich habe den Eindruck, dass Sie Prioritäten häufig ganz anders setzen, als ich sie setzen würde, denn ich muss auf manches länger warten, als mir recht ist. Sie lassen Dinge liegen, die ich für wichtig halte, und erledigen Dinge sofort, die in meinen Augen durchaus Zeit gehabt hätten!«

Auch bei folgendem Feedback weiß der Mitarbeiter genau, was sein Chef ihm sagen will: »Wenn ich mir ansehe, welche Neukundengewinnung wir für das erste Quartal vereinbart hatten, und nun nach anderthalb Monaten den Stand überprüfe, ist deutlich, dass Sie weit weniger als 50 Prozent Ihres Zieles erreicht haben, nämlich nur 30 Prozent!«

Diese beiden Beispiele zeigen, wie ein Feedback beschreibend und konkret ist.

Der zweite Grundschritt, der zu einem guten Feedback gehört, schildert dem anderen die Auswirkungen seines Verhaltens. Das oben begonnene Feedback ginge also folgendermaßen weiter: »Wenn ich auf diese Zahlen schaue, scheint mir die Auswirkung, die das haben wird, klar zu sein: Um Ihr Ziel doch noch zu erreichen, müssten Sie so viel Zeit investieren, dass andere wichtige Dinge liegen bleiben. Dann müsste ich das auf andere Mitarbeiter verschieben, die dazu jedoch auch Überstunden bräuchten, um das zu bewältigen!« Das gleitet nicht ins Vorwurfsvolle ab, sondern stellt dar, welche Konsequenzen für Chef und Kollegen das Verhalten des Mitarbeiters nach sich zieht.

Der dritte Grundschritt schließlich besteht darin, dem Gesprächspartner deutlich zu machen, was man von ihm will. Das könnte etwa so lauten: »Deshalb schlage ich Ihnen vor, dass ich mit Ihnen ein Coaching mache. In einem Coaching-Prozess könnte ich Sie unterstützen, aus diesen Schwierigkeiten heraus zu kommen.«

Handelt es sich um den schwierigeren Fall, in dem man ein persönlichkeitsnahes Feedback geben muss, könnte das etwa so aussehen: »Wenn wir Kundenbesuch haben, fällt mir auf, dass Sie den Kunden in nicht ganz korrekter

Kleidung gegenübertreten. Ihr oberster Hemdknopf ist offen, die Krawatte sitzt viel zu tief, und das Hemd hängt weit aus der Hose. Beim Gespräch mit den Kunden sprechen Sie mit sehr leiser Stimme. Das hatte zur Folge, dass Kunden mich hinterher schon auf Sie angesprochen haben und mir gesagt haben, dass sie Sie als unsicher und inkompetent erleben. Manche Kunden haben mich auch schon um einen neuen Ansprechpartner gebeten. Aus all diesen Gründen würde ich ein Coaching für sinnvoll halten, wo wir trainieren könnten, wie Sie sich Kunden gegenüber optimal präsentieren.«

Für viele Führungskräfte besteht eine enorme innere Hemmschwelle, ein so persönliches Feedback zu geben, weil sie Angst haben, den Mitarbeiter zu verletzen, und weil wir alle gelernt haben, dass »man über solche Sachen nicht spricht«.

Doch wenn man sich einmal klarmacht, dass ja jeder es wahrnimmt, dass man sehr wohl darüber spricht und zwar oft, aber leider hinter dem Rücken des Betroffenen, sodass er keine Chance hat, etwas daran zu verändern, weil es ihm höchstwahrscheinlich nicht bewusst ist, so wird einem auch klar, dass ein offenes Feedback das Beste ist, was dem armen Menschen passieren kann. Ein gutes Feedback verletzt nicht, aber wenn man nichts sagt, schadet man sowohl dem Mitarbeiter als auch der Firma.

Wenn man ein sehr persönliches Feedback so normal wie möglich gibt, auf so unbefangene Art, wie man auch etwas anderes rückmelden würde, verhindert man damit die Peinlichkeit, die man so fürchtet. Denn je mehr man herumdruckst und nicht zum springenden Punkt kommt, desto mehr steht die Botschaft im Raum: »Hör mal, das ist jetzt eine äußerst peinliche Angelegenheit, und es ist verdammt schwer, darüber zu sprechen.« Das kann man sich und dem anderen ersparen, wenn man klar und konkret, ohne zu werten, den Sachverhalt beschreibt.

Reframing

Das Reframing ist eine Technik, um eine Änderung oder Erweiterung des Bezugsrahmens eines Menschen zu erreichen. Da der Bezugsrahmen, wie wir im entsprechenden Kapitel schon dargestellt haben, dafür verantwortlich ist, wie der Mitarbeiter seine Aufgabe sowie seine eigene Rolle, die seiner Kollegen und Vorgesetzten und auch die seiner Kunden definiert, ist manchmal schon diese Definition die Ursache der Schwierigkeiten. Dann nämlich, wenn sein Bezugsrahmen den Mitarbeiter einengt, ihm im Wege steht, ihm keine konstruktiven Möglichkeiten offen lässt.

So geschehen in einem Unternehmen, in dem der Kundenzufriedenheit oberste Priorität eingeräumt wurde. Aus diesem schönen Wert leiteten einige Mitarbeiter das unversöhnliche Motto ab »Mein Kunde hat auf jeden Fall Vorrang«, was immer wieder zu Konflikten führte. Denn bei einer begrenzten Anzahl von Service-Personal war ganz klar, dass immer wieder jemand zurückstehen musste. Natürlich beharrte jeder, der sich der Kundenzufriedenheit verpflichtet fühlte, aus seinem Bezugsrahmen heraus gesehen völlig zu Recht, darauf, dass sein Kunde zuerst bedient würde. Nur löste dies das Problem nicht. Zu einer Lösung kam es erst, als sich der Bezugsrahmen der Beteiligten dahingehend weitete, zu überlegen, was im Sinne der Firma das Beste wäre, das heißt, sich zu fragen: Wo entsteht für die Firma der geringste Schaden, wenn ein Kunde zurückstehen muss?

Auch bei einem anderen Coaching-Fall lag der Grund für das Problem im Bezugsrahmen. Der Servicetechniker, um den es ging und der immer wieder bei Kunden aneckte, brauchte keinen Kurs für gutes Benehmen oder dergleichen, er brauchte keine neuen Verhaltensweisen zu erlernen. Er musste lediglich lernen, die Dinge mit anderen Augen anzusehen. Über ihn waren wiederholt Klagen laut geworden, dass er bei Kunden unverschämt gewesen sei. Seine Führungskraft war davon überrascht, denn ausgerechnet dieser Mitarbeiter konnte eigentlich sehr gut mit Menschen umgehen. Beim Coaching-Gespräch wurde sehr schnell klar, wie es zu diesem Problem kam.

Dieser Mitarbeiter betrachtete jede Situation unter seinen Servicetechniker-Gesichtspunkten und nie unter Kunden-Gesichtspunkten. Wenn er also wegen eines technischen Defekts zu einem Kunden gerufen wurde, der sich schrecklich über die Unterbrechung seines Produktionsablaufs aufregte, der Techniker aber nur eine Kleinigkeit zu tun brauchte, um die Maschine wieder zum Laufen zu bringen, verhehlte er nicht, was er von der ganzen Aufregung hielt: »So ein Theater zu machen wegen etwas, das man in einer halben Stunde repariert hatte!« Aus dem Bezugsrahmen des Mitarbeiters heraus betrachtet verhielt sich der Kunde unmöglich. Deshalb hatte der Mitarbeiter in dieser Situation nicht die Verhaltensweisen zur Verfügung, die er sonst reklamierenden Kunden gegenüber an den Tag legte.

Alles, was der Mitarbeiter lernen musste, war, sich auch einmal die Kundenbrille aufzusetzen. Mit den Augen des Kunden gesehen konnte er verstehen, wie schwierig es für ein Unternehmen ist, wenn eine Maschine nicht läuft und alles unterbricht, egal aus welchem Grund. Als er seinen Bezugsrahmen um die Kundensicht erweitert hatte, konnte er in künftigen Situationen anders reagieren.

Diesen Vorgang, jemandem eine andere Brille aufzusetzen, nennt man Reframing. Das ist abgeleitet vom englischen Begriff für Bezugsrahmen: *inner frame of reference*. In einem weiteren Sinne kann man Reframing auch verstehen als Umdeutung einer Situation.

Es liegt auf der Hand, dass eine Führungskraft als Coach ein Reframing nur dann machen kann, wenn sie selbst einen anderen Bezugsrahmen hat als der Mitarbeiter. Hätte im vorigen Beispiel die Führungskraft den Kunden genauso gesehen wie es der Service-Techniker tat, wäre ihre Sicht genauso eingeschränkt gewesen wie seine – was nicht zu einer Lösung geführt hätte.

Ein Reframing erreicht man selten über eine einfache logische Argumentation. Fast immer sollte ein bisschen Dramatik im Spiel sein, damit der berühmte Aha-Effekt oder zumindest eine gewisse Nachdenklichkeit sich einstellt. Damit Sie als Führungskraft den Bezugsrahmen eines Mitarbeiters bewusst und gewollt verändern können, müssen auf jeden Fall folgende Punkte gegeben sein:

- Sie müssen in diesem Problemfall aus der Sicht des Mitarbeiters bedeutsam sein;
- die Beziehung zwischen Ihnen und dem Mitarbeiter muss in Ordnung sein;
- der Mitarbeiter muss wirklich Interesse daran haben, das Problem zu lösen.

Warum müssen Sie für den Mitarbeiter bedeutsam sein? Weil er Ihnen zutrauen muss, dass Sie zu diesem Problem etwas zu sagen haben. Eine Führungskraft, deren Problemlösungskompetenz nicht akzeptiert wird, hat kaum Chancen, mit einem Reframing erfolgreich zu sein. Denn der Mitarbeiter wird sich innerlich eher sagen: »Na, davon hat er doch sowieso keine Ahnung«, als sich in seiner Auffassung erschüttern zu lassen.

Wenn jedoch die Beziehung zwischen beiden gut ist und auch die Bedeutsamkeit gegeben ist, kann solch eine Erschütterung zum Beispiel dadurch zustande kommen, dass die Führungskraft die Sicht des Mitarbeiters glatt ablehnt, etwa mit den einleitenden Worten: »Das sehe ich vollkommen anders!«

Um die nötige Dramatik zu erreichen, mache man hier eine kleine Kunstpause! Diese Dramaturgie ist wichtig, denn einen richtig guten Bezugsrahmen erschüttert man nicht so schnell! Damit das passiert, gehört eine gewisse Verunsicherung und Verwirrung dazu.

Auch die gewöhnlich sich anschließende Frage: »Inwiefern sehen Sie das denn anders?« sollte man nicht sofort auflösen, sondern die Spannung noch ein wenig halten. Denn diese Spannung ist es gerade, die den anderen unsicher werden lässt, sodass er sich fragt, was da jetzt wohl kommen oder wie man diese Angelegenheit so ganz anders sehen könnte. Diese inneren Suchprozesse markieren schon den ersten Schritt hin zu einer Lösung.

Wenn Sie als Führungskraft schließlich die Spannung auflösen und darlegen, wie Sie die Sache sehen, könnten Sie, um Ihre Argumentation für den Mitarbeiter anschaulich zu machen, sich der Analogietechnik bedienen. Bezogen auf das Beispiel des Servicetechnikers, der kein Verständnis für die Aufregung seines Kunden hatte, könnten Sie also sagen: »Wenn Ihr Herzschrittmacher ausfällt, ist es Ihnen schließlich auch gleichgültig, ob das nun ein kleines technisches Problem ist oder nicht, denn es sind die Folgen, die für Sie das Wichtigste sind – und nicht die technische Lösung!«

Ob daraufhin tatsächlich eine Bezugsrahmenänderung stattgefunden hat, erkennen Sie am schnellsten daran, ob der Mitarbeiter beginnt, Folgerungen aus dieser neuen Sicht der Dinge abzuleiten. Das wäre zum Beispiel der Fall, wenn er nachdenklich meint: »Das würde ja heißen, dass ich mich eigentlich bei dem Kunden entschuldigen muss ...«

Um diesen Prozess zu vertiefen, ist es hilfreich, dem Mitarbeiter an dieser Stelle das Bezugsrahmenmodell zu erklären und daraus zu folgern: »Sie sind es gewohnt, die Dinge durch Ihre ureigenste Brille anzuschauen. Für Ihren Umgang mit den Kunden wäre es nützlich, wenn Sie sich auch die Kundenbrille aufsetzen könnten. Dann können Sie die Dinge so sehen, wie sie sich für den Kunden darstellen.«

Da man durch seine zunächst schroffe Ablehnung der Mitarbeitersicht (»Das sehe ich völlig anders«) quasi die Beziehung gefährdet hat, kann es wichtig sein, auf einer anderen Ebene wieder etwas für die Beziehung zu tun, sonst fühlt sich der Mitarbeiter unter Umständen einfach nur nicht verstanden. Ob es nötig ist, zum Beispiel durch ein Lächeln oder durch eine ausgesprochene Anerkennung zu verstehen zu geben, dass die Beziehung in Ordnung ist, muss man der Reaktion des Mitarbeiters entnehmen. Das Ziel dieser Intervention ist ja nicht, den Mitarbeiter in seinem Selbstvertrauen grundlegend zu erschüttern, sondern nur seine Sichtweise dieser speziellen Situation oder dieses Problems zu ändern und ihm einen Weg zu öffnen zu einer neuen Sicht. Wenn der Mitarbeiter sich jedoch in seiner Qualität als Mitarbeiter in Frage gestellt sehen sollte, so muss man das ausbügeln.

Wird er aber einfach nur nachdenklich und reagiert vielleicht mit: »Ja, das stimmt, so habe ich das noch nie gesehen!«, so ist das ein Feedback dafür, dass das Reframing funktioniert hat, ohne dass die Beziehung in Frage gestellt wurde. Um als Führungskraft richtig auf den Mitarbeiter eingehen zu können, ist es wichtig, sich nicht nur auf den Inhalt des Gespräches zu konzentrieren, sondern gleichzeitig den Prozess im Auge zu behalten, also die Meta-Ebene einzunehmen.

Manchmal lässt sich ein Reframing auch einfach mit einer 180-Grad-Wendung erreichen. Es kann bei einem Mitarbeiter schlagartig zu neuen Sichtweisen führen, wenn man seine bisherige Perspektive einfach auf den Kopf stellt. Das geschah zum Beispiel bei einem Mitarbeiter, der sich bitter über einen Kunden beklagte. Der sei ungerecht, unfair und grob, es sei mit ihm einfach nicht auszuhalten. Er wolle ihn am liebsten abgeben, denn etwas so Übles sei ihm in seiner ganzen Berufspraxis noch nicht begegnet.

Auf der Meta-Ebene betrachtet, definierte der Mitarbeiter die Situation für sich als das größte denkbare Unglück. Der Coach reagierte darauf mit einer 180-Grad-Wendung. Er sagte nämlich sehr ernsthaft: »Also etwas Besseres als dieser Kunde konnte Ihnen doch überhaupt nicht passieren!« Dann machte er eine Pause, um der Verwirrung Zeit zu geben, zu wachsen. Auf die verblüffte Frage: »Warum das denn?« gab er wieder nur eine etwas kryptische Antwort: »Ich glaube, dass er für Sie sehr wichtig ist und Sie wirklich weiterbringen kann!«

Das Ziel des Coachs war es, die Verwirrung des Mitarbeiters so groß werden zu lassen, dass diesem eigentlich nur noch zwei Erklärungsmodelle für diese merkwürdigen Aussagen zur Verfügung standen: 1. Mein Chef ist leider verrückt geworden oder 2. Es muss ja irgendeinen Sinn machen, aber welchen bloß?

Wenn die Bedeutsamkeit, von der in einem vorigen Abschnitt die Rede war, gegeben ist, wird der Mitarbeiter in diesem Moment bereit sein, sich die Erklärung, die jetzt selbstverständlich kommen muss, auch anzuhören. Ohne diese Dramaturgie wäre er dafür wahrscheinlich weit weniger offen gewesen. Die Erklärung, die der Coach gibt, muss allerdings Hand und Fuß haben, damit der Mitarbeiter sich nicht einfach nur auf den Arm genommen fühlt.

Im vorliegenden Fall löste der Chef das scheinbare Paradox so auf: »Dieser Kunde ist Ihr ganz persönlicher Trainer – der dafür, dass er Sie trainiert, auch noch eine ganze Menge Geld ausgibt! Denn wenn Sie gelernt haben, mit diesem Kunden konstruktiv umzugehen und sich von ihm nicht mehr aus der Ruhe bringen lassen, kann Sie doch keine Situation mehr schrecken. Sie werden wesentlich weniger Stress am Arbeitsplatz erleben als andere, die dieses Training nicht hatten. Und dass der Kunde Sie vier, fünf Mal die Woche anruft, das gehört sich doch für einen guten Trainer. Um im Training gute Erfolge zu erzielen, braucht man eine gewisse Häufigkeit. Stellen Sie sich einmal vor, wie viel Geld Sie für einen Coach ausgeben müssten, damit er genau das mit Ihnen im Rollenspiel übt – wobei immer noch fraglich wäre, ob ein Coach das so gut hinbekäme wie just dieser Kunde!«

Was vorher der blanke Schrecken war, erscheint plötzlich eher als Spiel. Nach einer solchen 180-Grad-Wendung bekommen viele Leute Spaß an einer Situation, die sie vorher nur zermürbt hat. Sie sind bereit, alles Mögliche auszuprobieren im Umgang mit diesem für sie schwierigen Menschen. Fast immer bessert sich daraufhin auch das Verhältnis. Die Kommunikation wird ja ganz selten nur von einem allein bestimmt, was bedeutet, dass sich mit dem Verhalten des Mitarbeiters sich auch das Verhalten des Kunden ändert.

Bevor man als Coach zum Mittel der 180-Grad-Wendung greift, hat man sich unbedingt folgende Frage zu stellen: Gibt es eine sinnvolle Sichtweise, mit der man argumentieren kann, dass das vermeintliche Unglück eigentlich ein Glück ist? Denn die Erklärung, die man dem Mitarbeiter gibt, muss zwingend eine einleuchtende sein – sie darf nicht an den Haaren herbeigezogen sein, sonst wirkt sie nicht! Und das ist manchmal natürlich gar nicht so einfach.

Arbeit mit inneren Werten

Wenn nach den Gesprächen mit dem Mitarbeiter klar ist, welche Wertehierarchie er hat und welches seine inneren Werte sind, kann man sie zu Interventionszwecken nutzen. Es ist allerdings vollkommen nutzlos, zu versuchen gegen die Werte des Mitarbeiters zu argumentieren, auch wenn sie einem selbst absurd erscheinen. Niemand wird wegen eines einfachen Coachings seine Werte über Bord werfen (Gott sei Dank, ist man geneigt hinzuzufügen). Genauso wenig ist es ratsam, die heiligsten Werte des Mitarbeiters verändern zu wollen. Das funktioniert nicht.

Was manchmal sehr gut funktioniert, ist, den Mitarbeiter in Konflikt zu bringen mit zweien seiner Werte, indem man ihm aufzeigt, dass das Verfolgen des einen Wertes notwendig den Bruch des anderen, höherwertigen in seiner Hierarchie nach sich zieht.

Ein Beispiel soll das erläutern: Ein Steuerfachgehilfe, der an und für sich sehr gute Arbeit machte, brauchte dafür jedoch immer viel zu lange und erzielte deshalb nur unbefriedigende Ergebnisse. Im Gespräch mit seinem Chef erkannte dieser, dass korrektes Arbeiten für den Mitarbeiter zwar ein sehr hoher Wert war, die Zuverlässigkeit für ihn aber an oberster Stelle überhaupt stand. Der Versuch, absolut korrekte Arbeiten abzuliefern, war jedoch die Quelle des Problems, denn aus lauter Perfektionismus kontrollierte der Mitarbeiter alles mehrfach nach und kam deshalb mit seiner Zeit nicht klar. Sein Chef schockierte ihn deshalb mit den Worten: »In meinen Augen sind Sie leider ziemlich unzuverlässig, denn ich kann mich überhaupt nicht darauf verlassen, dass Sie Ihre gute Arbeit rechtzeitig abliefern. Aus diesem Grund kann ich mich auch nicht darauf verlassen, dass Sie wirklich genauso viel arbeiten wie Ihre Kollegen.«

Es hätte wenig Sinn gehabt, den Mitarbeiter aufzufordern, um der Geschwindigkeit willen seinen Wert »korrektes Arbeiten« zu modifizieren und weniger streng zu kontrollieren. Kein Mensch kann über seinen Schatten springen. Ihm jedoch klarzumachen, dass er durch seine Arbeitsweise gegen seinen noch höheren Wert »Zuverlässigkeit« verstößt, bietet eine gute Chance, dass er daraufhin sein Verhalten ändert. Um das zu unterstützen, kann man ihm zusätzlich noch deutlich machen, dass bei seiner genauen Arbeitsweise ohnehin nicht so viele Kontrollen vonnöten sind.

Zwei weitere Beispiele verdeutlichen, wie die Arbeit mit Werten als Interventionsmöglichkeit im Coaching genutzt werden kann. Dabei ging es um einen Mitarbeiter, der sich so sehr mit seinem Kollegen überworfen hatte, dass zwischen ihnen überhaupt kein Gespräch mehr möglich war. Sobald der andere bestimmte Themen ansprach, kam ihm die Galle hoch, weil er sich provoziert fühlte. Das ging so weit, dass er die Firma verlassen wollte. Bei einem Coaching-Gespräch zu diesem Thema stellte sich heraus, dass zwei der höchsten Werte des Mitarbeiters »Unabhängigkeit« und »Erfolg« waren. Sein Bezugsrahmen kam sehr ins Wanken, als der Coach meinte, er sei doch völlig abhängig von den Reaktionen des anderen. Statt sich frei für irgendwelche

Verhaltensweisen entscheiden zu können, hinge er wie eine Marionette an den Fäden, die der andere ziehe. Denn er habe ja offenbar keine Chance, anders als wütend und gereizt auf seinen Kollegen zu reagieren.

Einen zusätzlichen Stoß erhielt der Bezugsrahmen, als der Coach den Mitarbeiter darauf aufmerksam machte, dass er im Hinblick auf die Kommunikation mit seinem Kollegen alles andere als erfolgreich sei. Diese Interventionen brachten den Mitarbeiter dazu, das, was sich zwischen ihm und seinem Kollegen abspielte, in einem neuen Licht zu sehen. In ihm war der spielerische Ehrgeiz geweckt worden, sich von den Aussprüchen des anderen nicht mehr wütend machen zu lassen, um so seine innere Unabhängigkeit zu wahren und die Kommunikation so erfolgreich wie möglich zu gestalten.

In einem anderen Fall ging es um einen Mitarbeiter, der sehr gute Arbeit machte, überlegen sein wollte (und seine Überlegenheit auch gern zeigte), inhaltlich etwas bewegen wollte, aber immer wieder daran scheiterte, dass er in Teamsitzungen häufig, statt sachlich zu argumentieren, auf ironische oder sarkastische Einwürfe zurückgriff. Da niemand Lust verspürte, sich seinem Sarkasmus auszusetzen, hatte man einfach aufgehört, auf ihn zu hören, wenn er den anderen einmal wieder mit beißender Ironie klarmachte, welche Idioten sie waren. Dabei gingen auch seine inhaltlich guten Ideen unter. Das einzige, was er bewirkte, war eine Störung im Team.

Das entsprach jedoch gar nicht seinen Werten. Die lauteten nämlich zum einen, an der Sache orientiert zu sein – es ging ihm auch tatsächlich nicht um Macht oder Ehren. Und zum anderen war es ihm sehr wichtig, offen und ehrlich zu sagen, was er denkt. Das gelang ihm zwar, doch um den Preis, dass niemand zuhörte.

Die Intervention des Coaches bestand darin, ihm zunächst zu sagen: »Es ist eigentlich schade, dass Sie oft so wenig daran interessiert sind, die Sache voranzutreiben!« Darauf folgte die schon bekannte dramatische Pause, um dem Mitarbeiter Gelegenheit zu geben, heftig dagegen zu protestieren. Dann fuhr der Coach fort: »Sie tun der Sache deshalb nichts Gutes, weil niemand auf Ihre sachlichen Argumente hört, wenn Sie sie dermaßen in Sarkasmus verpacken. Alle bleiben am Sarkasmus hängen und Ihre guten und richtigen Argumente gehen unter – und das ist doch schade!«

Wenn man solche provozierenden Aussagen als Coach macht, ist es ganz wichtig, sie so pointiert zu formulieren, dass der andere sofort protestiert, weil er so auf gar keinen Fall gesehen werden will. Eine windelweiche Formulierung bringt hier überhaupt keinen Effekt. Deshalb sollte man solche Interventionen nicht unbedingt am Anfang eines Coachings machen, sondern erst, wenn der Mitarbeiter schon das Vertrauen gefasst hat, dass das Coaching ihm gut tut. Man belastet sonst womöglich eine noch nicht genügend gefestigte Beziehung.

Ein weiterer wichtiger Punkt, den es zu beachten gilt, ist folgender: Die neue Sichtweise, die man eröffnet, muss nach dem ersten Schock für den Mitarbeiter sinnvoll und nachvollziehbar sein. Es geht nicht darum, irgendwelche x-beliebigen Sichtweisen anzubieten! Es geht allerdings auch nicht darum, die einzig »wahre« Sichtweise darzustellen, denn es gibt immer sehr viele Sichtweisen auf eine Situation, die alle wahr sind. Der Unterschied zwischen den verschiedenen Sichtweisen liegt nicht in ihrem Wahrheitsgehalt, sondern darin, dass manche hilfreich sind und neue Handlungsmöglichkeiten eröffnen und andere nicht.

Dergestalt mit den Werten des Mitarbeiters zu arbeiten, mag dem einen oder anderen möglicherweise manipulativ erscheinen. Dabei wird aber übersehen, dass der Coach es keineswegs in der Hand hat, ob der Mitarbeiter die Umdeutung annimmt oder nicht. Denn es kann ja sehr gut sein, dass der Mitarbeiter bei seiner Sicht bleibt. Man kann als Coach nichts weiter tun, als dem Mitarbeiter Sichtweisen anzubieten, die ihm helfen, anders als bisher weiterzumachen. Ob die neue Sichtweise für ihn brauchbar ist oder nicht, entscheidet immer der Mitarbeiter. Lehnt er die schöne, neue Sicht ab, die man eigens für ihn aufgebaut hat, darf man sich als Coach aber auch nicht entmutigen lassen – denn das heißt lediglich, dass man weiter probieren oder es mit einer anderen Intervention versuchen muss.

Wenn sich jedoch andeutet, dass der Mitarbeiter bereit ist, die neue Sicht zu übernehmen, ist es gut, sie noch weiter zu untermauern. Man kann das anhand von Analogien machen, die dem Mitarbeiter einleuchten, oder man kann dazu passende Anekdoten erzählen, die die neue Sichtweise verstärken. Das Ziel ist, die neue Sichtweise immer realer werden zu lassen. Sie soll keine exotische, ungewöhnliche Sicht bleiben, sondern immer mehr Raum einnehmen, um so die alte, nicht hilfreiche Sicht zu ersetzen. Das geht selbstverständlich nur, wenn der Mitarbeiter wirklich bereit ist, die angebotene Sicht zu übernehmen.

Umdefinieren des Problems

Wie es im Kapitel über die Problemanalyse schon beschrieben wurde, ist es für den Coach immer hilfreich, die Problemdefinition des Mitarbeiters nicht zu übernehmen, denn der hat bereits erfolglos versucht, mit dieser Definition Lösungen zu finden. Wenn man das Problem jedoch auf neue Art und Weise definiert, ergeben sich daraus auch wieder neue Möglichkeiten, wie man es lösen könnte. Entscheidend dafür ist allerdings auch hier, dass die neue Problemdefinition für den Mitarbeiter überzeugend ist.

Das zeigt das Beispiel eines Abteilungsleiters, der als ruhig und besonnen galt, eines Tages jedoch einer Mitarbeiterin gegenüber regelrecht ausrastete und sie aus einem – in ihren Augen – nichtigen Anlass heraus, denn sie hatte ja nur kurz privat telefoniert, anschrie. Da sie sich völlig ungerecht behandelt fühlte, wandte sie sich an den Bereichsleiter, der dem Abteilungsleiter daraufhin ein Gespräch anbot, um dieses Problem zu besprechen. Da dem Abteilungsleiter der Vorfall äußerst peinlich war, war er sehr gern bereit, sich auf ein Coaching einzulassen.

Der Bereichsleiter fragte zunächst einmal, wie der Abteilungsleiter selbst das Problem denn sehe. Der gab zur Antwort: »Ich habe mich wohl leider nicht genügend im Griff. Ich habe mich über diese Mitarbeiterin schon öfter sehr geärgert – wahrscheinlich sollte ich lernen, weniger aggressiv zu sein!«

Zu diesem frühen Zeitpunkt eines Coachings benötigt ein Coach viel mehr Hintergrundwissen, um entscheiden zu können, ob diese Sicht auf das Problem hilfreich ist oder ob man mit einer anderen vielleicht weiter kommt. Und selbst wenn man grundsätzlich davon ausgeht, dass die erste Problemdefinition selten hilfreich ist, braucht man mehr Hintergrundwissen, um eine Problemdefinition entwickeln zu können, die das Problem lösbar macht. Der Bereichsleiter ließ die angebotene Definition also erst einmal stehen und erfragte den Hintergrund der Geschichte.

Dabei stellte sich heraus, dass die betreffende Mitarbeiterin zwar gute Arbeit machte, aber weniger arbeitete als ihre Kolleginnen. Der Abteilungsleiter führte das darauf zurück, dass sie häufig und lang privat telefonierte. Er hatte dazu zwar schon ein oder zwei Mal eine Bemerkung ihr gegenüber gemacht, damit aber keinerlei Effekt erzielt. Er ärgerte sich zwar danach jedes Mal, wenn er sie telefonieren sah, sagte aber nichts mehr dazu, weil, wie er sagte, »es ja ohnehin nichts nützt«.

In der Transaktionsanalyse nennt man ein solches Verhalten »Rabattmarken sammeln«. Dazu neigen ganz besonders jene Menschen, die, aus welchen Gründen auch immer, keine innere Erlaubnis besitzen, ihrem Ärger Ausdruck zu verleihen. Für jedes Mal, wo man sich ärgert, klebt man eine Rabattmarke in das Ärger-Heft – und zwar so lange, bis das Heft voll ist. Hat man ein oder mehrere volle Hefte, werden sie in Form eines Wutanfalles eingelöst. Die ganze gesammelte Wut kommt auf einmal heraus, was das Gegenüber in Anbetracht des meist nichtigen aktuellen Anlasses überhaupt nicht versteht und sich daher ganz schlecht behandelt fühlt. Da die Wut dem Anlass nicht angemessen ist, versteht auch der Rabattmarkensammler selbst hinterher sein Verhalten überhaupt nicht mehr und fühlt sich genauso mies wie sein unglückliches Opfer. Außerdem hält er es ja sowieso für unakzeptabel, Ärger zu zeigen, und dann gar noch so!

Mit dieser Prise Theorie im Kopf kann man das Problem des Abteilungsleiters also ganz anders definieren, als er es tat: Sein Problem ist nicht, dass er zu aggressiv ist, sondern dass er nicht aggressiv genug ist und Rabattmarken klebt, statt seinem Ärger sofort und angemessen Ausdruck zu verleihen. Mit dieser Problemdefinition verblüffte der Bereichsleiter seinen Abteilungsleiter sehr. Hätte der Bereichsleiter jedoch die ursprüngliche Definition übernommen, hätte das wahrscheinlich letzten Endes nur dazu geführt, dass er versucht hätte, den Abteilungsleiter dazu zu befähigen, sich eine noch größere Rabattmarkensammlung zuzulegen, die in noch größerem Abstand eingelöst wird. Das Problem jedoch hätte weiter bestanden.

Die neue Problemdefinition bietet indes eine Lösung an: Nämlich den Ärger so zeitig zu äußern, dass er angemessen zum Ausdruck gebracht wird und dadurch von den Mitarbeitern verstanden und akzeptiert werden kann. Wie sollte die Mitarbeiterin auch verstehen, dass ihr privates Telefonieren nicht gern gesehen wird, wenn der Chef monatelang nichts dazu sagt? Für sie stellte sich die Situation wahrscheinlich so dar, dass sie tat, was sie immer tat und plötzlich rastete der Chef aus – aus heiterem Himmel!

Auf den ersten Blick mag es so aussehen, als sei es ganz einfach, ein Problem neu zu definieren. Doch ganz so leicht ist es nicht. Es setzt voraus, dass man eine gute Problemanalyse gemacht hat und versteht, wie dieses Problem zustande kommt. Des Weiteren muss man die neue Problemdefinition, die für den Mitarbeiter ja ganz ungewöhnlich ist, ihm gegenüber so begründen und erläutern können, dass sie für ihn akzeptabel und überzeugend ist. Das ist eine Herausforderung sowohl für den theoretischen Hintergrund als auch für die Kreativität des Coaches.

Die Frage »Wie könnte man ein Problem noch definieren?« spielt nicht nur im Coaching eine Rolle. Sie ist auch eine altbekannte Technik im Kreativitätstraining, um Sachprobleme zu lösen. Vielleicht haben Sie ja Spaß daran, das gelegentlich allein oder mit anderen zu üben. Stellen Sie sich vor, das Problem laute »Unsere Firma schreibt rote Zahlen«. Damit konfrontiert haben die meisten Führungskräften ja durchaus Ideen, was dagegen zu tun sei. All diese Ideen schreibt man auf, damit keine verloren geht, und macht sich dann daran, das Problem neu zu definieren. Eine neue Definition könnte zum Beispiel lauten »Unser Produkt ist zu wenig bekannt« oder »Unser Produkt ist nicht attraktiv genug« oder »Unsere Preise sind zu hoch/niedrig«. Es lassen sich noch etliche Variationsmöglichkeiten denken. Es geht darum, die Ausgangsfrage immer neu zu stellen, um so immer mehr Aspekte des jeweiligen Problems zu entdecken. Auch wenn man diese Technik mit Sachproblemen ausprobiert, ist es eine gute Übung für das Coaching.

Manchmal sind neue Definitionen unerlässlich, nämlich dann, wenn es darum geht, aus einem scheinbar unlösbaren Problem ein lösbares zu machen. Das war der Fall bei einem Mitarbeiter, der sich aus dem Team so weit wie möglich herausgehalten hatte und als Einzelgänger durch die Welt lief. Er wurde im Beurteilungsgespräch darauf angesprochen, dass er so selten zu Teamsitzungen kam. Sein Chef bedauerte das, denn er hielt ihn für einen guten Fachmann, der wohl wertvolle Beiträge liefern könnte, wenn er sich mehr in das Team einbrächte. Doch auf die Nachfrage erwiderte der Mitarbeiter: »Ich bin nun einmal kein Teamplayer, ich bin einfach ein geborener Einzelkämpfer. Teamsitzungen bringen mir gar nichts.«

Sein Chef ließ diese Sichtweise erst einmal so stehen und erfragte den Hintergrund, auf dem der Mitarbeiter zu diesem Urteil über sich selbst gekommen war. Dabei stellte sich heraus, dass der Mitarbeiter in der Vergangenheit mehrfach die Erfahrung gemacht hatte, dass das Engagement im Team für ihn mit einem erheblichen Mehraufwand an Arbeit verbunden gewesen war, weil er sich als Einziger dafür verantwortlich gefühlt hatte, die guten Ideen, die er einbrachte, in die Tat umzusetzen. Da er ohnehin schon viel zu tun hatte, behielt er seine guten Ideen lieber für sich, bevor wieder alle Aufgaben bei ihm landeten. Denn Nein sagen, wenn klar war, dass eine Arbeit gemacht werden musste, konnte er auch nicht.

Als sein Chef in der Problemanalyse so weit gekommen war, war es für ihn nicht mehr schwierig, von der ursprünglichen Problemdefinition des Mitarbeiters zu einer neuen zu kommen. Die ursprüngliche Problemdefinition war deshalb so ungünstig, weil sie ja ein unlösbares Problem darstellte – wer kann schon gegen seinen genetischen Code an! Mit der neuen Problemdefinition jedoch, die der Mitarbeiter gut akzeptieren konnte, »Es fällt mir schwer, Nein zu sagen und eine Aufgabe abzulehnen«, konnte gearbeitet werden: Aus dem unlösbaren Problem war ein lösbares geworden.

Unangenehme Konsequenzen ableiten

Eine weitere wirkungsvolle Interventionstechnik im Zusammenhang mit Bezugsrahmen besteht darin, den Bezugsrahmen des Mitarbeiters zu übernehmen und dann daraus pointiert die unangenehmen Konsequenzen abzuleiten. Man akzeptiert also den angebotenen Bezugsrahmen, wirft dazu aber Fragen auf, die sich der Mitarbeiter wahrscheinlich so noch nicht gestellt hat und die zu Antworten führen, die geeignet sind, ihn zum Überdenken seiner Position anzuregen.

Ein gutes Beispiel dafür bot eine Führungskraft, die sich selbst ein Team zusammengestellt hatte, deren Projekt nun aber in Schwierigkeiten geriet. Jeder, außer der Führungskraft selbst, konnte erkennen, dass die Schwierigkeiten von der mangelhaften Führungsarbeit herrührten. Die Führungskraft selbst vertrat die Ansicht, dass das Projekt deshalb ins Stocken gekommen war, weil an zwei Stellen zu schlechte Mitarbeiter saßen. Gerade diese beiden hatten sich aber in anderen Projekten bereits bestens bewährt.

Als coachender Chef könnte man nun vielleicht der Versuchung erliegen, dem Projektleiter in aller Deutlichkeit vor Augen führen zu wollen, dass die beiden Mitarbeiter doch gut seien und sich woanders bewährt hätten. Das hätte jedoch vermutlich keinen anderen Effekt als ein Ja-Aber-Spiel, wo auf jedes Argument für die beiden Mitarbeiter ein Einwand des Projektleiters folgt.

Besser war es in diesem Fall, die Sichtweise des Projektleiters zunächst unwidersprochen hinzunehmen und Folgendes zu Bedenken zu geben: »Wenn die beiden so schlecht sind, verstehe ich gar nicht, weshalb Sie sie ausgesucht haben. Warum Sie als erfahrener Projektleiter an so wichtige Stellen zwei so schlechte Leute gesetzt haben, kann ich nicht nachvollziehen. Das erscheint mir geradezu unverantwortlich!«

Die unangenehme Konsequenz für den Projektleiter, wenn man seine Sicht der Dinge übernahm, lautete also, dass er unverantwortlich gehandelt hat. Wenn das nun auch noch gegen seine Werte verstößt, ist es für ihn vielleicht doch leichter, sein Führungsverhalten unter die Lupe zu nehmen und an den vergleichsweise kleinen Schwächen in diesem Punkt zu arbeiten.

Konsequenzen des Verhaltens durchspielen

Mit dem Mitarbeiter die Konsequenzen seines Verhaltens durchzuspielen, ist eine systemische Technik. Im systemischen Denken geht man nicht davon aus, dass es einfache Ursache-Wirkungs-Verhältnisse gibt, auch wenn sich die Welt dem oberflächlichen Betrachter gern so darstellt.

Man hat vielmehr erkannt, dass Verhaltensketten Kreisläufe sind. Ein sehr anschauliches Beispiel für solch einen Kreislauf ist das Ehepaar, das nur noch streitet. Die Ehefrau beklagt sich darüber, dass ihr Mann nach der Arbeit nicht gleich nach Hause kommt, sondern erst noch mit ein paar Freunden in die Kneipe geht, sodass es jeden Abend spät wird. Sie fühlt sich von diesem Verhalten verletzt und ist wütend darüber. Für die Ehefrau ist völlig klar, dass ihr Mann die Ursache für ihren Ärger ist.

Der Ehemann hat gar keine Lust, früh nach Hause zu kommen, weil seine Frau sowieso nur an ihm herumnörgelt, mit ihm schimpft und für Zärtlichkeiten nicht zu haben ist. Diese ewige Spannung zu Hause hält er ohnehin nur aus, wenn er ein paar Bier getrunken hat und vor dem Heimgehen wenigstens ein bisschen Spaß mit seinen Freunden hatte. Für den Ehemann ist völlig klar, dass seine Frau die Ursache für sein Verhalten ist.

Beide haben natürlich Recht. Es nützt ihnen nur nichts, solange sie nicht bereit sind, die einseitige Sicht auf jeweils nur eine Hälfte dieses Kreislaufs aufzugeben.

Wenn man das menschliche Verhalten betrachtet, wird man feststellen, dass es sich sehr häufig so zirkulär darstellt. Damit wird gleichzeitig auch klar, dass die Frage nach Ursache und Wirkung in etwa so müßig ist wie die Frage nach Anfang und Ende eines Kreises. Aus diesem Grund will man beim systemischen Denken auch nicht die *Ursachen* für Verhaltensweisen herausfinden, sondern verstehen, welche *Auswirkungen* dieses Verhalten haben kann. Das ist vor allen Dingen dann interessant, wenn die Auswirkungen eines Verhaltens ganz andere sind als beabsichtigt.

Für Beratungen und Coachings ist es deshalb ganz wichtig, zwischen Absicht und Auswirkungen eines Verhaltens zu unterscheiden. Die Absicht ist fast immer gut, doch da die Auswirkungen anders sind als geplant, ist das Verhalten nicht zielführend und sollte deshalb geändert werden.

So war zum Beispiel die Absicht eines Gruppenleiters, der seine erste Führungsaufgabe übernommen hatte, sehr gut, denn er wollte seine Gruppe zu möglichst hoher Eigenverantwortung führen. Um seinen Mitarbeitern möglichst optimale Arbeitsbedingungen zu bieten, ließ er sie an ganz langer Leine laufen, was auch beinhaltete, kaum ein Controlling der vereinbarten Aufgaben zu machen. Leider führte das letzten Endes zum genauen Gegenteil dessen, was er erreichen wollte.

Da sich der Gruppenleiter recht selten um den Stand der Arbeiten kümmerte, hatten die Mitarbeiter das Gefühl, dass er sich nicht wirklich für ihr Tun interessierte und dass die Dinge auch nicht so wichtig waren. Als Folge beschäftigten sie sich lieber mit Sachen, die für sie interessanter oder einfacher waren, aber das waren nun leider nicht die momentan wichtigen. Als der Gruppenleiter schließlich merkte, dass die wichtigen Aufgaben trotz anderslautender Vereinbarungen vernachlässigt worden waren, war er sehr enttäuscht über seine Mitarbeiter, die offenbar zu selbstständigem Tun nicht imstande waren. Also nahm er die Zügel selbst in die Hand und zwar so straff, wie er es nur vermochte, denn nur so glaubte er, seine Ziele noch erreichen zu können. Das Ende vom Lied war, dass die Mitarbeiter sich beschwerten, keinerlei Freiraum zu haben, weil ihnen alles auf das Kleinste vorgegeben würde.

Aus der ursprünglich guten Absicht des Gruppenleiters, die Eigenverantwortung seiner Mitarbeiter zu fördern, hatte sich also das genaue Gegenteil entwickelt, weil er die Auswirkungen seines Verhaltens falsch eingeschätzt hatte. An ähnlichen Kreisläufen sind in vielen Firmen die Versuche gescheitert, die Eigenverantwortung der Mitarbeiter zu fördern. Statt demokratischer wurde der Führungsstil autoritärer als je zuvor.

Wie würde man nun den Gruppenleiter, der die Welt nicht mehr versteht, coachen, um den Umgang mit seinen Mitarbeitern zu verbessern? Will man die oben genannte Interventionstechnik anwenden, ist der erste Schritt, bei dem, was der Gruppenleiter tut, die Absicht herauszuarbeiten und, ganz wichtig, diese Absicht anzuerkennen.

Chef: »Sie wollten, dass Ihre Mitarbeiter eigenverantwortlich arbeiten und haben deshalb wenig Controlling gemacht?«

Gruppenleiter: »Ja, ich habe die Mitarbeiter einfach machen lassen, weil ich dachte, dann können sie selbstverantwortlich ihre Arbeit einteilen.«

Chef: »Das heißt, Sie haben die Zügel ganz lang gelassen. Was ist dann passiert?«

Gruppenleiter: »Es ging gar nichts vorwärts!«

Chef: »Was hat das bei Ihnen ausgelöst?«

Gruppenleiter: »Ich war verärgert und enttäuscht. Mir ist klar geworden, dass meine Mitarbeiter zu dieser Art der Arbeit offenbar nicht in der Lage sind. Also habe ich selbst wieder angefangen zu planen und den Leuten genau vorzugeben, was sie zu tun haben.«

Chef: »Was hat das für Auswirkungen gehabt?«

Gruppenleiter: »Ich muss halt wieder dauernd hinterher sein, aber ich hasse das!«

Chef: »Und für Ihre Mitarbeiter?«

Gruppenleiter: »Die hassen das auch und geben mir auch noch schlechte Beurteilungen in den Mitarbeiterbefragungen, was ich ungerecht finde, denn anders läuft es ja erwiesenermaßen nicht.«

Chef: »Wenn man sich das Ganze anschaut, sieht man, dass Sie das, was Sie ursprünglich erreichen wollten, mit Ihrem Vorgehen gar nicht erreichen. Lassen Sie uns doch einmal überlegen, mit welchem Verhalten Sie eher das bekämen, was Sie gern hätten.«

Meistens werden Sie als coachender Chef nach einem solchen Gespräch ein großes Interesse vorfinden, nach anderen Verhaltensweisen zu suchen. Hielte man dem Gruppenleiter hingegen nur vor: »Ihre Mitarbeiter beschweren sich über Ihren autoritären Führungsstil«, wäre seine Antwort kurz und bündig wohl nur die, anders ginge es mit diesen Mitarbeitern halt nicht, er habe es ja ausprobiert. Die neuen Verhaltensweisen, die während des Coaching-Gespräches als mögliche Alternativen ins Auge gefasst werden, sollte man auf Nebenwirkungen überprüfen, indem man die daraus resultierenden, möglichen Kreisläufe untersucht. Das könnte etwa so aussehen:

Chef: »Angenommen, Sie würden mit Ihren Mitarbeitern nicht nur Zielvereinbarungen machen, sondern auch monatliche Zwischenziele vereinbaren und Sie würden den Zielerreichungsgrad monatlich besprechen, was hätte das vermutlich für Auswirkungen auf Ihre Mitarbeiter?«

Und weiter: »Wenn Ihre Mitarbeiter so reagieren, was löst das bei Ihnen aus und wie wirkt sich das auf Ihr Verhalten den Mitarbeitern gegenüber aus?«

Es ist wichtig, die Kreisläufe so lange durchzugehen, bis man Auswirkungen findet, die dem gewünschten Effekt entsprechen oder ihm möglichst nahe kommen. Häufig wird man dabei feststellen, dass eine Maßnahme allein nicht ausreichend ist, sondern ein ganzes Maßnahmenbündel nötig ist, um das zu erreichen, was man will.

Rollenspiel

Als Coach werden Sie immer wieder mit der Situation konfrontiert sein, dass ein Mitarbeiter ganz neue Verhaltensstrategien erlernen sollte, um mit einer Schwierigkeit adäquat umgehen zu können – sei es, um Konflikte zu lösen oder sie gar nicht erst entstehen zu lassen, sei es, um anders auf Kunden, Kollegen oder Mitarbeiter zugehen zu können. Denn manchmal entstehen Probleme einfach dadurch, dass das Verhaltensrepertoire zu eingeschränkt ist.

In solchen Fällen reicht es nicht aus, über die Arbeit am Bezugsrahmen an der Einstellung des Mitarbeiters Veränderungen zu bewirken. Wenn ihm vernünftige Verhaltensstrategien fehlen, um mit schwierigen Situationen umgehen zu können, muss er sie erlernen und trainieren. Dazu eignet sich das Rollenspiel am besten, idealerweise mit Videoaufzeichnung.

Manche Mitarbeiter reagieren möglicherweise negativ auf den Vorschlag, in einem Rollenspiel etwas Neues auszuprobieren. Sie sind vielleicht gebrannte Kinder, die in (schlechten) Trainings schlechte Erfahrungen mit Rollenspielen gemacht haben. Denn leider gibt es viel zu viele Trainer, die die Goldenen Regeln des Trainings mit Rollenspielen nicht beherzigen, sie vielleicht gar nicht kennen. Wenn Sie als Coach Rollenspiele einsetzen wollen, dann sorgen Sie bitte dafür, dass sie für den Mitarbeiter motivierend und erfolgreich verlaufen. Dabei helfen Ihnen folgende drei Grundregeln:

1. Der Schwierigkeitsgrad im Rollenspiel muss so gewählt sein, dass er für den Mitarbeiter zwar herausfordernd, aber zu bewältigen ist. Es ist immer wieder zu beobachten, dass Trainer zu viel Gefallen an der Rolle des Kontrahenten finden und an den Möglichkeiten, die sie bietet – sie steigern sich hinein und überfordern damit ihren Trainingspartner. Das entmutigt und frustriert denjenigen, der sich am viel zu schwierigen Gegenpart die Zähne ausbeißt. Kein Wunder, dass er die Lust an Rollenspielen verliert!
2. Am Ende eines Rollenspiels muss der Coach dafür sorgen, dass der Mitarbeiter ein Erfolgserlebnis hat, notfalls indem er den Schwierigkeitsgrad reduziert. Nur wenn der Mitarbeiter merkt, dass das Rollenspiel eine positive Veränderung bewirkt, wird er sich auf neue Rollenspiele einlassen – nicht aber, wenn er den Eindruck hat zu versagen.
3. Sie dürfen als Coach nicht mehr als drei oder vier wesentliche Dinge rückmelden, denn mehr kann der Mitarbeiter gar nicht verarbeiten. Es ist nicht notwendig, den Mitarbeiter auf jede Kleinigkeit, die nicht hundertprozen-

tig war, hinzuweisen, nur um die eigene Kompetenz unter Beweis zu stellen. Das hat keinerlei praktischen Nutzen, beim Mitarbeiter jedoch führt es zu Frustration und dem entmutigenden Gefühl, alles sowieso verkehrt zu machen.

Ein guter Tenniscoach beschränkt sich beim Training mit einem Anfänger schließlich auch darauf, ob die Bewegungen im Großen und Ganzen richtig ausgeführt werden. Bei einem Profi hingegen achtet er auf Feinheiten, die der Anfänger zwar auch falsch macht, deren Rückmeldung ihm allerdings gar nichts gebracht hätte.

Es ist natürlich oft gar nicht so leicht, die Kernpunkte herauszufinden, die dem Wissen und Können des Mitarbeiters angemessen sind und ihn weiterbringen. So hat zum Beispiel ein Anfänger im Verkauf nichts davon, wenn man mit ihm bis ins Detail erarbeitet, wie er bei der Begrüßung seinem Kunden gegenübersteht und was er mit seinen Körperhaltungen jeweils ausdrückt, solange er die einfachsten Grundlagen des erfolgreichen Verkaufsgespräches noch nicht beherrscht und aus diesem Grund gravierende Fehler macht.

Am besten startet man ein Rollenspiel-Training ohne lange Vorbereitung des Mitarbeiters. So lernen Sie den Ist-Zustand kennen, wobei Sie als Chef die Rolle des Kunden oder Kollegen übernehmen. Ein Rollenspiel sollte auch nicht allzu lange dauern, vier bis sieben Minuten reichen völlig aus. Denn in den ersten Minuten eines Gespräches bildet sich, wie Sie aus dem Kapitel über Transaktionen schon wissen, bereits ein gemeinsames Kommunikationsmuster heraus, das dann nur noch wiederholt wird.

Beim anschließenden Feedback können Sie nichts verkehrt machen, wenn Sie sich an die drei Schritte halten, die weiter oben im Kapitel »Wie ist ein gutes Feedback aufgebaut?« schon beschrieben wurden. Achten Sie darauf, dass Ihr Feedback wirklich ausgewogen ist. Es genügt nicht, das positive Feedback auf die kurze Erwähnung von ein oder zwei Punkten zu beschränken und dann 80 Prozent der Zeit über all das zu sprechen, was nicht geklappt hat!

Machen Sie es also nicht so: »Ich finde, Sie schaffen einen guten Gesprächseinstieg und vermitteln eine gute Gesprächsatmosphäre. Aber Sie müssen unbedingt darauf achten, dass Sie Ihrem Gegenüber mehr in die Augen schauen. Sie haben schon bei der Begrüßung auf den Boden gesehen. Auch im weiteren Verlauf sahen Sie mehr auf Ihren Schreibblock als auf mich. Speziell als es darum ging, die Einwände zu entkräften, hatten Sie Ihren Blick fest auf Ihre Notizen geheftet. Das wirkt, als ob Sie gar nicht bei Ihrem Gegenüber wären, sondern ganz woanders.«

Wenn man sich dieses Feedback genau ansieht, erkennt man schnell, dass das Positive mit zwei Worthülsen abgehandelt wird, während das Negative sehr ausführlich und detailliert beschrieben wird. Wenn man das so macht, ist die Gefahr groß, dass beim Mitarbeiter nur das negative Feedback in Erinnerung bleibt und er das Gefühl behält, dass er die Dinge nicht sehr gut macht. Das fördert jedoch keineswegs den Lerneffekt, es entmutigt nur!

Deshalb ist es so wichtig, auch das Positive ausführlich zu schildern und mit Beispielen aus dem Rollenspiel zu belegen. Der Lerneffekt wird verstärkt, wenn es gelingt, mit dem positiven Feedback die Stärken des Mitarbeiters herauszuarbeiten: »Mein Eindruck ist, dass es eine Ihre großen Stärken ist, offen auf Menschen zuzugehen und eine sehr angenehme Gesprächsatmosphäre zu schaffen …«

Dann fällt manchmal auch der Übergang zum negativen Feedback leichter, wenn man zum Beispiel darauf hinweisen kann, dass ein Zuviel an Stärke eine Schwäche bedeuten kann, wie das im Kapitel »Würdigen Sie die Stärken Ihres Mitarbeiters« ausgeführt wurde.

Nachdem das erste Rollenspiel eher der Diagnose dient und dazu, das Verhalten des Mitarbeiters genau kennen zu lernen und ihm im Anschluss an das Rollenspiel Alternativen dazu aufzuzeigen, sind die folgenden Rollenspiele dazu da, neues Verhalten zu trainieren. Dazu erklärt man dem Mitarbeiter, auf welche drei Punkte er im nächsten Rollenspiel achten soll. Es sollten keinesfalls mehr als drei Punkte sein, denn das ist schwierig genug! Da Sie als Coach den Gegenpart übernehmen, ist es Ihre Aufgabe, den Schwierigkeitsgrad für den Mitarbeiter angemessen zu gestalten. Um sicher zu gehen, dass Sie die Rolle so spielen, wie der Mitarbeiter es braucht, sollten Sie auf jeden Fall nach dem ersten Rollenspiel nachfragen, ob es so in Ordnung war oder ob Korrekturen nötig sind.

Ideal ist das Rollenspieltraining, wenn Sie mit einem Videogerät arbeiten können, sodass der Mitarbeiter quasi von außen sein eigenes Verhalten und auch die Verbesserungen daran betrachten kann. Am dramatischsten können Sie ihm die Entwicklung, die er genommen hat, zeigen, indem Sie ihm das erste und das letzte Rollenspiel direkt hintereinander vorführen, ohne die Zwischenschritte. Das ist der beste Beweis, wenn es noch eines Beweises bedürfte, wie nützlich Rollenspiele sein können.

Modelling

Es kommt vor, dass ein Mitarbeiter trotz Rückmeldungen und Erklärungen keine Möglichkeit sieht, sein Gesprächsverhalten zu ändern. Das kann zum einen daran liegen, dass es dem Coach schwer fällt, dem Mitarbeiter zu vermitteln, was das Entscheidende in der betreffenden Kommunikation ist. Oder es liegt daran, dass das gewünschte Verhalten so völlig außerhalb der Vorstellungswelt des Mitarbeiters liegt, dass er es ohne Vorbild nicht schafft, dieses Verhalten zu realisieren. In einem solchen Fall ist es wenig hilfreich, den Mitarbeiter mit immer neuen Erklärungen immer mehr zu verwirren. Besser ist es, ihm das gewünschte Verhalten vorzuspielen, also als Modell zu agieren.

Menschen lernen überwiegend auf zwei Arten: Indem sie ausprobieren, bis sie es hinbekommen, das ist das Versuch-und-Irrtum-Verfahren, oder über Modell-Lernen, also indem sie jemandem zusehen und es nachmachen. Das kann sogar mental eingesetzt werden. Manche Sportler stellen sich vor, ein bekannter Spitzensportler in ihrer Disziplin zu sein, während sie bestimmte Bewegungsabläufe üben. Aber Modell-Lernen funktioniert auch im Rollenspiel gut.

Das Modell-Lernen wird häufig unterschätzt, dabei ist es eine sehr wirksame Übungsmethode. Sie können es einsetzen, wenn Sie nach ein bis zwei Übungsrollenspielen merken, dass der Mitarbeiter nicht weiterkommt. Schlagen Sie einen Rollentausch vor: Sie übernehmen die Rolle des Mitarbeiters und zeigen ihm, wie Sie mit der Situation umgehen oder ein Gespräch führen würden. Auch hierbei ist es sehr nützlich, wenn Sie das auf Video aufzeichnen können, denn dann können Sie im Anschluss dem Mitarbeiter ganz detailliert zeigen, was Sie anders gemacht haben als er, und ihm die eigenen Gesprächsstrategien Schritt für Schritt erklären. Aber es geht natürlich auch ohne Video, einfach mit Erklärungen und Rückmeldungen.

Der Vorteil der Modelling-Methode liegt darin, dass der Mitarbeiter sozusagen am eigenen Leib die Wirksamkeit der anderen Gesprächsstrategien erleben kann. Das erhöht die Motivation, diese Strategien zu übernehmen und selbst einzusetzen.

Nachdem Sie als Chef das Modell-Rollenspiel gespielt haben, übernimmt der Mitarbeiter wieder seinen Part und versucht umzusetzen, was er vorher erlebt und gelernt hat. Die Umsetzung müsste jetzt eigentlich sehr viel besser klappen, weil der Mitarbeiter nun klare Vorstellungen davon hat, wie das Gesprächsverhalten aussehen soll. Selbstverständlich ist es dabei wichtig, dem

Mitarbeiter soviel Freiraum zuzugestehen, dass er seinen eigenen Stil, seine eigenen Worte finden kann! Man will ihm schließlich nur die Idee vermitteln, damit er weiß, worauf es ankommt, und nicht einen komplett auswendig zu lernenden Text.

Extrem-Training

Bei dieser Art des Rollenspiel-Trainings geht es darum, das Verhaltensspektrum des Mitarbeiters zu erweitern. Damit ist die Bandbreite an Reaktionsmöglichkeiten gemeint, die ein Mensch akzeptabel findet. Bei manchen Menschen ist diese Bandbreite recht groß, reicht beispielsweise vom Flüstern bis zum Brüllen, bei anderen ist sie eher gering, da versagt die Stimme schon, wenn sie etwas lauter werden soll.

Das Extrem-Training ist immer dann hilfreich und angebracht, wenn jemand Schwierigkeiten hat, sich durchzusetzen oder sich nicht abgrenzen kann, nicht Nein sagen kann, zu angepasst ist. Wenn Sie im normalen Training nach zwei bis drei Rollenspielen keine Verbesserung des Verhaltens erzielen, ist ein Extrem-Training vielleicht das Mittel der Wahl.

Um zu illustrieren, wie das Extrem-Training aussieht, stellen Sie sich einen Projektleiter vor, der es ständig mit Subunternehmern zu tun hat, auf die er angewiesen ist, die aber leider nicht besonders zuverlässig sind. Stellen Sie sich vor, dieser Projektleiter habe ein sehr enges Verhaltensspektrum für den Versuch, die Subunternehmer zur pünktlichen Kooperation zu bewegen. Er erklärt den Subunternehmern all die Schwierigkeiten, die durch ihre Saumseligkeit entstehen und hofft dann, dass sie zur Einsicht kommen und pünktlicher werden. Das äußerste, was sein Verhalten hergibt, ist freundliches Bitten, mit leichtem Nachdruck vorgetragen. Obwohl der Projektleiter selbst sich damit schon an der Grenze zur Unverschämtheit glaubt, können Sie sich leicht denken, welche Wirkung er mit seinem Verhalten erzielt – keine!

Das Problem liegt darin, dass der Projektleiter selbst, und mit ihm jeder, der am gleichen Problem leidet, schon sehr früh seinem inneren Erleben nach den Eindruck hat, an der Grenze des akzeptablen Verhaltens angelangt zu sein, was jedoch von außen ganz anders wahrgenommen wird. Typisch für so ein schmales Verhaltensrepertoire ist die große Diskrepanz zwischen innerer und äußerer Wahrnehmung.

Wenn man davon ausgeht, dass in jedem Verhaltensspektrum, sei es weit oder eng, die Mitte die Grenze des akzeptablen Verhaltens anzeigt, so ist klar, dass bei Menschen mit engem Repertoire diese Grenze schon bei einem Wert erreicht ist, der bei anderen noch als absolut akzeptabel gilt.

Beim Extrem-Training erhält so ein Mitarbeiter die Aufgabe, auf die extrem negative Seite zu wechseln. Um ihm das verständlich zu machen, erklärt man ihm den Hintergrund und bittet ihn dann, etwas zu tun, das er in der Realität natürlich auf gar keinen Fall tun solle. Man fordert ihn auf, sein Gegenüber im Rollenspiel so platt zu machen, dass es unter der Tür hindurchpasst. Man sagt ihm, er solle unfair werden, grob und laut, persönliche Angriffe starten und selbst vor Attacken unter die Gürtellinie nicht zurückschrecken. Wenn es sein muss, kann man auch einmal selbst vorexerzieren, was man meint, damit der Mitarbeiter einen Anhaltspunkt dafür hat, wie wüst er agieren soll. Ansonsten spielen Sie als Chef das Gegenüber, das der Mitarbeiter zur Minna machen soll.

Das alles dient dazu, die Verhaltensmöglichkeiten des Mitarbeiters zu erweitern und hat immer den gleichen Effekt: Im ersten Rollenspiel wird er ein Verhalten zeigen, das höchstens leicht konfrontativ ist und von einem außenstehenden Beobachter immer noch als im positiven Bereich liegend eingestuft würde. Der Mitarbeiter jedoch hat subjektiv den Eindruck, so außerordentlich brutal gewesen zu sein, dass er das unmöglich in der Realität wiederholen kann. Wenn ein Video vorhanden ist, kann man ihn das anschauen lassen. Dann kann er einmal genau nachspüren, ob er sein Auftreten, wenn er es von außen betrachtet, wirklich so brutal findet. Der Unterschied zwischen der Innen- und der Außenwahrnehmung ist das Entscheidende. Beim Ansehen des Videomitschnittes wird ihm oft deutlich, dass sein Verhalten tatsächlich nicht so grob ist, wie er glaubte.

Wenn Sie Ihren Mitarbeiter jetzt auffordern, nun wirklich einmal den wilden Kerl zu spielen, wird er sich wahrscheinlich tatsächlich langsam der Grenze zum Negativen nähern. Das heißt, er wird jetzt zwar konfrontativ sein, aber doch so, dass sich das Ganze in dieser Art auch in der Realität abspielen könnte, ohne dass man sagen müsste, der Mitarbeiter habe sich total im Ton vergriffen.

An dieser Stelle des Extrem-Trainings werden meist auch die ersten Veränderungen in der persönlichen Ausstrahlung des Mitarbeiters spürbar. Sie werden bemerken, dass Ihr Mitarbeiter mit mehr Power auftritt, dass man seine Persönlichkeit deutlicher wahrnimmt. Außerdem werden die meisten Menschen durch die innere Erlaubnis, sich auch einmal massiv zu äußern, kreativer in ihrer Kommunikation. Diese Veränderungen sollten Sie unbedingt mit Ihrer Rückmeldung positiv verstärken: »Jetzt spüre ich Ihre Power, das steht Ihnen sehr gut! Sie strahlen viel mehr Kraft aus als vorher!« oder Ähnliches.

Der Mitarbeiter wird selbst bemerken, wie anders sich das neue Verhalten anfühlt, zwar ungewohnt, aber sehr gut. Trotzdem darf man auf gar keinen Fall im Training hier stehen bleiben, nur weil man sich so freut über das, was man schon erreicht hat. Das wäre noch längst kein Extrem-Training! Dazu wird es erst, wenn der Mitarbeiter noch mindestens ein Rollenspiel absolviert, in dem er wirklich in den negativen Verhaltensbereich geht, also laut wird, auf den Tisch haut, unfair wird und unter die Gürtellinie schlägt. Das ist für ihn wichtig, um die Erfahrung zu machen, dass auch das zu seinem Verhaltensspektrum zählt.

Er braucht und soll dieses Verhalten ja nicht wählen, aber er muss die Erfahrung machen, dass er auch das kann! Oft fehlt die innere Erlaubnis, auch einmal unangenehm zu werden, und es tut gut zu erkennen, dass der innere Bezugsrahmen in dieser Hinsicht bisher stark eingeschränkt war. Außerdem ist es für jemanden, der bislang eher ängstlich und angepasst war, eine wichtige Erfahrung zu merken, das andere Menschen recht gut damit umgehen können und das meist auch gar nicht so tragisch nehmen, wenn jemand einmal laut wird.

Nachdem es dem Mitarbeiter gelungen ist, auch einmal die negative Seite herauszubringen, sollten Sie mit ihm zum Abschluss noch ein Rollenspiel machen, wo er sich so verhält, wie es der Situation angemessen ist. Der Mitarbeiter wird nun mit einer ganz anderen Selbstsicherheit und Bestimmtheit auftreten, als er das vorher getan hat. Ein Extrem-Training wird deshalb wahrscheinlich sehr weitreichende Wirkungen haben, die über den aktuellen Problemfall hinausgehen.

Hausaufgaben

Sinn und Ziel jedes Coachings ist es, dass der Mitarbeiter hinterher das in die Tat umsetzt, was er zum Beispiel im Rollenspiel vorher geübt hat. Der Mitarbeiter erhält während der Coaching-Sitzung viele Anregungen und auch Training, doch heißt das noch lange nicht, dass er das neue Verhalten auch im beruflichen Alltag zeigt. Der größte Feind der Umsetzung ist das Tagesgeschäft! Wenn man unter Stress und Zeitdruck eine Vielzahl von Problemen bewältigen muss, greift man gern auf vertraute Muster zurück – das geht am schnellsten, auch wenn die Lösung nicht befriedigend ist.

Da jedoch die neuen Verhaltensweisen oft noch Unbehagen auslösen, ein holpriges Gefühl, weil man sich mit ihnen noch nicht sicher fühlt, macht man lieber auf die alte Tour weiter und die guten Vorsätze aus der Coaching-Sitzung geraten schnell in Vergessenheit. Kurz vor der nächsten Sitzung meldet sich dann aber das schlechte Gewissen, und um das zu beruhigen, probiert man rasch noch ein, zwei Dinge aus, an die man sich dunkel erinnert, die aber viel zu weit weg sind, als dass man sie noch mit Erfolg anwenden könnte.

Als coachende Führungskraft können Sie zumindest die Chance erhöhen, dass das, was Sie mit Ihrem Mitarbeiter erarbeiten, in die Tat umgesetzt wird, wenn Sie bereits in der Coaching-Sitzung dazu klare und verbindliche Vereinbarungen treffen. Verabreden Sie mit dem Mitarbeiter ganz genau, wie und bis wann er das Erarbeitete umsetzen wird. Dafür hat sich der Begriff »Hausaufgaben« eingebürgert, der natürlich insofern ein wenig irreführend ist, als es ja nicht darum geht, dass der Mitarbeiter zu Hause etwas tut, sondern während seiner Arbeit.

Hausaufgabe kann also zum Beispiel heißen, dass der Mitarbeiter das soeben geübte Konfliktgespräch bis zum Ende der Woche in der Realität durchführt. Um die Verbindlichkeit zu erhöhen, hat es sich bewährt, ebenfalls zu vereinbaren, dass der Mitarbeiter Ihnen telefonisch (oder auch im direkten Kontakt) ein kurzes Feedback gibt, wie das schwierige Gespräch gelaufen ist. Das ist besser als ein Feedback per E-Mail, denn so haben Sie die Gelegenheit, den Mitarbeiter in seinem neuen Verhalten positiv zu bestärken.

Lassen Sie sich nicht darauf ein, wenn Ihr Mitarbeiter sich für die Umsetzung des neu Gelernten zu lange Zeit lassen will. Besonders ein schwieriges Gespräch zum Beispiel sollte innerhalb der nächsten Tage in Angriff genommen werden. Denn je länger der Mitarbeiter damit wartet, desto mehr verblassen die Erfahrungen aus dem Rollenspiel und desto mehr Zeit hat er, sich vermittels seiner inneren Dialoge in Angst und Schrecken zu versetzen. Auf diese Art und Weise wird der Anlaufwiderstand immer größer, und für den Mitarbeiter wird es immer schwieriger, die Initiative zu dem schwierigen Gespräch zu ergreifen. Sie tun ihm also einen großen Gefallen, wenn Sie darauf bestehen, dass er das Geübte sofort in die Tat umsetzt.

Es gibt jedoch nicht nur Hausaufgaben der gerade eben beschriebenen Art. Eine Hausaufgabe kann zum Beispiel auch darin bestehen, dass Sie dem Mitarbeiter auftragen, sich ein Symbol zu suchen, dass geeignet ist, ihn an bestimmte Dinge zu erinnern. Ein solches Symbol war zum Beispiel für einen Projektmitarbeiter sehr hilfreich, der etwas gegen seine Passivität während der Projektsitzungen unternehmen wollte.

Im Coaching wurde herausgearbeitet, dass er in den Projektsitzungen deshalb so wenig sagt und sich so wenig einbringt, weil er es sich angewöhnt hatte, sich zu Beginn der Sitzung entspannt in seinem Stuhl zurückzulehnen und zunächst einmal zuzuhören. Je länger er zuhörte, desto häufiger kamen natürlich auch von den anderen Teilnehmern Ideen, an die er selbst gedacht hatte, sodass er der Notwendigkeit enthoben war, selbst den Mund aufzumachen. Und je länger er schwieg, desto schwieriger wurde es für ihn, sich doch noch zu äußern, sodass die Sache damit endete, dass er gar nichts mehr sagte.

In einem solchen Fall hilft ein Rollenspiel gar nichts, denn man kann zu zweit diese Situation nicht entsprechend reproduzieren. Vielversprechender ist es, den Mitarbeiter zu veranlassen, diese normalerweise ablaufende Verhaltenskette möglichst früh zu unterbrechen. Von wesentlicher Bedeutung war in diesem Fall das gemütliche Zurücklehnen im Stuhl gleich zu Beginn einer Sitzung, denn das führte zu seiner passiven Haltung »Mal sehen, was es Neues gibt im Projekt«, in der er nur noch aufnahm, statt auch etwas von sich zu geben. Als der Mitarbeiter aufgefordert wurde, genau zu demonstrieren, wie er sich typischerweise hinsetzt, erkannte er selbst sehr schnell, was es mit dieser Körperhaltung auf sich hatte.

Körperhaltungen wirken fast immer als »Anker«, mit dem bestimmte Verhaltensweisen, Gedanken oder Gefühle verknüpft sind. Zum Anker kann alles Mögliche werden: Wenn der Geruch von Weihnachtsplätzchen in Ihnen ein wohliges Gefühl und eine friedfertige Stimmung auslöst, dann ist dieser Duft der Anker, oder wenn Sie bei einem bestimmten Lied ganz melancholisch werden, dann ist auch das ein Anker für Sie. Da wir in ganz bestimmten Situationen häufig die gleichen Körperhaltungen einnehmen, wirken eben auch Körperhaltungen als Anker. So fällt es zum Beispiel den meisten Menschen sehr schwer, mit hängendem Kopf, herabgezogenen Schultern und gebeugtem Rücken ein Gefühl von Optimismus und Lebensfreude zu entwickeln, weil mit dieser Körperhaltung üblicherweise andere Empfindungen verknüpft sind.

Für den Mitarbeiter war es sehr schnell klar, dass eine Körperhaltung, die Aktivität ausstrahlt und nach sich zieht, ganz anders aussehen muss als seine übliche. Wenn er sich auf den Stuhl setzte ohne sich anzulehnen, sondern mit angenehmer Spannung etwas vorgebeugt saß, fühlte er sich sehr viel präsenter. Ein mehrmaliges Hin- und Herwechseln zwischen den beiden Körperhaltungen machte den Unterschied für ihn deutlich fühlbar. Also wurde vereinbart, dass er seine Sitzhaltung ändern und immer wieder kontrollieren würde.

Das lange Schweigen war der Punkt, an dem seine Verhaltenskette unterbrochen werden musste. Der Mitarbeiter ließ viel zu viel Zeit verstreichen, bis er den Impuls verspürte, sich einbringen zu wollen. Als Hausaufgabe wurde ihm mitgegeben, sich ein Symbol zu suchen, das ihn daran erinnern würde, sich frühzeitig zu Wort zu melden. Er entschied sich dafür, zu Beginn jeder Teamsitzung seine Armbanduhr abzunehmen und sie vor sich auf den Tisch zu legen, als Erinnerung daran: »Die Zeit läuft, ich darf nicht zu lange warten!«

Das Elegante an der Arbeit mit Symbolen ist, dass sehr einfache und unspektakuläre Maßnahmen oft ganz dramatische Wirkungen haben. Die dramatischen Auswirkungen entstehen durch die Feedback-Kreisläufe in sozialen Systemen, die oft unterschätzt werden. Ein neues Verhalten eines Mitarbeiters löst ein ganz anderes Verhalten seiner Umgebung aus, was wiederum auf ihn zurückwirkt. Jemand, der in eine Teamsitzung kommt und sich gemütlich zurücklehnt mit der Haltung »Mal sehen, was es heute Neues im Projekt gibt«, wird während der Sitzung seltener angeschaut und angesprochen. Es bezieht sich niemand auf ihn. Er erhält dadurch auch von außen keine Impulse zur Aktivität: Seine Passivität wird ihm auch von den anderen sehr leicht gemacht.

Wohingegen jemand, der mit energischer Spannung dabei ist und sich selbst früh ins Geschehen einbringt, ganz andere Reaktionen bei seinen Kollegen auslöst. Sie werden sich häufig an ihn wenden, ihm dadurch Impulse zur Aktivität geben, was es ihm wiederum leichter macht, aktiv zu bleiben. Der Projektmitarbeiter stellte zum Beispiel fest, dass seine Kollegen im Gegensatz zu vorher aktiv Kontakt zu ihm aufnahmen, er schon vor den Sitzungen viel häufiger auf Projektdetails angesprochen wurde als früher. Das ermutigte ihn natürlich, bei seinem neuen Verhalten zu bleiben.

Wenn Sie im Coaching mit einem Symbol als Erinnerung an ein neues Verhaltensmuster arbeiten wollen, ist es wichtig, dass der Mitarbeiter das Symbol selbst wählt.

Sie können den Mitarbeiter Symbole für positives und für negatives Verhalten auswählen lassen. Wenn man jedoch mit einem Symbol für das Negative arbeitet, ist es wichtig, dass er auch ein Symbol für das Positive aussucht. Denn ein Symbol wirkt, weil es auf der bewussten und der unbewussten Ebene eine Auseinandersetzung herbeiführt. Um das Gleichgewicht wiederherzustellen, sodass man nicht einseitig nur auf das Negative fokussiert ist, braucht man auch ein Symbol für das Positive.

Wenn man also zum Beispiel einen »ewigen Bedenkenträger«, der alles nur pessimistisch sieht und deshalb auf die Stimmung im Team drückt, auffordert, sich für dieses Verhalten ein Symbol zu suchen, so sollte man ihn auf jeden Fall auch eines finden lassen, das ihn daran erinnert, dass es auch Zeiten gibt, wo es wichtig ist, mutig und risikobereit zu sein. Man sollte diese Symbole immer mit sich herumtragen können. Schon allein die Tatsache, dass man immer wieder dafür sorgen muss, diese beiden Symbole bei sich zu haben, bewirkt, dass man sich immer wieder mit diesem Thema auseinander setzen muss. Jedes Mal, wo die beiden Symbole zum Beispiel von einer Hosentasche in die andere wandern, beschäftigt man sich mit dem damit verbundenen Verhalten und fragt sich: »Wo bin ich denn gerade mit meiner Haltung? Eher der ängstliche Bedenkenträger oder eher jemand, der auch etwas riskiert?«

Allein das verändert schon sehr viel: Man kann nicht mehr so unbefangen wie zuvor in jeder Sitzung Bedenken vortragen, ohne darüber nachzudenken, dass man das immer tut. Wenn man nun Bedenken äußert, fragt man sich wahrscheinlich, ob das jetzt eigentlich nur der altbekannte Automatismus ist oder ob wirklich ernst zu nehmende Einwände dahinter stecken. Und kommt man mit dem Symbol für das angestrebte positive Verhalten in Berührung, wird man sich unweigerlich, ob man es will oder nicht, auch mit diesem Teil auseinander setzen.

Interventionen beim Umgang mit Antreibern

Umgang mit dem Sei-perfekt-Antreiber

Beginnen wir mit dem Sei-perfekt-Antreiber. Dieser Antreiber kann sich so auswirken, dass beispielsweise jemand sehr umständlich erzählt. Da solch ein Mitarbeiter immer bestrebt ist, alles ganz vollständig darzustellen, kommt er vom Hundertsten ins Tausendste. Diesem Mitarbeiter kann es nur gut tun, wenn Sie ihn stark strukturieren. Unterbrechen Sie seinen Wortschwall rigoros: »Bitte, sagen Sie mir in drei Sätzen, um was es geht!« Allerdings sollten Sie ihm auch erklären, weshalb Sie ihn so streng unterbrechen. Wenn Sie sich mit der zugehörigen Theorie sicher fühlen, können Sie ihm auch das Antreibermodell erklären. Das ist jedoch nicht zwingend notwendig. Wichtig ist nur, dass Sie ihm das klare Feedback geben, dass er oft viel zu weit ausholt, sodass es für seine Zuhörer schwierig ist, ihm zu folgen.

Auch als Coach werden Sie merken, dass es Ihre Aufmerksamkeit überfordert, bei solch einer Fülle an angebotenem Material noch zwischen Wichtigem und Unwichtigem zu unterscheiden. Die Folge ist, dass man abschaltet und gar nichts mehr mitbekommt. Deshalb ist es für beide wichtig, dass der Mitarbeiter lernt, sich auf das Wesentliche zu beschränken und das angemessen darzustellen. Trainieren Sie mit Ihrem Mitarbeiter die Kunst des Weglassens, zum Beispiel indem Sie ihn wichtige Berichte um ein Drittel kürzen lassen.

Achten Sie bei seinen Präsentationen darauf, dass er seine Zuhörer nicht mit Fakten und Zahlen erschlägt. Auch kann die Menge der dargebotenen Charts meist um die Hälfte reduziert werden. Gerade Perfektionisten neigen dazu, total überflüssige Charts zu präsentieren, deren Inhalt die Zuhörer ohnehin schon längst kennen.

Arbeiten Sie mit dem Mitarbeiter lieber die drei wesentlichen Aussagen heraus, die in den Köpfen der Zuhörer hängen bleiben sollen, und unterstützen Sie ihn dabei, seine Präsentation auf diese drei Aussagen zuzuspitzen. Der Erfolg, den solche Präsentationen erzielen, wird ihn motivieren, das auch in Zukunft so zu gestalten.

Wie Sie sich vielleicht erinnern, fehlt jemandem mit dem Sei-perfekt-Antreiber die innere Erlaubnis, Fehler zu machen. Da Sie als Führungskraft und Coach ein wichtiges Modell für den Mitarbeiter sind, spielt es für sein Verhalten eine große Rolle, wie Sie selbst mit Fehlern umgehen. Sie werden schwerlich Ihren Mitarbeiter von seinem Antreiber kurieren können, wenn Sie sich selbst jeden kleinen Fehler ankreiden. Nehmen Sie also zuerst Ihr eigenes Verhalten kritisch unter die Lupe. Was Sie tun, wie Sie sich verhalten, bewirkt auch in diesem Fall mehr als das, was Sie dem Mitarbeiter erzählen. Solange man nicht auch einmal über einen eigenen Fehler lachen kann, kann man niemanden mit diesem Antreiber coachen. Selbst Fehler zu machen, kann die intensivste Art sein, dem Mitarbeiter die erforderliche Erlaubnis zu geben, sich auch welche zuzugestehen.

Gerade für diesen Mitarbeiter ist es natürlich sehr wichtig, wie Sie als Führungskraft auf Fehler reagieren. Es hilft ihm, seine eigene Fehlertoleranz zu erhöhen, wenn er mitbekommt, dass Sie Fehler nicht dramatisieren, sondern sachlich damit umgehen. So wie jener mittelständische Unternehmer, der bei jedem Fehler, der offenkundig wurde, immer nur seine Befriedigung darüber geäußert hat, dass dieser Fehler jetzt entdeckt ist und also behoben werden kann. »Fehlerkultur« ist ein merkwürdiger Begriff, aber wie sieht es in Ihrem Unternehmen, in Ihrer Abteilung damit aus?

Auch ein Reframing kann für den Mitarbeiter hilfreich sein: Wenn der bisherige Bezugsrahmen, in dem ein Fehler eine Katastrophe darstellt, die es um jeden Preis zu vermeiden gilt, dahingehend modifiziert wird, dass Fehler zu begrüßen sind, weil ohne sie kein Lernprozess stattfände. Schließlich lernen Menschen vor allem aus Versuch und Irrtum. Ein Fehler ist also nichts anderes als ein Anzeichen dafür, dass es etwas zu lernen gibt.

Sie können dem Mitarbeiter auch empfehlen, täglich einen kleinen, belanglosen Fehler in seine Arbeit einzubauen. Die Erfahrung hat gezeigt, dass diejenigen, die das ausprobierten, immer wieder zwei interessante Effekte erlebten: Zum einen waren sie überrascht, wie schwer es ihnen fällt, wie viel Überwindung es sie kostet, einen kleinen Fehler zu machen. Zum anderen verblüffte es sie, wie wenige Menschen den Fehler bemerkten. Dadurch wurde ihnen natürlich auch klar, wie fragwürdig ihr bisheriger hoher Aufwand, um Fehler zu vermeiden, im Grunde genommen war. Wenn die Angst davor, Fehler zu machen, wegfällt, erhöht sich automatisch die Kreativität und der Mut wächst, ungewöhnliche Wege zu gehen.

Wenn ein Mitarbeiter wegen seines Sei-perfekt-Antreibers Termine nicht einhält, sei es, weil er viel zu viel Zeit in Nebensächliches steckt, sei es, weil er viel zu gründlich arbeitet und viel zu viel kontrolliert, sollten Sie als Führungskraft klare Absprachen darüber mit ihm treffen, welche Arbeit Sie in welcher Form haben wollen. Wenn also ein Entwurf gefordert war, sollte auch wirklich nur ein Entwurf abgegeben werden und nicht etwa ein fertig ausgearbeitetes Konzept. Nötigenfalls können Sie Zwischenziele vereinbaren, damit Sie rechtzeitig erkennen können, ob irgendwo zu viel Zeit investiert wird. Legen Sie ruhig auch die Anzahl der Kontrollen, die er machen darf, gemeinsam mit ihm fest.

Umgang mit dem Machs-anderen-recht-Antreiber

Der Umgang mit diesem Antreiber birgt die besondere Schwierigkeit, dass Sie als Coach besonders vorsichtig sein müssen, welche Tipps und Hinweise Sie dem Mitarbeiter geben, denn so, wie er gestrickt ist, wird er versuchen, alles zu befolgen, ob es für ihn passt oder nicht – das ist ja gerade sein Problem. Wenn Sie ihm zu viele hilfreiche Vorschläge machen, fördert das nur seine Anpassung statt, wie gewünscht, seine Eigenständigkeit. Sie müssen im Coaching also sehr auf der Hut sein, dass Prozess und Inhalt zusammenpassen, damit es nicht zu einem Phänomen wie dem berühmten »Sei spontan«-Paradox kommt.

Wer es anderen recht machen will, hat Schwierigkeiten damit, eigenständig zu handeln. Wenn Sie merken, dass Ihr Mitarbeiter das eigenständige Handeln mit dem Argument vermeiden will, Sie als Chef hätten doch viel mehr Erfahrung und Wissen und sollten ihm deshalb sagen, was zu tun sei, ist eine paradoxe Reaktion Ihrerseits allerdings sehr angebracht: »Ich sage Ihnen, was am besten zu tun ist. Am besten denken Sie selbst über eine Lösung nach und berichten mir, welche Lösungen Sie gefunden haben!«

Da dieser Antreiber meist einhergeht mit einem Mangel an Selbstvertrauen, kann es für den Mitarbeiter schon sehr viel bewirken, wenn er spürt, dass Sie ihm Dinge ganz selbstverständlich zutrauen. Denn ein Mangel an Selbstvertrauen führt auch zu einem Mangel an Durchsetzungskraft. Die kann mit Rollenspielen trainiert werden. Ebenso wie eine weitere Eigenschaft, die bei diesem Antreiber typischerweise fehlt, nämlich die Fähigkeit sich abzugrenzen. Mitarbeiter mit dem Machs-anderen-recht-Antreiber können meist nicht Nein sagen und haben deshalb das Problem, dass man ihnen jede Menge Arbeit aufhalst. Wenn einfache Rollenspiel noch keine Verbesserung zeitigen, sollte man zum Extrem-Training greifen.

Sie dürfen es jedoch nicht versäumen, den Mitarbeiter darauf hinzuweisen, dass er mit seinem neuen Verhalten wahrscheinlich etliche seiner Mitmenschen enttäuscht, die ihn bisher ausgesprochen nett fanden, so gefällig, wie er war. Damit er weiß, dass er als nächstes vielleicht noch seine Konfliktfähigkeit trainieren muss.

Dass Humor, Witz und Lachen subversive Elemente sind, die mit Anpassung nicht zu vereinbaren sind, weiß jedes totalitäre Regime, weshalb es da so bitterernst zugeht und Witze oft gar mit Strafen bedroht sind. Um Ihren Mitarbeiter aus seiner angepassten Haltung zu befreien, können Sie sich dieses Wissen zunutze machen und mit möglichst viel Humor mit ihm arbeiten. Bringen Sie ihn zum Lachen, dann haben Sie beide Spaß an der Arbeit.

Wenn Sie jedoch den Eindruck haben, dass das bei einem Mitarbeiter nicht angebracht ist, hilft manchmal auch ein konfrontatives Feedback: »Aus meiner Sicht machen Sie wesentliche Teile Ihres Jobs nicht, wenn Sie sich nicht abgrenzen/sich nicht durchsetzen!« Die Strategie dabei besteht darin, den Mitarbeiter in Konflikt zu bringen mit zwei Anpassungsanforderungen: Er will es den Kollegen recht machen; er will es aber auch dem Job recht machen. Wenn Sie diesen Weg wählen, ist es wichtig, den Mitarbeiter anschließend durch ein Rollenspieltraining zu unterstützen, in dem er gefahrlos verschiedene Verhaltensweisen ausprobieren kann, bevor er damit sozusagen an die Öffentlichkeit tritt.

Umgang mit dem Beeil-dich-Antreiber

Wenn ein Mitarbeiter permanent in Hektik ist und diese Hektik auch um sich herum verbreitet, stellt das hohe Anforderungen an Kunst und Können des Coachs. Denn einen Hektiker zu bremsen ist gar nicht so leicht. Zunächst einmal kann man ihm viel Erlaubnis geben, langsamer zu machen. Das kann auch durch die klare Anweisung geschehen: »Jetzt setzen Sie sich erst einmal hin und kommen ein bisschen zur Ruhe!«

Um ihm die Möglichkeit zu geben, sich darüber klar zu werden, wie er es eigentlich fertig bringt, so schnell in Hektik zu geraten, kann man sich einer Technik bedienen, die »Symptomlernen« heißt. Sie besteht darin, dass Sie als Coach ihn auffordern, Ihnen beizubringen, wie man hektisch wird. Sie wollen von ihm wissen, was genau Sie Schritt für Schritt tun müssten, um ebenso hektisch zu werden wie er. Das kann sich etwa so abspielen:

Coach: »Bitte schildern Sie mir ganz genau, was ich tun muss oder was ich mir sagen muss, um so in Hektik zu geraten.«

Mitarbeiter: »Sie müssen sich sagen, dass es ganz unmöglich ist, diese Aufgabe in der kurzen Zeit zu erledigen.«

Coach: »Nun, das würde mich vielleicht nervös machen, aber noch nicht hektisch. Da muss noch mehr sein?«

Mitarbeiter: »Sie müssen sich gleichzeitig noch alle anderen Aufgaben vorstellen, die Sie auch noch machen sollen. Sie müssen das innerlich als einen Riesenberg hinstellen, der noch vor Ihnen liegt. Und dann müssen Sie sich sagen, dass Sie das alles überhaupt nur schaffen können, wenn Sie sich wahnsinnig beeilen, dass dann aber auch rein gar nichts dazwischen kommen darf. Gleichzeitig stellen Sie sich aber doch noch vor, was höchstwahrscheinlich trotzdem alles dazwischen kommen wird und sagen sich, dass Sie versuchen müssen, das Tempo zu steigern.«

Nun macht der Coach schon eine erste elegante Intervention: »Aha, dann wäre es, um so hektisch zu werden, also grundverkehrt, wenn ich mir in dieser Situation sagen würde, dass ich nur eine Chance habe, wenn ich die Sache ganz gelassen angehe, erst mal tief durchatme und mich auf das Wesentliche konzentriere.«

Wahrscheinlich muss der Mitarbeiter daraufhin ein bisschen lachen und wird bestätigen, dass dieser Gedanke grundfalsch wäre, wenn man so richtig schön in Hektik kommen will.

Sich als Coach ein Symptom beibringen zu lassen, mag vielleicht absurd erscheinen. Es hat aber oft überraschende Wirkungen, weil das Muster, das beim Mitarbeiter bisher unbewusst und automatisiert ablief, nun nicht mehr oder doch viel schwerer auf die gleiche Art ablaufen kann. Der Mitarbeiter wird sich viel häufiger selbst dabei ertappen, dass er gerade dabei ist, sich in Hektik zu bringen. Dann kann er das Muster unterbrechen.

Es kann auch hilfreich sein, wenn der Mitarbeiter sich ein Symbol sucht, beispielsweise eines für Schnelligkeit ohne Hektik, sodass er immer wieder daran erinnert wird, dass es möglich ist, Geschwindigkeit und innere Gelassenheit zu vereinen – so wie das beispielsweise Karatekämpfer tun, Rennfahrer oder Musiker.

Möglicherweise würden ihm auch Entspannungstechniken helfen, innerlich zur Ruhe zu kommen. Methoden wie autogenes Training, progressive Muskelentspannung oder Meditation kann man zumindest in den Städten an vielen Orten, zum Beispiel der Volkshochschule, lernen.

Wichtig ist es auch, dem Hektiker im Alltag immer wieder Feedback zu geben, wenn er redet wie ein Maschinengewehr oder vor lauter Eile anderer Leute Sätze beendet. Um das diskret zu machen, können Sie für Teamsitzungen und dergleichen ein nonverbales Signal mit ihm vereinbaren.

Umgang mit dem Streng-dich-an-Antreiber

Wer einen Streng-dich-an-Antreiber hat, macht sich das Leben häufig dadurch schwer, dass er sehr unstrukturiert arbeitet, was zu einem erheblich größeren Arbeitsaufwand führt. Sie können diesen Mitarbeiter sehr unterstützen, indem Sie einfache und effektive Vorgehensweisen mit ihm erarbeiten. Sie können ihm zum Beispiel die weiter unten ausführlich beschriebene Planungsmethodik beibringen, damit er bei wiederkehrenden Aufgaben nicht jedes Mal wieder ganz von vorn beginnen muss, was Menschen mit Streng-dich-an-Antreiber gerne tun.

Wie bei jedem Antreiber ist es auch bei diesem wichtig, viel Erlaubnis zu geben. In diesem Fall geben Sie ihm die Erlaubnis, ein Projekt oder eine Aufgabe abzuschließen, ohne dabei am Ende aller Kräfte zu sein. Gleichzeitig sollten Sie ihn stoppen, wenn er ins Schwärmen darüber gerät, wie sehr er sich angestrengt hat. Es kommt schließlich nicht auf die Anstrengung an, sondern auf das Ergebnis. Deshalb ist es wichtig, auch darauf zu achten, dass ein positives Feedback nicht etwa mit den Worten abgewehrt wird: »Ach, das war doch nichts. Das habe ich doch mit links gemacht!« Konfrontieren Sie ihn ruhig damit, dass es vollkommen in Ordnung ist, Dinge leicht und ohne Anstrengung zu machen.

Umgang mit dem Sei-stark-Antreiber

Wenn Sie so jemanden überhaupt im Coaching haben, ist bereits ein Riesenschritt getan, denn sich Hilfe zu holen ist ein Gedanke, der diesem Mitarbeiter so gut wie nie kommt. Er hat den Anspruch an sich, mit allem allein klar zu kommen.

Aus diesem Grund hat er auch das rechte Maß für die eigene Belastbarkeit verloren. Am wichtigsten für ihn ist zu lernen, auf seine Körpersignale zu achten, um so zu spüren, wann ihm Überforderung droht. Das kann er zum Beispiel tun, indem er sich jeden Tag eine gewisse Zeit für sich selbst nimmt und überprüft, ob es ihm gut geht. Sie sollten die klare Vereinbarung mit ihm treffen, dass er um Hilfe bittet, sobald er spürt, dass es zuviel wird, was er sich aufgelastet hat. Fragen Sie ihn ruhig, ob bei ihm bereits körperliche Symptome vorhanden sind, und schicken Sie ihn notfalls zum Arzt. Menschen mit dem Sei-stark-Antreiber sind genau die, die »wegen einer solchen Lappalie doch nicht« zum Arzt gehen und dann in der Intensivstation landen.

Zum Abschluss dieses Kapitels sei noch auf etwas hingewiesen, was für den Umgang mit allen Antreibern gilt: Achten Sie als Coach auch darauf, inwieweit Ihr Mitarbeiter, besonders, wenn dieser selbst Führungskraft ist, seinen

Antreiber womöglich an seine Mitmenschen weitergibt, und konfrontieren Sie ihn damit.

Planungsmethodik

Um eine ganz andere Art von Intervention handelt es sich, wenn Sie Ihrem Mitarbeiter etwas über Planungsmethodik beibringen.

Oft genug fehlt selbst erfahrenen Führungskräften das Handwerkszeug, um komplexe Aufgaben zu planen und zu strukturieren. Es kommt immer wieder vor, dass auch sie selbst mit sehr komplexen Aufgaben halt einfach einmal anfangen und sich so durchwursteln, bis sie sich dann schließlich wundern, was sie so alles vergessen haben zu berücksichtigen. Wir sprechen jetzt nicht von großen Projekten, die von erfahrenen Projektmanagern geleitet werden, die natürlich ihr Handwerk verstehen, sondern von den alltäglichen Aufgaben, die meist ja auch ihren Komplexitätsgrad haben und sehr viel reibungsloser vonstatten gehen könnten, wenn man sie geplant hätte. Auch für diese alltäglichen Aufgaben gilt das gleiche wie für die großen Projekte: Je besser die Planungsphase war, desto reibungsloser funktioniert nachher der Ablauf.

Auch im Rahmen des Coachings kann sich zeigen, dass Ihrem Mitarbeiter Planungswerkzeuge fehlen und er aus diesem Grund Probleme hat oder eine Aufgabe nicht übernehmen will. Als Führungskraft sollten Sie deshalb imstande sein, Ihren Mitarbeiter anzuleiten. Wir wollen Ihnen ein einfaches Vorgehen schildern, welches weder viel Zeit in Anspruch nimmt, noch besonders komplex ist, aber dennoch einen schnellen Überblick gewährt, was alles zu tun ist. Es hat überdies den Vorteil, dass es keine zusätzliche Software erfordert, sondern mit den vorhandenen Mitteln durchzuführen ist.

Der erste Schritt bei dieser Planungsmethodik besteht darin, ausführlich den gewünschten Zielzustand zu beschreiben – und zwar so, als sei das Ziel bereits erreicht und, unbedingt, in schriftlicher Form! Fordern Sie Ihren Mitarbeiter zum Beispiel einfach auf, sich vorzustellen, er habe sein Vorhaben mit Erfolg abgeschlossen und schreibe jetzt einen Bericht darüber. Dieser Bericht könnte also beginnen mit: »Die neue Lagerhalle steht und ist gestern erfolgreich in Betrieb genommen worden. Das neue Lagersystem ermöglicht uns …«

Ihr Mitarbeiter sollte möglichst ausführlich beschreiben, was alles vorhanden ist, wenn das Ziel erreicht ist. Er sollte also mit Worten das gleiche tun wie ein Architekt, wenn er eine Zeichnung oder ein Modell des künftigen Gebäudes anfertigt. Der Architekt beschränkt sich auch nicht einfach darauf, mit dürren Strichen den Grundriss zu skizzieren, sondern es werden, um die Fantasie des Betrachters anzuregen, die Grünanlagen, spielende Kinder oder was sonst eben dazu passt, hinzugefügt.

Genauso sollte Ihr Mitarbeiter verfahren: Er sollte sich schriftlich so bildhaft wie möglich den gewünschten Zustand ausmalen. Das setzt sehr viel mehr innere Kräfte frei, die dazu beitragen, den Zielzustand tatsächlich zu erreichen, als sich auf ein lapidares »Bis 1.7. ist die neue Lagerhalle fertig« zu beschränken!

Außerdem erreicht man durch die ausführliche Beschäftigung mit dem gewünschten Zustand und allem, was dazu gehört, eine sehr viel größere Klarheit darüber. Erfahrungen aus dem Projektmanagement zeigen immer wieder, dass Unklarheiten über das Ziel dazu führen, dass man viel mehr Zeit oder Geld oder beides braucht, als man vorher dachte. Und wenn man erst einmal mit Schwung in die falsche Richtung marschiert ist, kann auch das nur mit hohem Zeit- und Kostenaufwand korrigiert werden.

Um die größtmögliche Klarheit über das gewünschte Ergebnis zu bekommen, kann es hilfreich sein, parallel zur Beschreibung des Zielzustandes auch den momentanen Problem- oder Ist-Zustand zu beschreiben. Denn gerade die Schilderung der vorhandenen Mängel führt deutlich vor Augen, was dringend anders werden muss.

Schon wenn der Mitarbeiter sowohl den Ist- als auch den Zielzustand beschreibt, kommen ihm wahrscheinlich genug Ideen, was er alles anders machen will. Das sollte er auf einem eigenen Blatt Papier unbedingt festhalten, erst einmal ganz unstrukturiert, damit ihm auch ja keine Idee verloren geht.

Hat der Mitarbeiter beide Beschreibungen angefertigt, beginnt die eigentliche Planung. Die Technik lautet einfach und genial: Vom Groben zum Feinen planen. Große Aufgabenbrocken werden mittels Salamitaktik so lange in kleinere Scheiben zerlegt, bis handhabbare Aufgaben daraus geworden sind. Diese Planung vom Groben zum Feinen lässt sich sehr gut mit der Textverarbeitung MS Word bewerkstelligen, anhand einer Funktion, die nicht sehr bekannt ist, weshalb sie hier ausführlich dargelegt wird.

Um eine Planung mit MS Word zu erstellen, klicken Sie zunächst im Menü »Ansicht« das Untermenü »Gliederung« an. So erhalten Sie eine zusätzliche

Symbolleiste mit Pfeilen nach rechts, links, oben und unten sowie mit Zahlen von eins bis sieben. Und schon können Sie mit der groben Planung starten. Lassen Sie uns das anhand einer Bedarfsanalyse für eine Lagerhalle durchspielen. Wir listen zunächst eine Reihe von Oberpunkten auf:

- Bedarf an Büros,
- Raumbedarfsanalyse,
- Zufahrtswege,
- Laderampen,
- EDV-Ausstattung,
- Büro- und Lagereinrichtung,
- Sicherheitseinrichtungen.

Wenn wir glauben, alle Oberpunkte notiert zu haben oder wenn uns im Moment keine mehr einfallen, wenden wir uns der Aufgabe zu, diese Oberpunkte in kleinere Unterpunkte aufzuteilen. Wir wenden uns also beispielsweise dem Punkt »Büro- und Lagereinrichtungen« zu und notieren darunter »Regalsysteme«. Mittels der Pfeiltaste nach rechts auf der Symbolleiste wird aus diesem Punkt ein Unterpunkt. Den können wir nun in weitere Unterpunkte unterteilen:

- Systemhersteller aussuchen,
- Angebote anfordern,
- Auswahlkriterien erstellen.

Der MS Word-Gliederungsmodus wird sehr gut dem Umstand gerecht, dass der Kreativitätsfluss ja keineswegs immer so schön linear, vom Groben zum Feinen hin funktioniert, sondern die Gedanken oft hin und her springen: Gerade denkt man noch darüber nach, wie der Platz in der Lagerhalle aufgeteilt werden soll und wie die Büros integriert werden sollen, da fällt einem ein, mit welchen Kacheln man die Waschräume ausstatten will. Das ist für dieses System kein Problem, denn mit den Pfeiltasten ist es sehr einfach, die Ebenen zu wechseln. Betätigt man die Pfeiltaste nach rechts, wird ein Punkt niedriger gestuft, die Pfeiltaste nach links stuft ihn höher.

Bei größeren Projekten wird die Gliederung unter Umständen etwas unübersichtlich. In einem solchen Fall ist es nützlich, durch das Anklicken der Zahlen in der Symbolleiste zu bestimmen, bis zu welcher Gliederungsebene das System Text anzeigt. Um zu überprüfen, ob man an alle Grobmaßnahmen gedacht hat, klickt man die Eins an, und das System zeigt nur die Oberpunkte.

Zudem lassen sich jederzeit die Oberpunkte mitsamt den dazugehörigen Unterpunkten verschieben, um Ordnung in das kreative Chaos zu bekommen. Die Hauptaufgabe bei dieser Planungsmethode lautet: Die Oberpunkte sind so weit zu verfeinern, dass die Frage nicht mehr lautet: »Wie mache ich das?«, sondern: »Wann mache ich das?« Solange man noch nach dem *Wie* fragen kann, ist die Salamischeibe zu groß und muss weiter unterteilt werden.

Sobald Sie nach dem Termin für eine Aufgabe fragen können, hat sie die richtige Größenordnung erreicht, denn dann kann diese Aufgabe in das Zeitplansystem, mit dem man arbeitet, überführt werden und ist zu einer durchführungsreifen Aufgabe geworden.

Zwei Kontrollfragen sind unerlässlich, wenn Sie mit dieser Methode planen:

1. Wenn alle Aufgaben, die zu diesem Punkt gehören, erledigt sind, ist dieser Punkt dann ebenfalls erledigt?
2. Wenn alle Oberpunkte erledigt sind, ist das Ziel dann erreicht?

Mit diesen einfachen Fragen sollte es Ihnen beziehungsweise Ihrem Mitarbeiter eigentlich gelingen, eine vernünftige Planung innerhalb eines vernünftigen Zeitraumes hinzubekommen. Denn bei dieser Art Planung ist die Gefahr gering, dass man etwas Wichtiges vergisst. Oder dass Projekte sich deshalb verzögern, weil man zu spät merkt, dass man sich um etwas Wesentliches viel früher hätte kümmern müssen.

Trotzdem empfiehlt es sich, die erste Planung zu überschlafen und später noch einmal durchzugehen, weil man mit etwas Abstand vielleicht doch noch auf den einen oder anderen Punkt kommt, der einem zunächst entging. Es kann auch hilfreich sein, die Planung mit anderen durchzusprechen, die möglicherweise ja Ergänzungen oder wichtige Hinweise dazu haben.

Eine gründliche Planung bietet den Vorteil, dass man sehr viel besser in der Lage ist, den Zeitbedarf, den ein Projekt in Anspruch nehmen wird, abzuschätzen. Denn oft genug wird erst mit der Planung klar, wie komplex eine Sache ist und welche Fülle von Aufgaben damit verbunden ist. So erging es einem unserer Kunden, der in seiner Niederlassung als Pilotprojekt ein Qualitätssystem einführen wollte, das später in allen anderen Niederlassungen des Konzern ebenfalls installiert werden sollte.

Im Rahmen eines Führungskräfteseminars wurde die hier beschriebene Planungsmethodik anhand seines Beispieles »Einführung von Qualitätsmanagement« erläutert, und es wurden von allen die dazugehörigen Planungsschritte erarbeitet. Keiner der Teilnehmer, auch der betroffene Kunde nicht, hatte erwartet, dass die Einführung eines solchen Systems eine derart zeitaufwändige Angelegenheit sein würde, weil doch sehr viel mehr Arbeit damit verbunden war, als auf den ersten Blick zu sehen war. Die Planung ersparte dem Kunden also eine böse Überraschung.

Wer die Mühe einer gründlichen Planung auf sich nimmt, hat den weiteren Vorteil, dass er darauf aufbauen kann, sobald ein ähnliches Projekt ansteht. Wer einmal zum Beispiel eine gründliche Messeplanung vorgenommen hat, hat es bei der nächsten Messe sehr viel einfacher; er muss die neuen Daten nur noch an das bereits Vorhandene anpassen. Ihrem Mitarbeiter diese einfache und effektive Planungsmethodik beizubringen, kann womöglich eine der wichtigsten Interventionstechniken des Coachings überhaupt sein.

Verkäuferbegleitung

Die Verkäuferbegleitung gehört zu den wesentlichen Aufgaben von Führungskräften im Vertrieb, denn Trockentraining oder Rollenspiele allein reichen häufig nicht aus, um Probleme zu bewältigen. Die Verkäuferbegleitung kann eine sehr hilfreiche Maßnahme sein, ist aber auch ein heikle Angelegenheit, die mit viel Fingerspitzengefühl angepackt werden muss. Sie sollte nämlich auf keinen Fall als Kontrolle missverstanden werden können, da das Gefühl, kontrolliert zu werden, leicht Abwehrreaktionen auslöst.

Es gibt aber unter Umständen noch ein weiteres Problem bei der Verkäuferbegleitung. Nämlich dann, wenn die Führungskraft glaubt, sie könne den Verkäufer bei dieser Gelegenheit objektiv beurteilen, weil sie ihn dabei ja nun einmal so sieht, wie er tatsächlich beim Kunden auftritt. Aus der Physik ist bekannt, dass allein die Tatsache, dass es einen Beobachter gibt, den beobachteten Sachverhalt beeinflusst. So verhält es sich auch hierbei. Selbst wenn der Kunde nicht darüber Bescheid weiß, weshalb zwei Menschen ihm gegenübertreten statt einem, wie gewohnt, verändert es die Situation, denn niemand kann ein Gespräch so ungezwungen führen, als ob er allein wäre, wenn er weiß, dass ein Beobachter dabei ist, der sein Verhalten beurteilt. Er wird wahrscheinlich vorsichtiger sein, überlegter, was manchmal vielleicht ja sogar zu einer Verbesserung des üblichen Verhaltens führen kann, weil der Verkäufer sich an all die Dinge erinnert, die vorteilhaft für ein gutes Verkaufsgespräch sind.

Wahrscheinlicher aber ist, dass der Verkäufer ein eher schlechteres Verkaufsgespräch als üblicherweise führt, weil er mit seiner Aufmerksamkeit mehr bei sich ist als bei seinem Kunden. Er überlegt, ob er wohl alles richtig macht, fragt sich, was sein Chef jetzt gern hören würde, was in dieser Situation laut Theorie richtig oder falsch ist, und hat aus diesem Grund nur einen kleinen Teil seiner Aufmerksamkeit beim Kunden und verpasst so womöglich wichtige Informationen. Im Rahmen eines Coachings ist es deshalb eminent wichtig, dass Sie dieser Maßnahme den Charakter einer Kontrolle nehmen, um so dem Verkäufer die größtmögliche Sicherheit zu geben.

Und auf ein drittes Problem bei der Verkäuferbegleitung soll ebenfalls hingewiesen werden, nämlich auf eine Schwierigkeit, die man die »Bezugsrahmen-Falle« nennen könnte. Als Führungskraft neigt man vielleicht dazu, den Kunden auf dem Hintergrund des eigenen Erfahrungsschatzes und damit aus dem eigenen Bezugsrahmen heraus zu betrachten und also den Mitarbeiter danach zu bewerten, ob er im Umgang mit dem Kunden die Wege geht, die man selbst gewählt hätte. Die Methoden des Chefs, auch wenn sie noch so erfolgreich waren, müssen aber nicht immer die richtigen für den Mitarbeiter sein.

Mit den beiden ersten der drei angesprochenen Probleme bei der Verkäuferbegleitung können Sie umgehen, indem Sie sowohl dem Mitarbeiter als auch sich selbst immer wieder klar machen, dass Sie wissen, dass es keine Objektivität gibt und dass Sie das auch berücksichtigen. Um nicht in die Bezugsrahmen-Falle zu tappen, braucht es ein gewisses Maß an Selbstreflexion.

Außerdem sollten Sie darauf hinarbeiten, der Verkäuferbegleitung nach Möglichkeit den Charakter der Freiwilligkeit zu geben. Das klappt natürlich nicht, wenn man dem Verkäufer jovial auf die Schulter klopft und sagt: »Dann machen wir es doch folgendermaßen, dass ich einfach vier-, fünfmal mit Ihnen zum Kunden fahre und Ihnen anschließend Feedback gebe!« Der arme Verkäufer bräuchte schon sehr viel Mut, um sich dieses freundlichen Angebotes zu erwehren. Sehr viel besser ist es, dem Mitarbeiter den Sinn der Maßnahme genau zu erläutern, ihm zu erklären, aus welchem Grund man ihn begleiten möchte, und ihn dann zu fragen, ob er glaubt, dass das nützlich für ihn sein könnte.

Wenn Sie sich mit Ihrem Mitarbeiter über die Verkäuferbegleitung geeinigt haben, ist es wichtig, dass Sie mit ihm absprechen, worauf Sie als Coach achten sollen. Sie fragen den Mitarbeiter: »Was wäre aus Ihrer Sicht wichtig? Auf welche Punkte soll ich schauen, worüber möchten Sie Feedback haben?« Versuchen Sie nicht, den total observierenden Rundumschlag zu leisten, damit überfordern Sie sich und Ihren Mitarbeiter! Ihr Mitarbeiter hat sehr viel mehr davon, wenn Sie sich gezielt auf zwei oder drei Punkte beschränken.

Bevor Sie gemeinsam den Kunden besuchen, sollten Sie sich ein paar Informationen über diesen Kunden geben lassen: Welche Vorgeschichte es gibt, was die Besonderheiten dieses Kunden sind, mit welchem Ansprechpartner man es zu tun hat. Außerdem sollten Sie mit Ihrem Mitarbeiter klären, welche Ziele er überhaupt mit dem Kunden hat und welches Ziel er für dieses Gespräch verfolgt. An seinen Antworten können Sie nämlich sehr schön erkennen, wie gut der Verkäufer sich auf seine Kundengespräche vorbereitet oder ob er vielleicht nur »einfach mal so« Kundenbesuche macht. Das gibt Ihnen vielleicht schon den ersten Anhaltspunkt, woran im Coaching zu arbeiten ist.

Bevor Sie dem Kunden gegenübertreten, sollten Sie einen Sprachgebrauch vereinbaren, wie dem Kunden Ihre Anwesenheit bei dem Gespräch erklärt werden soll. Sie sollten ebenfalls miteinander abklären, welche Gesprächsanteile Sie übernehmen wollen, denn Sie können schließlich nicht einfach stumm daneben sitzen, und wie Sie das Gespräch wieder an den Mitarbeiter zurückgeben wollen.

Für die Beobachtung während des Gespräches und für das Feedback danach gelten dieselben Regeln wie für das Rollenspiel. Also ganz wichtig: Nicht alles, was Sie wahrnehmen, sollen Sie dem Mitarbeiter auch rückmelden! Es ist besser, sich auf die wesentlichen drei oder vier Punkte zu beschränken. Arbeiten Sie die Stärken heraus, die Ihnen bei Ihrem Verkäufer auffallen und geben Sie auch dazu ein ausführliches Feedback.

Zeigen Sie Ihrem Mitarbeiter gegebenenfalls Wege auf, wie er mit der Situation oder mit dem Kunden anders umgehen kann. Besprechen Sie ausführlich mit ihm, welche der neuen Anregungen er im nächsten Gespräch konkret umsetzen will, was er an neuem Verhalten ausprobieren möchte. Ähnlich wie beim Rollenspieltraining ist es wichtig, auch kleine Veränderungsschritte positiv anzumerken. Denn wenn Sie auch kleine Ansätze positiv verstärken, wird es mit der Verhaltensänderung besser klappen.

Wenn die Vertrauensbasis zu Ihrem Mitarbeiter solide ist, können Sie in manchen Situationen vielleicht auch als Modell fungieren und dazu das Gespräch für eine Weile übernehmen. Das kann besonders hilfreich sein in Fällen, wo Sie merken, dass der Mitarbeiter nicht das Optimale aus dem Gespräch macht. Auch über Modell-Lernen kann man sich neues Gesprächsverhalten aneignen. Vor allen Dingen, wenn Ihr Beispiel dem Mitarbeiter zeigt, dass etwas, was Sie ihm vorher theoretisch erklärt haben, tatsächlich in der Praxis funktioniert. Diese Erfahrung wird seine Motivation erhöhen, nun seinerseits Dinge auszuprobieren und umzusetzen. Gegen diese Methode ist also nichts einzuwenden, solange Ihr Mitarbeiter nicht das Gefühl hat, Sie wollen ihn ausbooten oder bloßstellen oder was auch immer. Wenn Ihr Mitarbeiter zu erkennen gibt, dass er das Gespräch wieder ergreifen will, geben Sie den Ball an ihn zurück.

Und noch ein praktischer Hinweis am Rande: Weder das Vorbereitungsgespräch vor dem Kundenbesuch noch die Nachbereitung hinterher sollten im Auto, vor dem Büro des Kunden parkend, stattfinden. Man kann nie wissen, ob er nicht vielleicht just in diesem Moment aus dem Fenster schaut.

Strategien im Umgang mit Konflikten

Der Anlass für ein Coaching besteht häufig darin, dass der Mitarbeiter in Konflikte verstrickt ist. Im Folgenden zeigen wir am Beispiel eines ausführlich dargestellten Coaching-Gespräches, wie man einen Mitarbeiter dabei unterstützen kann, seine Konflikte selbst zu lösen. Im Anschluss werden einige der hilfreichsten Konfliktlösungsstrategien erörtert und verdeutlicht.

Wer als Führungskraft seine Mitarbeiter coachen will, sollte wissen, wie Konflikte entstehen, welche Konfliktlösungsstrategien es gibt und wie man sie einsetzt. Gleichgültig, ob es sich dabei um einen Konflikt mit Kollegen, Mitarbeitern, Kunden oder anderen Abteilungen handelt: Den Mitarbeiter zu befähigen, seine Konflikte selbstständig zu bewältigen, erweist sich für die zukünftige Zusammenarbeit auf jeden Fall als sehr viel fruchtbarer, als wenn man als Vorgesetzter die Sache bereinigt.

In dem gleich dargestellten Fall hätte der Mitarbeiter es zu gern gesehen, wenn sein Chef für ihn die Kastanien aus dem Feuer geholt hätte, denn die Situation schien ihm schwierig zu meistern. Als Projektleiter unterstand ihm ein Kollege aus einer anderen Abteilung, über den er jedoch natürlich keinerlei Weisungsbefugnis hatte. Es war vereinbart worden, dass der Projektmitarbeiter 50 Prozent seiner Arbeitszeit dem Projekt widmen sollte. Der Projektleiter stellte allerdings fest, dass der Arbeitsaufwand jenes Mitarbeiters sich in höchstens 30 Prozent erschöpfte. Da der Projektleiter diesem Mitarbeiter gegenüber ja nicht weisungsbefugt war, wusste er nicht, wie er mit dieser Situation umgehen sollte. Er hatte einerseits die Befürchtung, den Mitarbeiter durch Vorhaltungen zu demotivieren, fürchtete aber andererseits auch, die vereinbarten Termine nicht einhalten zu können, wenn der Mitarbeiter nicht bald damit begann, wirklich 50 Prozent seiner Arbeitszeit zu geben.

Statt nun die Situation zu klären, gab der Projektleiter sich einer Beschäftigung hin, die ganz typisch ist, wenn Menschen sich einer schwierigen Lage gegenübersehen: Er begann zu fantasieren. Er stellte sich vor, wie der Mitarbeiter reagieren würde, wenn er ihn auf den vorhandenen Missstand anspräche. Er malte sich aus, wie der Mitarbeiter alles vehement abstreiten würde, glaubte gar schon zu hören, wie der Mitarbeiter zum verbalen Gegenschlag ausholte und ihn angriff, wie er denn mit so haltlosen Beschuldigungen kommen könne. In seiner Fantasie baute er das Gespräch zu einem saftigen und unangenehmen Konflikt aus und krönte das Ganze mit der Vorstellung, dass der Projektmitarbeiter danach, wenn überhaupt, nur noch sehr unmotiviert und lustlos am Projekt weiterarbeiten würde, sodass er, der Projektleiter, hinterher mit noch mehr Problemen dastehen würde, als es jetzt schon der Fall war.

Nachdem der Projektleiter sich dank dieses selbst inszenierten inneren Horrorfilms in Angst und Schrecken versetzt hat, ist ihm klar, dass er mit diesem Konflikt restlos überfordert ist und deshalb seinen Chef braucht, damit der diese heikle und brisante Angelegenheit für ihn regelt. Er geht also zu seinem Chef, schildert ihm den Sachverhalt und bittet ihn darum, entweder bei dem Projektmitarbeiter oder bei dessen Abteilungsleiter zu intervenieren. Zu seiner Überraschung äußert sein Vorgesetzter jedoch keine spontane Zustimmung, sondern fragt ihn stattdessen, was er in diesem Problemfall denn schon unternommen hätte.

Projektleiter: »Ich habe vorsichtshalber noch nichts unternommen. Ich hatte Angst, womöglich mit der anderen Abteilung irgendwelches Porzellan zu zerschlagen. Deshalb komme ich ja zu Ihnen.«

Chef: »Aha, und was erwarten Sie jetzt von mir dabei?«

Projektleiter: »Ich dachte, dass Sie vielleicht mit diesem Mitarbeiter sprechen oder vielleicht auch mit seinem Abteilungsleiter. Denn wenn sich nicht bald etwas ändert, kommen wir mit dem Projekt in Verzug.«

Chef: »Ich denke, wir sollten zuerst noch einmal grundsätzlich über Ihre Aufgaben sprechen. Denn meiner Auffassung nach ist es Ihr Job als Projektleiter, solche Probleme zu klären.«

Projektleiter: »Ja, aber das ist doch eine ganz heikle Geschichte. Ich kann diesem Mitarbeiter ja nicht einfach Anweisungen geben. Und selbst wenn ich den Konflikt mit ihm austrage, habe ich die Sorge, dass er dann nicht mehr motiviert ist und darunter die Qualität seiner Arbeit leidet.«

Chef: »Das könnte natürlich passieren. Mir scheint trotzdem, Sie scheuen hauptsächlich davor zurück, diesen Konfliktfall anzusprechen. Haben Sie Interesse daran, mit mir gemeinsam zu erarbeiten, wie Sie mit solchen Konflikten umgehen können? So ein kleines Coaching wäre vielleicht ganz sinnvoll, denn als Projektleiter werden Sie solche Situationen sicher noch häufiger erleben.«

Projektleiter: »Das fände ich sehr gut. Mir ist sehr daran gelegen zu lernen, wie man mit solchen Konflikten adäquat umgehen kann, denn ich will zwar niemanden verärgern, aber ich will auch meine Probleme lösen.«

Chef: »Was wäre denn das Ziel? Wo wollen Sie hinkommen?«

Projektleiter: »Mein Ziel ist, dass ich solche oder ähnliche Angelegenheiten direkt angehen kann und sie möglichst konstruktiv löse.«

Chef: »Sehr gut! Ich würde mir gern als erstes einmal ansehen, wie Sie es im Moment angehen würden. Was halten Sie davon, wenn wir ein kurzes Rollenspiel machen? Stellen Sie sich vor, ich sei der besagte Projektmitarbeiter, und Sie wollen das Thema jetzt mit mir besprechen. Was würden Sie mir sagen? Sagen Sie es ganz direkt!«

Projektleiter: »Ja, also, ich würde das Gespräch so beginnen: So, Herr Meier, ich würde gern gemeinsam mit Ihnen auf den Stand des Projektes sehen. Bis jetzt ist ja alles ganz gut gelaufen. Oder was ist Ihr Eindruck?«

Chef als Meier: »Ja, äh, nachdem wir die Anfangsschwierigkeiten mit der Zieldefinition hinter uns hatten. Die haben wir aber gut gelöst, finde ich. Jetzt habe ich auch den Eindruck, dass es ganz gut läuft. Jeder weiß, was er zu tun hat, und auch die Stimmung im Projekt ist eigentlich ganz gut.«

Projektleiter: »Ja, das finde ich auch. Ich freue mich auch, dass ich Sie dabeihabe, denn in den Projektsitzungen kamen von Ihnen immer gute Anregungen. Außerdem finde ich, dass Sie sehr gut in das Team passen.«

Chef als Meier: »Nun, wissen Sie, in meinem letzten Projekt war alles ganz anders! Da haben wir uns in der Projektgruppe dauernd nur gegenseitig beharkt. Das war so unfruchtbar, die Hälfte der Sitzungen hätte man sich glatt schenken können, und niemand hätte etwas vermisst. Allen war unklar, wo wir eigentlich hinwollen und ob der Vorstand überhaupt hinter uns steht. Als dann auch noch Huber den Vorstand verließ, und der war ja die Stütze des Projekts gewesen, ging es nur noch drunter und drüber.«

Projektleiter: »Aber in unserem Projekt haben wir den Vorstand ja wirklich hinter uns. Das merkt man doch auch im Tagesgeschäft …«

Chef: »Stopp, Stopp, Stopp! Wo wollen Sie denn eigentlich mit mir als Meier hin? Was wollten Sie denn ursprünglich von ihm?«

Projektleiter: »Eigentlich wollte ich natürlich die Sache mit den fehlenden 20 Prozent ansprechen. Aber ich habe doch im Führungstraining gelernt, dass man für einen guten Gesprächseinstieg sorgen und etwas für das Klima tun muss.«

Chef: »Aha, jetzt verstehe ich, weshalb Sie so weit ausholen! Mir, als Projektmitarbeiter Meier, war aber in diesem Moment völlig unklar, wo dieses Gespräch hingehen soll und was Sie von mir wollen. Als erstes habe ich als Meier gefürchtet, dass Sie mich niedermachen wollen, weil ich so wenig für das Projekt arbeite, ich habe ja ein schlechtes Gewissen. Dann habe ich gedacht, Sie wollten mich einfach auf das Glatteis führen mit dem positiven Gesülze. Und am Ende war ich nur noch irritiert und wusste gar nicht, was Sache ist.«

Projektleiter: »Aber wie hätte ich das denn sonst machen sollen?«

Chef: »In solchen Fällen, wenn es um einen Konflikt geht, ist es ganz wichtig, dass Sie von Anfang an deutlich machen, was Sie wollen! Denn wenn Ihr Gegenüber nicht von Anfang an weiß, worauf das Gespräch hinauslaufen soll, selbst aber vielleicht schon ein schlechtes Gewissen hat, wird er Ihnen womöglich gar nicht zuhören, sondern stattdessen erst einmal innerlich sein Sündenregister durchgehen. Er wird sich damit beschäftigen, um was es bei dem Gespräch wohl gehen könnte. Um auf der sicheren Seite zu sein, wappnen sich die meisten Menschen gern gegen den schlimmsten Fall: Das heißt, in seiner Fantasie wird Ihr Gesprächspartner schon einmal Gegenargumente sammeln. Und das alles, noch bevor er überhaupt weiß, um was es Ihnen geht! Er fängt also schon einmal an, die argumentativen Handgranaten scharf zu machen, seinen Colt bereit zu legen und Pech und Schwefel zu erhitzen. Um diese ganz unnötige, gedankliche Eskalation zu verhindern, ist es wichtig, dass Sie Ihrem Gegenüber sofort eine Orientierung geben, um was es gehen soll. Diese langen Einleitungen sind aus meiner Sicht übrigens auch in anderen Führungsgesprächen nicht besonders hilfreich. Man kann durchaus eine gute und konstruktive Gesprächsatmosphäre schaffen, ohne lange um den heißen Brei herumzuschleichen. Lassen Sie uns jetzt den Start einfach noch einmal wiederholen, und versuchen Sie diesmal, direkt auf das Thema loszugehen!«

Projektleiter: »Herr Meier, ich würde gern noch einmal mit Ihnen über das Projekt sprechen. Sie wissen ja, dass es bis jetzt eigentlich ziemlich gut läuft. Noch sind wir voll in der Zeit, aber ich merke doch, dass die Zeit langsam knapp wird. Deshalb mache ich mir schon immer wieder Sorgen, ob wir den Termin wirklich einhalten können. Wie sehen Sie das?«

Chef als Meier: »Wenn wir alle so weiterarbeiten wie bisher, sehe ich da überhaupt kein Problem. Wir haben doch alle ganz gut gestartet, und es ist ja auch eine gute Stimmung im Team.«

Projektleiter: »Jaja, aber das funktioniert natürlich nur, wenn alle mit den zugesagten Prozenten an Zeit für das Projekt arbeiten, ansonsten wird es schwierig.«

Chef als Meier: »Ja, das ist richtig, das ist natürlich die Voraussetzung.«

Projektleiter: »Ich gebe auf, ich kriege das einfach nicht hin!«

Chef: »In Ordnung, wir machen das gleich noch einmal. Aber immerhin haben Sie ja durchaus schon erste Schritte in die richtige Richtung gemacht: Sie bringen das Thema auf den Tisch. Nur ich als Projektmitarbeiter habe mich überhaupt nicht angesprochen gefühlt dabei. Was hindert Sie denn, mich ganz persönlich anzusprechen?«

Projektleiter: »Das kommt mir so vor, als würde ich sofort den Knüppel aus dem Sack holen. Das ist doch viel zu brutal!«

Chef: »Nach Ihrem Bezugsrahmen scheint Ihnen das im Moment zu brutal zu sein. Aber vielleicht wollen Sie einmal eine eigene Erfahrung damit machen? Dann schlage ich vor, dass wir das Ganze jetzt einmal umdrehen, sodass Sie die andere Seite einmal erleben können. Ich bin der Projektleiter und Sie der säumige Mitarbeiter.«

Projektleiter: »Sehr gut, das probieren wir aus.«

Chef als Projektleiter: »Herr Meier, ich würde mich heute gern mit Ihnen über Ihre Beteiligung am Projekt unterhalten. Ursprünglich war ja vereinbart, dass Sie 50 Prozent Ihrer Zeit dem Projekt widmen. Mein persönlicher Eindruck aus der letzten Zeit ist, dass Sie höchstens zu 30 Prozent für das Projekt arbeiten. Ich würde gern mit Ihnen darüber sprechen, woran das liegt und wie wir das ändern können.«

Projektleiter als Meier: »Wieso? Wie kommen Sie denn zu diesem Eindruck? Sind Sie denn nicht zufrieden mit meiner Arbeitsleistung?«

Chef als Projektleiter: »Doch, mit Ihrer Arbeitsleistung bin ich sehr zufrieden. Mir geht es mehr um Ihren Arbeitseinsatz. Deshalb ist meine Frage, ob mein Eindruck, dass es nur 30 Prozent sind, denn ganz falsch ist?«

Projektleiter als Meier: »Naja, gut, in letzter Zeit musste ich sehr viel anderes Wichtiges auch noch erledigen.«

Chef als Projektleiter: »Also 50 Prozent für das Projekt waren es nicht?«

Projektleiter als Meier: »Stimmt!«

Chef als Projektleiter: »Mich würde in erster Linie interessieren, wie wir wieder auf die vereinbarten 50 Prozent kommen. Denn wenn Sie weniger machen, sehe ich den Abgabetermin unseres Projektes gefährdet. Ich brauche Sie und Ihre Qualifikation dringend!«

Projektleiter: »Wir können hier aufhören, ich habe verstanden, worauf Sie hinauswollen!«

Chef: »Dann würde mich interessieren, wie das für Sie in der Rolle als Projektmitarbeiter war? Hatten Sie wirklich das Gefühl, dass ich den Knüppel schwinge?«

Projektleiter: »Nein, gar nicht. Obwohl Sie ja eigentlich sehr direkt auf den springenden Punkt gekommen sind! Aber es war sofort klar, um was es geht, und das war für mich völlig akzeptabel.«

Chef: »Woran lag es, dass es für Sie akzeptabel war?«

Projektleiter: »Eigentlich war für mich sofort klar, dass Sie mich nicht zur Minna machen wollen, sondern dass Sie mit mir über Änderungen sprechen wollen. Sie waren nicht vorwurfsvoll, das hat auch Ihre Stimme gezeigt, sondern Sie wollten etwas ändern. Es war aber auch klar, dass Sie den alten Zustand nicht länger tolerieren wollen.«

Chef: »Na prima, genau darum geht es! Können Sie sich vorstellen, mit mir als Meier jetzt das gleiche noch einmal zu machen?«

Nach ein bis zwei weiteren Versuchen ist das Ergebnis des Rollenspiels zufriedenstellend. Das Coaching endet mit der Vereinbarung, dass der Projektleiter in den nächsten Tagen dieses Gespräch führen wird.

Das war zwar nun ein sehr ausführlicher Gesprächsmitschnitt, aber es sollte Ihnen auch einen Eindruck vermitteln, wie sich ein Coaching-Gespräch in der Realität abspielen kann und wie der Coach als Modell für den Mitarbeiter fungieren kann.

Zur Sache kommen

Das Beispiel macht klar, wie wichtig es ist, dass ein Coach sich mit Konfliktlösungsstrategien auskennt. Die Führungskraft konnte ihrem Mitarbeiter eine wesentliche Strategie gleich vermitteln, nämlich dass es im Konfliktfall wichtig ist, dem anderen sehr schnell mitzuteilen, was man von ihm möchte. Das ist deshalb so wichtig, damit der andere nicht auf seine Fantasie angewiesen ist und sich deshalb womöglich gedanklich völlig verrennt und blockiert. Er wird sich auf etwas Falsches erst gar nicht einschießen, wenn er sich von vornherein darauf einstellen kann, um was es geht.

Nun gibt es natürlich auch den umgekehrten Fall, dass ein Konflikt von einem anderen an einen selbst herangetragen wird. In Anlehnung an das obige Beispiel könnte man sich etwa vorstellen, dass ein Projektmitarbeiter zu seinem Projektleiter kommt und sich beschwert: »Ich bin total unzufrieden damit, wie die Arbeitsaufteilung im Moment aussieht!« Für den derart angegangenen Projektleiter ist es ebenfalls ganz wichtig, sich nicht irgendwelchen Fantasien darüber hinzugeben, was der Projektmitarbeiter wohl meint: »Stellt er jetzt die gesamte Arbeitsaufteilung in Frage? Das ist ja mit einem riesigen Aufwand verbunden, das alles wieder zu ändern! Also das kommt auf gar keinen Fall in Frage! Was glaubt er denn, wo wir hier sind? Also diesen Zahn werde ich ihm aber ganz schnell ziehen! Wenn ich ihm allein die Arbeitsstunden vorrechne …«

Bevor man sich ganz unnötig in Rage denkt und anstatt dem Projektmitarbeiter gleich irgendwelche Erklärungen um die Ohren zu hauen, ist es sehr viel besser, als erstes freundlich zu fragen: »Was möchten Sie denn von mir in dieser Angelegenheit?« Vielleicht ergibt sich auf diese Nachfrage, dass es dem Mitarbeiter um eine ganz unspektakuläre, kleine Unteraufgabe geht, wer weiß?

Wir alle neigen leider dazu, bereits auf den kleinsten Vorwurf mit Abwehrhaltung zu reagieren. Ganz nach der Wildwestmanier »Erst schießen, dann fragen!« scheint es uns häufig mehr um Selbstverteidigung als um Klärung zu gehen. Doch dieses Verhalten führt beinahe zwangsläufig zu einer Eskalation, weil der andere sich daraufhin meist umso mehr auf seine Haltung versteift. Das folgt ganz dem physikalischen Gesetz, wonach Druck Gegendruck erzeugt! So rutscht man manchmal unversehens in einen Konflikt, der hätte vermieden werden können. Es gibt ein paar wesentliche Konfliktlösungsstrategien, über die eine Führungskraft, die ihre Mitarbeiter coachen will, Bescheid wissen sollte.

Die erste wesentliche Konfliktlösungsstrategie haben wir jetzt schon kennen gelernt: Derjenige, der das Konfliktgespräch initiiert, sollte so schnell wie möglich klären, was er will. Wird das Konfliktgespräch an einen herangetragen, sollte man zuallererst fragen, was der andere von einem will. So entschärft man die »verbalen Handgranaten«.

Worthülsen knacken

Die zweite wesentliche Konfliktlösungsstrategie, über die ein Coach Bescheid wissen sollte, hängt mit unserer Vorliebe für Worthülsen, die wir aus dem Kapitel über Bezugsrahmen schon kennen, zusammen. Auch im Konfliktfall benützen Menschen sehr gern Worthülsen, die sie ihrem Bezugsrahmen gemäß mit Inhalt füllen. Diesen Inhalt kennt der andere aber bedauerlicherweise nicht. Aus diesem Grund ist es wichtig, den Bezugsrahmen des anderen zu erfragen, indem man die Worthülsen knackt.

Praktisch kann das so aussehen: Man stelle sich vor, ein Projektmitarbeiter erbost sich seinem Projektleiter gegenüber: »Also, Ihre Art das Projekt zu leiten ist das Allerletzte!« Das klingt zwar gar nicht nett, aber da der Projektleiter im Grunde genommen noch gar nicht weiß, was der Mitarbeiter eigentlich meint, lohnt es sich auch noch nicht, die Keule auszupacken. Stattdessen fragt er lieber: »Inwiefern sind Sie denn unzufrieden mit meiner Projektleitung?«

Dabei stellt sich durch mehrfaches Nachfragen vielleicht heraus, dass es aus der Sicht des Mitarbeiters zu wenig Projektsitzungen gibt. Da bleibt dann noch die Worthülse »zu wenig« zu knacken. Man fragt also weiter, wie viele Sitzungen in den Augen des Mitarbeiters denn richtig wären. Erst dann weiß man, ob man vielleicht einen schwerwiegenden Konflikt hat oder ob es nur um Kleinigkeiten geht. Auch einem Missverständnis lässt sich durch Knacken der Worthülsen schnell auf die Spur kommen. Da die meisten Menschen jedoch, statt zu fragen, spontan eher auf den Vorwurf reagieren, ist auch diese Strategie, so wie die erste, ein bisschen Übungssache.

Bezugsrahmen bestätigen

Die dritte wesentliche Konfliktlösungsstrategie besteht darin, den Bezugsrahmen des anderen als mögliche Sichtweise zu bestätigen. Zu einer Eskalation eines Konflikts kommt es häufig dann, wenn man das Gefühl hat, der andere versteht den eigenen Standpunkt nicht oder er greift einen wegen dieses Standpunktes an. Wenn Standpunkt auf Standpunkt prallt, kommt es, getreu dem schon einmal erwähnten Druck-Gegendruck-Gesetz, zu einer Verhärtung auf beiden Seiten. Denn dummerweise räumen die meisten Menschen ja nicht spontan die Verkehrtheit ihres Denkens ein, sobald jemand anderer Ansicht ist als sie! Schon gar nicht, wenn sie felsenfest überzeugt sind, dass sie Recht haben mit ihrer Sicht der Dinge.

Wenn der Projektleiter im obigen Beispiel also, nachdem klar ist, dass es um die Anzahl der Teamsitzungen geht, diesen Einwurf einfach abwehren würde, etwa derart: »Na, das ist doch völliger Blödsinn, dass wir mehr Teamsitzungen brauchen!«, könnte er kaum damit rechnen, dass sein Mitarbeiter, spontan erleuchtet, so reagieren würde: »Richtig, jetzt wo Sie es sagen, sehe ich es auch ein!« Sehr viel wahrscheinlicher ist, dass der Projektmitarbeiter zu einer langen Erklärung ausholt, weshalb man sehr wohl mehr Teamsitzungen braucht. Er wird sich bei der Gelegenheit wahrscheinlich ziemlich in Eifer reden, was ihn in seinem Standpunkt noch mehr verstärkt. Im nachfolgenden Streitgespräch ist ihm der Projektleiter im besten Fall rhetorisch überlegen und kann ihn deshalb dazu zwingen, die weiße Flagge zu hissen und sich zu ergeben, was aber nicht mit Überzeugen verwechselt werden darf!

Anders sähe die Sache aus, wenn der Projektleiter, nachdem er den Bezugsrahmen des Mitarbeiters erfragt hat, diesen als mögliche Sicht der Dinge bestätigt. Er könnte also beispielsweise sagen: »Das verstehe ich, Sie versprechen sich von häufigeren Teamsitzungen, dass wir die Arbeiten sehr viel besser koordinieren könnten und dadurch insgesamt Zeit sparen könnten. Für mich ist dabei die Schwierigkeit, dass wir Termine finden müssen, wo alle können und das ist nicht einfach!« Wenn der eine der beiden Konfliktpartner spürt, dass der andere bereit ist, auch seine Sicht gelten zu lassen, steigt die Chance ganz erheblich, dass er sich seinerseits öffnet für den Blickwinkel des anderen. Wenn man seinen Standpunkt nicht mehr verteidigen muss, fällt es sehr viel leichter, ihn loszulassen.

Interessen hinter den Positionen erfragen

Die vierte wesentliche Konfliktlösungsstrategie besteht darin, die Interessen zu erfragen, die hinter den gegensätzlichen Positionen liegen. Es kommt sehr selten vor, dass jemand aus purer Streitlust einen Konflikt heraufbeschwört. Manchmal mag es einem zwar so erscheinen, doch es ist wohl eher die Ausnahme. Sehr viel häufiger ist der Fall, dass jemand auf seiner Position beharrt und es deshalb zu keiner Einigung kommt, weil derjenige glaubt, nur so sein Problem lösen zu können.

Wenn man nicht weiß, um welches Problem es sich dabei handelt, also die Interessen nicht kennt, die der andere verfolgt, hat man auch keine Chance, mit ihm gemeinsam nach einem Lösungsweg aus diesem Konflikt zu forschen, der den Interessen beider Partner entgegenkommt. Fragt man jedoch einmal genauer nach: »Warum genau wollen Sie es unbedingt auf diese Art und Weise machen, warum muss es dieser Termin sein, warum ist Ihnen just dieser Punkt so wichtig?«, klärt sich auf, worum es dem anderen eigentlich geht. Und dann kann man nach einer Lösung oder einem Kompromiss Ausschau halten, der beide Konfliktpartner zufrieden stellt.

Wechsel auf die Beziehungsebene

Da auch im Firmenkontext mindestens die Hälfte aller Konflikte Beziehungskonflikte sind, die nichts mit inhaltlichen oder Sachproblemen zu tun haben, auch wenn sie gern als solche daherkommen, ist eine weitere Konfliktlösungsstrategie von Bedeutung, die lautet: Wechseln Sie auf die Beziehungsebene, wenn das die Ebene ist, wo der Konflikt sich tatsächlich abspielt!

Spannungen zwischen Kollegen oder zwischen Chef und Mitarbeiter lösen sich schneller auf, wenn offen darüber gesprochen wird, woher der Ärger rührt. Denn Beziehung geht vor Inhalt. Wenn die Beziehung zwischen zwei Menschen gut ist, können die schwierigsten und heikelsten Sachfragen miteinander geklärt werden. Gibt es jedoch eine Störung in der Beziehung, kann schon die Frage, ob ein Fenster geöffnet werden soll oder nicht, zu einem Konflikt entarten.

Wenn Sie als Coach merken, dass Ihr Mitarbeiter in einen Konflikt verstrickt ist, bei dem die Sachebene nur der vorgeschobene Grund ist, ermutigen

Sie ihn, bei seinem Konfliktpartner die Beziehungsebene anzusprechen, also zum Beispiel direkt zu sagen: »Lassen Sie uns einmal darüber sprechen, wie wir bei der Zusammenarbeit miteinander umgehen.«

Der Wechsel auf die Beziehungsebene kann aber auch in einem anderen Zusammenhang recht nützlich sein. Wenn Ihr Mitarbeiter viel mit reklamierenden Kunden zu tun hat und dabei vielleicht immer wieder erlebt, dass man ihm sehr heftig zusetzt, obwohl er sich bemüht, besonders freundlich und hilfsbereit zu sein, bringt es den meisten Menschen schnell das Unangemessene ihres Verhaltens zu Bewusstsein, wenn man sie fragt: »Womit habe ich denn Ihren Zornausbruch verdient? Ich gebe mir wirklich nur Mühe, Ihnen zu helfen!« Denn auch wenn man viel Verständnis für den Ärger eines reklamierenden Kunden hat, braucht man sich doch nicht jede Beschimpfung gefallen lassen.

Ich-Botschaften statt Vorwürfe

Wenn es um Spannungen oder Konflikte zwischen Kollegen oder Chef und Mitarbeiter geht, die durch einen Wechsel auf die Beziehungsebene gelöst werden sollen, bedient man sich am besten noch einer weiteren Konfliktlösungsstrategie, die damit in direktem Zusammenhang steht, nämlich Ich-Botschaften zu geben. Solche Botschaften engen den anderen nicht ein, sie legen ihn nicht fest, sondern beschreiben einfach, wie das Verhalten des anderen bei einem selbst ankommt, was es bei einem selbst auslöst.

Über die so genannten Du-Botschaften kann endlos gestritten werden: »Sie wollen immer, dass alles nach Ihrem Kopf geht und müssen immer Recht behalten!« »Was ich? Ich bin der nachgiebigste Mensch der Welt!« »Nein, immer müssen wir den Vorgang so machen, wie Sie es vorschreiben!« und so weiter und so weiter.

Über eine Aussage wie: »Ich fühle mich eingeengt und habe den Eindruck, keinerlei Gestaltungsmöglichkeiten zu haben!« kann man nicht diskutieren. So, wie jemand sich fühlt, so fühlt er sich nun mal. Da braucht sich der andere auch nicht zu verteidigen, denn es wird ihm kein Vorwurf gemacht. Aber er wird merken, dass sein Verhalten Auswirkungen hat, die er wahrscheinlich gar nicht beabsichtigt, und man kann darüber reden, wie man in Zukunft anders miteinander umgehen kann.

Ich-Botschaften vereinfachen die Beziehungsklärung, weil nicht noch zusätzliche Spannungen dadurch aufgebaut werden, dass jeder glaubt, der Adressat völlig unberechtigter Vorwürfe zu sein. Sie machen es dem anderen leichter, einmal einfach nur zuzuhören, denn fast nichts verstopft die Ohren effektiver, als wenn man sich in Verteidigungshaltung befindet. Wenn Sie mit Ihrem Mitarbeiter trainieren, Ich-Botschaften zu geben, wird er viel zur Deeskalation konfliktträchtiger Situationen beitragen können.

Nicht auf jede Provokation reagieren

Zur Deeskalation beitragen kann ein Mitarbeiter ebenfalls, wenn er gelernt hat, Spitzen zu ignorieren. Auch das ist eine wirkungsvolle Konfliktlösungsstrategie, die jedoch vielen Menschen schwer fällt. Es ist ja auch nicht leicht, seine Empfindlichkeiten hintanzustellen und auf Provokationen nicht zu reagieren. Doch wenn man einen Konflikt nicht auf die Spitze treiben will, sondern lieber einen Weg sucht, ihn friedlich beizulegen, sollte man provozierende Äußerungen, die vielleicht sarkastisch oder ironisch, manchmal sogar beleidigend sind, einfach nicht zur Kenntnis nehmen. Das fällt sehr viel leichter, wenn man sich nachdrücklich klar macht, dass diese Äußerungen nicht wirklich etwas mit einem selbst zu tun haben, sondern auf die emotional aufgeladene Situation zurückzuführen sind. Meist hört der andere ja auch damit auf, wenn er merkt, dass er keine Wirkung damit erzielt.

Denn wie heißt es so schön: Ein Wort gibt das andere! Wer auf jede Provokation reagiert, redet sich meist erst recht in Wut. Doch wer ruhig und gelassen bleibt, hat eine gute Chance, mit dem Konfliktpartner recht schnell wieder eine konstruktive Ebene zu erreichen.

Den wahren Kern von Kritik bestätigen und Kompromissbedingungen erfragen

Wenn der Konflikt sich daran entzündet hat, dass der andere eine übertriebene Kritik äußert oder einen Schwall von Vorwürfen ergießt, so kann eine weitere Konfliktlösungsstrategie helfen, die darin besteht, den wahren Kern von Kritik zu bestätigen. Vollkommen haltlose Vorwürfe sind relativ selten. Was sollten die auch bringen? Doch aus Wut oder Hilflosigkeit oder auch aus einem Missverständnis heraus wird manchmal etwas aufgebauscht, in dem nur ein kleiner Kern von Wahrheit steckt. Setzt man sich nun einfach nur gegen die Übertreibungen zur Wehr, muss der andere seine Haltung verteidigen und die Positionen verfestigen sich. Kann man jedoch das Fünkchen Wahrheit, das im Vorwurf steckt, bestätigen, schafft man meist sehr schnell eine Gesprächsbasis, auf der man wieder vernünftig miteinander reden kann.

Zum Abschluss kommen wir auf eine weitere Konfliktlösungsstrategie zu sprechen, die eine Führungskraft auch dann kennen sollte, wenn sie ihre Mitarbeiter nicht coacht. Für manche Konflikte gibt es keine Lösung, die alle Parteien restlos zufrieden stellt. Dann muss ein Kompromiss gefunden werden. Wenn in einer solchen Situation die Kompromissbereitschaft fehlt, sitzt man fest. Will keiner von beiden nachgeben, weil er sich dadurch als Verlierer fühlen würde, hilft die Frage weiter: »Unter welchen Bedingungen wären Sie denn bereit, sich auf die vorgeschlagene Vorgehensweise einzulassen?«

Die Frage nach den Kompromissbedingungen, also nach dem Preis des Nachgebens, eröffnet neuen Verhandlungsspielraum. Man gibt dadurch zu verstehen, dass man verstanden hat, wie wichtig dem anderen seine Position ist, und dass man ihn auch nicht mit Gewalt zum Verlierer machen will, zeigt ihm aber gleichzeitig einen Weg auf, ohne Gesichtsverlust nachzugeben.

Ausgerüstet mit diesen Strategien:

- Klar machen, was ich will – klären, was der andere will,
- Worthülsen knacken,
- den Bezugsrahmen des anderen als mögliche Sicht der Dinge bestätigen,
- die Interessen hinter der Position klären,
- Wechsel auf die Beziehungsebene,
- Ich-Botschaften geben,
- Spitzen ignorieren,
- den wahren Kern von Kritik bestätigen,
- nach den Kompromissbedingungen fragen,

sollten Sie in der Lage sein, Ihren Mitarbeiter im Umgang mit den meisten Konflikten wirkungsvoll zu unterstützen. Über eine weitere Quelle von Konflikten, nämlich die psychologischen Spiele, wurde in einem der vorigen Kapitel ja schon gesprochen.

Typische Stolpersteine im Coaching

Wir wollen Ihnen nicht vorenthalten, dass es reichlich Mittel und Wege gibt, sich ein Coaching noch schwieriger zu machen, als es ohnehin manchmal ist. Damit Sie sich nicht selbst ganz unnötig behindern, wollen wir einige dieser selbst errichteten Hürden und den Umgang damit darstellen.

Der Gebrauch von Tipps und Ratschlägen

In vielen Beratungsansätzen, die von der humanistischen Psychologie herkommen, gilt es als Kardinalfehler, mit Tipps und Ratschlägen zu arbeiten. Einer der beliebtesten Aussprüche dazu lautet: »Ratschläge sind auch Schläge«. Der Grundsatz, auf Tipps und Ratschläge auf jeden Fall zu verzichten, wird in vielen Ausbildungen unreflektiert weitervermittelt, sodass viele Trainer die Auffassung vertreten, man müsse den Klienten auf alles selbst kommen lassen.

Uns scheint das der sicherste Weg zu sein, ein Coaching ganz unnötig in die Länge zu ziehen, denn hier wird eine Vorsichtsmaßnahme getroffen, die bei einem kleinen Prozentsatz von Mitarbeitern angebracht, bei den meisten aber ganz unnötig ist. Es wurde offensichtlich die Erfahrung generalisiert, dass es früher wohl eine Reihe von Beratern gab, die versuchten, ihre Klienten mit einer Überfülle von Ratschlägen zu »erschlagen«, ohne sich die Mühe zu machen, sich wirklich auf sie einzustellen.

Oft genug führt die strikte Einhaltung dieses Grundsatzes im Beraterverhalten aber zu der absurden Situation, dass der Berater zwar eine gute Lösungsidee hat, sie aber nicht sagen darf, weil er unter dem Druck steht, dass der Mitarbeiter ja selbst dahinter kommen muss. Also stellt er so lange geschickte Fragen, bis beim Mitarbeiter endlich der Groschen fällt. Im schlimmsten Fall führt das zu Fragen wie dieser: »Wenn es rechtsherum nicht ist, wie könnte es denn dann sein?« Wir halten nichts von einem solchen Eiertanz. Die meisten Menschen werden wissen, dass sie schon viel von anderen profitiert haben, die ihnen Tipps und Ratschläge gaben, ohne dass sie dadurch in ihrer Eigenverantwortlichkeit eingeengt worden wären.

Sie können sich als Coach das Leben also sehr erleichtern, wenn Sie sich erlauben, hin und wieder auch einen Rat zu geben. Der Knackpunkt dabei sind auch gar nicht die Tipps und Ratschläge selbst, sondern wie der Mitarbeiter damit umgeht. Das bedeutet für Sie als Coach, dass Sie sehr genau darauf achten müssen, ob Ihr Mitarbeiter Ihre Tipps interessiert und bereitwillig aufgreift oder ob er vielleicht ein Ja-Aber-Spiel beginnt, um so alles abzuwehren. In diesem Fall wäre es wirklich verkehrt, noch weitere Vorschläge zu machen, denn das würde zu keinem brauchbaren Ergebnis führen. Dann wäre es vielmehr richtig, dem Mitarbeiter Fragen zu stellen, wie er sich eine Lösung vorstellen könnte. Oder Sie gehen sogar noch einen Schritt weiter und bezweifeln überhaupt die Lösbarkeit des Problems, um den Mitarbeiter in Zugzwang zu bringen. Dass ein Mitarbeiter Ihre Ratschläge mit Ja-Aber abschmettert, wird jedoch nur sehr selten vorkommen. Wenn der Mitarbeiter motiviert ist, ist es wahrscheinlicher, dass das Coaching dadurch verkürzt wird, dass er Ihre Anregungen erfolgreich umsetzt.

Ein anderes Argument, das von den Verfechtern dieser Theorie immer wieder ins Feld geführt wird, sticht in unseren Augen ebenfalls nicht. Es wird behauptet, dass Ideen, die der Mitarbeiter selbst eingebracht hat, eine größere Chance haben, tatsächlich umgesetzt zu werden. Da fragt man sich doch, was eigentlich aus all den guten Neujahrsvorsätzen geworden ist? Die werden doch auch immer selbst entwickelt und trotzdem eher selten in die Tat umgesetzt. Entscheidend ist doch nicht, wer eine Idee entwickelt hat, sondern ob der Rat, den man dem Mitarbeiter gibt, gut in seine innere und äußere Welt passt. Außerdem muss man ihn unter Umständen darin unterstützen, aus dem Ratschlag Wirklichkeit werden zu lassen. Also wenn der Rat zum Beispiel ein bestimmtes, verändertes Gesprächsverhalten beinhaltet, ist es wichtig, dieses auch im Rollenspiel mit dem Mitarbeiter zu üben.

Wenn man den Mitarbeiter ohne Not auf sich selbst zurückwirft, macht man sich selbst das Leben unnötig schwer. Denn man kommt auf diese Weise leicht in eine frustrierende Situation: Der Mitarbeiter hat ja meist selbst schon viel über sein Problem nachgedacht, ohne auf die Lösung zu kommen – oft genug, weil er bestimmte Lösungswege eben nicht kennt. Der Anspruch, dass er selbst auf die Lösung kommen müsse, setzt sowohl den Coach als auch den Mitarbeiter unter unnötigen Druck. Der Coach muss in einem solchen Fall seine ganze Geschicklichkeit aufbieten, durch Fragen den Mitarbeiter auf die richtige Schiene zu hieven, und der Mitarbeiter kommt sich womöglich reichlich vernagelt vor. Da ist es schon besser, den Lösungsweg, den man als Coach sieht, einfach zu zeigen.

Der Umgang mit Ambivalenzen

Zu den Sichtweisen, die für einen Coach eher hinderlich sind, zählt auch der beliebte Glaubenssatz, dass ein Mitarbeiter, der bestimmte Schritte nicht geht, eben nicht wirklich will! Das ist eine Einstellung, auf die man leider häufig bei Beratern trifft. Der Mitarbeiter setzt nicht um, was in der Sitzung besprochen wurde? Er macht seine Hausaufgaben nicht? Die Sache ist sonnenklar, er will gar nichts verändern! Das ist für den Coach ja auch eine ganz bequeme Erklärung, nicht wahr?

Es mag gelegentlich durchaus mal vorkommen, dass jemand sich auf ein Coaching einlässt, der eigentlich nichts verändern will. Deshalb sollte man die Motivation zum Coaching immer gründlich klären, denn wenn jemand nichts verändern will, kann man sich das Coaching ersparen.

Viel häufiger hat man jedoch die Situation, dass man plötzlich mit der Ambivalenz des Mitarbeiters konfrontiert ist. Diese Ambivalenz bedeutet: Es gibt beim Mitarbeiter zwei miteinander kämpfende Seiten, die beide gleich stark sind, was zu einem lähmenden Patt führt. Die eine Seite sieht das Problem und leidet darunter. Diese Seite ist auch ernsthaft motiviert, etwas zu verändern. Aber es gibt noch eine andere Seite, die gegen eine Veränderung ankämpft. Vielleicht, weil die Veränderung Angst macht oder weil sie die Konsequenzen der Veränderung fürchtet. Was beim Kampf dieser beiden Seiten herauskommt ist – nichts! Weil es eine Patt-Situation dieser beiden Seiten gibt, tut der Mitarbeiter nichts.

Wenn man das jedoch so bewertet, dass in Wirklichkeit der Mitarbeiter eben nichts ändern wolle, greift man nur die eine Seite heraus und erklärt sie zur bestimmenden Kraft. Damit wird man dem Mitarbeiter aber nur zur Hälfte gerecht. Das wirklich Fatale daran sind jedoch die emotionalen Folgen, die diese Sichtweise für den Coach hat. Der Glaube, der Mitarbeiter will eigentlich gar nicht, führt meist zu einer spürbaren Ärgerreaktion. Innerlich grummelt es: »Da investiere ich so viel Zeit in jemanden, der es gar nicht wert ist!«

Gedanken dieser Art produzieren Ungeduld, sodass man offen oder verdeckt den Veränderungsdruck erhöht, was bei ambivalenten Menschen die Folge nach sich zieht, dass sie, um im Gleichgewicht zu bleiben, mehr Gewicht auf die Seite der Nichtveränderung legen. So kommt es schnell zu einem Patt zwischen Coach und Mitarbeiter. Das heißt, die innere Patt-Situation des Mitarbeiters hat sich nach außen verlagert, nichts geht mehr.

Für den Coaching-Prozess ist es fast immer schlecht, wenn der Coach mehr für die Veränderung kämpft als derjenige, der gecoacht wird. Interessanterweise führt ein Wechsel der Strategie, wenn der Coach also plötzlich auf die Bremse tritt, zu dem Ergebnis, dass der Mitarbeiter jetzt mehr Gas gibt und sich verändern will. Das zeigte sich sehr eindrücklich bei einem Coaching mit einem Mann, der dringend etwas an seinen Lebensumständen ändern sollte. Doch jeden Vorschlag, seine Arbeitsbelastung zu verringern, quittierte er mit einem Ja-Aber. Also gab der Coach zwar keine Ratschläge mehr, machte jedoch dem Mann auf der verdeckten Ebene deutlich, wie idiotisch ein solcher Lebensstil sei. Das Coaching kam natürlich ins Stocken. Schließlich dämmerte dem Coach, warum, und er brachte überzeugend zum Ausdruck, dass auch er glaube, dass an diesen Lebensumständen einfach nichts zu ändern sei. In der nächsten Sitzung berichtete der Mann dann, welche Maßnahmen er bereits getroffen habe, um wesentliche Dinge in seinem Leben zu ändern. Das Coaching war wieder im Fluss.

Was in solchen Situationen passiert, ist eigentlich leicht zu verstehen. Ein Mensch hat zwei Seiten in sich, die beide ihre Berechtigung und Gültigkeit haben. Wenn sich jetzt von außen jemand mit einer dieser Seiten verbündet, wird die Angst, die diese Seite auslöst, erhöht. Zusätzlich fühlt der Mensch sich vielleicht auch noch gegängelt und unter Druck gesetzt. Wenn man sich als Coach mit der Seite des Beharrens, der Nichtveränderung verbündet, wird diese Seite übergewichtig, und der Mensch kann die andere Seite, die die Veränderung will, unterstützen. Denn da diese Seite ja unter der bestehenden Situation und der Nichtveränderung leidet, ist sie enttäuscht, wenn alles beim Alten bleiben soll. Der Mensch aktiviert daraufhin mehr Energie für die Veränderung.

Weiter oben haben wir angedeutet, dass die Sichtweise, der Mitarbeiter wolle gar nichts verändern, für den Coach eine bequeme ist, weil er sich zunächst nicht damit auseinander setzen muss, dass es ihm offenbar noch nicht gelungen ist, die für diesen Menschen richtige Vorgehensweise einzuschlagen. Dieser scheinbare Vorteil für den Coach, der darin besteht, dass er sich entlastet fühlt, erweist sich jedoch bei näherem Hinsehen als hinfällig. Denn durch die Verärgerung, die damit fast immer einhergeht, geschieht etwas auf der Beziehungsebene zwischen Coach und Mitarbeiter. Und da die Beziehungsebene ganz wichtig ist, um ein brauchbares Coaching zu machen, ist jede Störung darin von Nachteil.

Ähnlich hinderlich ist im Coaching die Vorstellung, der Mitarbeiter leiste Widerstand. Merkwürdigerweise keimt diese Vorstellung dann schnell auf, wenn der Coach an einer bestimmten Maßnahme ganz besonderen Gefallen gefunden hat, der Mitarbeiter sie aber trotzdem nicht recht umsetzen will. Jeder Versuch, den vermeintlichen Widerstand seitens des Mitarbeiters durch mehr oder weniger raffinierte Techniken zu überwinden, führt zum sattsam beschriebenen Ergebnis. Lassen Sie es bleiben!

Sie kommen sehr viel weiter, wenn Sie sich eingestehen, dass Sie bisher dem Mitarbeiter eben noch kein für sein Problem passendes Angebot machen konnten und es aus diesem Grund auf einem ganz anderen Weg probieren müssen.

Viele Wege führen zum Ziel

Das führt uns gleich zum nächsten hinderlichen Glaubenssatz, den Coaches tunlichst vermeiden sollten: Der Glaube, es gäbe nur einen einzigen guten Weg, um ein Problem zu lösen. Wer in diesem Glauben handelt, ist auf dem besten Weg, sich ganz schnell zu blockieren! Für Ihr Handeln als Coach ist es sehr viel besser, wenn Sie davon ausgehen, dass es eine Fülle von Lösungswegen gibt, aus denen man denjenigen auswählt, der am besten zum Mitarbeiter passt. Auch unter den Coaches soll es ja Perfektionisten geben, und für die ist dieser Hinweis besonders wichtig. Denn gerade Perfektionisten setzen sich gern unter Druck, den einzigartigen, den genialen Weg finden zu müssen. Entspannen Sie sich: Es gibt viele Wege!

Mehr als hinderlich ist es auch, wenn man sich auf einen Weg festlegt, den man einmal erfolgreich beschritten hat. Das ist ein gutes Beispiel dafür, wie einem der eigene Erfolg ein Bein stellen kann. Was für Müller gut war, muss nicht auch für Meier gut sein! Auch das Beharren auf einer Maßnahme, vielleicht einer Aufgabe, die man dem Mitarbeiter gegeben hat, obwohl es ihn bisher nicht weitergebracht hat, behindert das Coaching nur. Dahinter steckt oft der unbewusste Glaubenssatz, dass mehr vom selben die Lösung brächte. Also denkt man, wenn der Mitarbeiter das nur häufiger, länger, intensiver übt, dann wird es schon noch. Aber mehr vom selben bringt – nichts! Man wird nicht darum herumkommen, sich etwas Neues einfallen lassen zu müssen.

Auch der Irrglaube, man müsse als Coach immer alles gleich verstehen, zählt zu jenen Sichtweisen, die einem das Leben unnötig schwer machen. Wer glaubt, dass das den wirklich guten Coach ausmache, setzt sich selbst unter einen viel zu hohen Anforderungsdruck. Wenn der Mitarbeiter nur »Bahnhof« erzählt, was ja vorkommen kann, dann versteht man halt nur Bahnhof! In einem solchen Fall ist es ungleich besser, zu wissen, dass man nichts versteht und deswegen sehr gründlich nachfragen muss, statt, nur weil man glaubt, dass man doch verstehen *muss*, sich selbst etwas zusammenzureimen, um sich die Sache zu erklären.

In diesem Zusammenhang spielt einem manchmal auch der eigene Bezugsrahmen einen Streich, weil er einen veranlasst, eine Sache viel zu schnell als Ursache eines Problems zu akzeptieren. Aus diesem Grund fragt man nicht weiter, obwohl man noch gar nicht bis zum eigentlichen Kern vorgedrungen ist. Man stelle sich zum Beispiel einen Verkäufer vor, der zu wenig Kalt-Akquise macht, weil er immer die Befürchtung hat, potenzielle Kunden mit seinem Anruf nur zu stören, denn sie werden ja überhäuft mit Anrufen.

Ein Coach, der unter dem Druck steht, seinen Mitarbeiter auf Anhieb verstehen zu müssen, und dessen Bezugsrahmen vielleicht auch sagt, dass es sehr unschön ist, jemanden zu stören, würde hier vielleicht schon aufhören, das Problem weiter zu erfragen und sagen: »In Ordnung, an dieser Einstellung müssen wir arbeiten!« Das wäre aber zu kurz gegriffen, denn er hat noch gar nicht verstanden, was daran für den Mitarbeiter die Schwierigkeit darstellt. Statt etwas gleich als »Problem« und als »verstanden« einzuordnen, ist es sehr viel hilfreicher, es ganz wertneutral als mögliches Ereignis zu sehen, bei dem noch geklärt werden muss, inwiefern dieses Ereignis für den Verkäufer ein Problem ist und was genau daran für ihn problematisch ist.

Das erfährt er erst, wenn er vertiefende Fragen stellt, zum Beispiel: »Ja, es ist gut möglich, dass Sie den Kunden stören. Was daran ist denn das Problem für Sie?« Jetzt zeigt sich nämlich, dass es ganz unterschiedliche Möglichkeiten gibt, wodurch das Ereignis »Mit meinem Anruf störe ich den potenziellen Kunden« zum Problem für den Verkäufer wird.

Es könnte zum Beispiel sein, dass er überangepasst ist und deshalb keine innere Erlaubnis hat, jemanden zu stören. Es könnte aber auch der Glaubenssatz »Wenn ich jemanden erst einmal gestört habe, habe ich bei dem sowieso keine Chance mehr, da kann ich es auch gleich sein lassen!« dahinter stecken. Oder es könnte sein, dass er sich beim Anrufen wie ein Bettler fühlt, der einen gewissen Druck ausübt, um zu Geld zu kommen. Eine weitere Möglichkeit wäre, dass der Verkäufer keine Kommunikationsstrategien dafür besitzt, wie er das Gespräch weiterführen kann, wenn der Angerufene ihm signalisiert, dass er tatsächlich gestört hat und sich deswegen hilflos fühlt. Wahrscheinlich sind noch etliche Varianten denkbar.

Erst die Kenntnis, welche dieser Möglichkeit die zutreffende ist, zeigt dem Coach, wie er sinnvoll damit umgehen kann. Eine unangenehme Situation an sich ist nämlich noch längst nicht das Problem. Zum Problem wird sie ja erst durch den inneren Umgang damit, die innere Bewertung, die jemand vornimmt. Genau das muss man herausfinden. Das heißt, man muss so lange fragen, bis klar ist, inwiefern diese unangenehme Situation für genau diese Person ein Problem ist. Die einfachsten Fragen dazu sind die dienlichsten: »Inwiefern ist die Situation … ein Problem für Sie? Was an der Situation ist für Sie hauptsächlich problematisch?« Wenn Befürchtungen und Ängste zutage kommen, so muss man so lange weiterfragen, bis man auf den Glaubenssatz stößt, der den Mitarbeiter behindert, wie es im Kapitel »Problemanalyse« beschrieben wurde.

Nun war bisher so viel die Rede davon, wie wichtig und notwendig es ist, möglichst viel zu erfragen, dass wir, um im nötigen Gleichgewicht zu bleiben, auch auf den umgekehrten Fall hinweisen wollen. Es gibt nämlich auch den Fall, dass Sie sich durch ein Zuviel an Fragen die Arbeit unnötig erschweren. Und zwar, wenn es um die äußeren Rahmenbedingungen geht.

Vor allen Dingen Coaching-Anfänger scheinen der Auffassung zu sein, dass man sehr viel über die äußeren Rahmenbedingungen wissen muss, um ein Problem verstehen zu können. Doch die Faktenflut, die über sie hereinbricht, führt keineswegs zu einem besseren Verständnis! Im Gegenteil! Da es immer ganz unglaublich viele Rahmenbedingungen gibt, kommt es zu einer Überladung mit Informationen, die der arme Coach gar nicht mehr in wichtig und unwichtig sortieren kann. Also versucht er, alles aufzunehmen, was aber schnell zu einer totalen Blockade führen kann: Wie soll er eine solch komplexe Angelegenheit noch überschauen?

Es ist nicht erforderlich, alle Rahmenbedingungen zu kennen! Was Sie wissen müssen, ist, weshalb eine bestimmte Situation für genau diese Person, die im Coaching vor Ihnen sitzt, zu einem Problem geworden ist. Das heißt, Sie müssen die Problemkonstruktion dieses Menschen verstehen. Erst wenn Sie die erfragt haben, können Sie sich auch nach den paar Rahmenbedingungen, die möglicherweise eine Rolle spielen, erkundigen.

Der Umgang mit persönlichen Problemen des Mitarbeiters

Eine schwierige Situation kann sich für die Führungskraft im Coaching möglicherweise dadurch ergeben, dass der Mitarbeiter, erleichtert, endlich einen kompetenten und aufmerksamen Zuhörer zu haben, den Coach mit all seinen privaten Problemen überfällt. Wenn der nun den Glaubenssatz hat, als guter Coach müsse er für alle Kümmernisse zuständig sein, wird er sich bald nicht mehr retten können.

Es ist selbstverständlich nichts dagegen einzuwenden, sich auch private Probleme bis zu einem gewissen Grad anzuhören und darauf einzugehen. Aber wenn es Sie überfordert oder wenn es einfach zuviel wird, sollten Sie sich so frei fühlen, eine Grenze zu ziehen. Das können Sie tun, indem Sie signalisieren, dass Sie viel Verständnis für die schwierige Situation des Mitarbeiters haben, ein Coaching jedoch nicht der richtige Rahmen dafür ist und Chef und Mitarbeiter das kaum miteinander werden lösen können. Ermuntern Sie Ihren Mitarbeiter eher, sich anderweitig professionelle Hilfe zu holen.

Selbstverständlich werden immer wieder private Probleme und deren Auswirkungen in das Coaching hineinspielen, wenn zum Beispiel die Eheprobleme des Mitarbeiters seine Leistungsfähigkeit beeinträchtigen. Mit diesem Teil muss man sich im Coaching beschäftigen. Und es kann sein, dass man als Führungskraft dabei in einen Rollenkonflikt gerät. Als Führungskraft steht man auf dem Standpunkt: »Ich kann das höchstens ein paar Wochen mittragen und damit leben, dass der Mitarbeiter eine verringerte Leistung bringt, aber dann muss ich wieder die volle Leistung haben!« Als Coach jedoch weiß man, dass der Mitarbeiter sein Problem sicherlich nicht in ein paar Wochen so gelöst haben wird, dass er wieder voll einsatzfähig ist.

In dieser Situation ist ein deutlicher Rollenwechsel nötig. Das kann zum Beispiel so aussehen: »Ich möchte jetzt einmal als Führungskraft etwas zu Ihrer Situation sagen. Als Führungskraft bin ich verantwortlich dafür, dass unsere Projekte laufen und dass wir unsere Ziele erreichen. Bei allem Verständnis für Ihre schwierige Situation kann ich trotzdem nicht länger als bis zum Zeitpunkt x mittragen, dass Sie mit verminderter Leistung arbeiten. Wenn es gar nicht anders geht, werden wir Sie umsetzen oder mit der Personalabteilung sprechen müssen.«

So hat man als Führungskraft deutliche Rahmenbedingungen abgesteckt, innerhalb derer das Coaching Erfolge zeitigen muss. Zurück in der Rolle des Coachs sollten Sie diese Rahmenbedingungen und ihre Auswirkungen auf das Coaching miteinander reflektieren. Besonders wichtig ist die Frage: Gibt es Lösungsmöglichkeiten, innerhalb dieses Rahmens miteinander zu arbeiten, oder macht das Coaching jetzt eventuell keinen Sinn mehr? Manchmal reicht es ja schon, wenn der Mitarbeiter sich zusätzliche Hilfe (Eheberatung, Therapie) organisiert. Man kann in dieser Situation mit dem Mitarbeiter überlegen, was für ihn wirklich hilfreich wäre, auch am Arbeitsplatz. Für manche Menschen ist es in einer schwierigen persönlichen Lage am besten, eine herausfordernde Aufgabe zu haben, die die ganze Konzentration erfordert, weil sie sich dabei von ihren Kümmernissen ablenken können. Für andere erhöht sich genau dadurch der Druck ins Unermessliche, sie brauchen vielmehr Entlastung.

Schwierig wird für Sie die Coaching-Situation auch, wenn Sie auf erhebliche persönliche Probleme stoßen, wie sie immer wieder vorkommen, seien das Probleme mit welcher Sucht auch immer oder Ängste wie Flugangst, Platzangst oder irgendwelche Zwänge. Es ist nicht Ihr Job als Coach, diese Probleme zu lösen! Coaching ist dafür auch gar nicht der richtige Rahmen. Ihr Job ist es, den Mitarbeiter darin zu bestärken, sich zusätzliche professionelle Hilfe zu holen.

Manche Führungskräfte fühlen sich extrem unbehaglich, wenn im Coaching, was gelegentlich passieren kann, die Tränen fließen. Sie haben dann das Gefühl, etwas für den anderen tun zu müssen, fühlen sich verantwortlich für den emotionalen Ausbruch oder glauben, etwas falsch gemacht zu haben. Manchmal springt auch einfach der Beschützerinstinkt an. Der wird jedoch gar nicht gebraucht. Weinen ist beinahe immer einfach Ausdruck einer starken emotionalen Beteiligung. Als Coach bleibt man daher am besten zwar einfühlsam, aber tatenlos – und macht weiter, wenn der Mitarbeiter sich wieder beruhigt hat. Dabei hilft es oft, wenn man den Prozess, der sich gerade abspielt, kommentiert: »Es scheint Sie heftig zu bewegen.« Eine solche oder eine ähnliche Bemerkung reicht meist aus, damit der Mitarbeiter sich mit seinen Emotionen akzeptiert fühlt.

Sollten die Tränen hingegen Teil eines psychologischen Spiels sein, so ignoriert man sie am besten. Das könnte zum Beispiel der Fall sein, wenn es immer dann zu einem Tränenausbruch kommt, wenn der Mitarbeiter sich mit einer schwierigen Aufgabe konfrontiert sieht und er in der Vergangenheit gelernt hat, diese mit Weinen zu vermeiden. Wenn Sie als Coach darauf gar nicht reagieren, sondern mit dem Thema weiter machen, eventuell nach einer kurzen Pause, bis der Mitarbeiter sich beruhigt hat, so wird er schnell lernen, dass ein Tränenstrom als Vermeidungsstrategie bei Ihnen zu keinem Ergebnis führt und in Zukunft darauf verzichten.

Abschluss des Coachings

Wenn der Mitarbeiter in der Lage ist, seine Probleme allein zu bewältigen, ist der Zeitpunkt für den Abschluss des Coachings erreicht. Jetzt noch weiterzumachen, würde den Mitarbeiter wahrscheinlich eher demotivieren, weil er unnötig »klein gehalten« würde. Um den richtigen Punkt nicht zu verpassen, sollten Sie immer wieder gemeinsam die vereinbarten Ziele anschauen.

In jeder Coaching-Sitzung sollte ein Controlling stattfinden, Controlling verstanden als Steuerung. Damit Sie dieses Controlling effektiv durchführen können, sollten Sie sich in jeder Sitzung Notizen machen, welche Aufgabe Sie dem Mitarbeiter gestellt haben und was der Mitarbeiter bis zum nächsten Mal erreichen will. So können Sie jederzeit überprüfen, was daraus geworden ist: Welche Maßnahmen umgesetzt wurden und mit welchem Erfolg, welche nicht umgesetzt wurden, welche Schwierigkeiten aufgetreten sind. Coaching erfordert eine permanente Überprüfung, ob der eingeschlagene Kurs zum Ziel führt!

Jedes Mal, wenn eine Maßnahme nicht umgesetzt wurde, muss das die Konsequenz haben, dass der Coach sich fragt, ob er etwas übersehen hat, ob die Maßnahme ausreichend war, ob er das Problem richtig verstanden hat oder ob der Mitarbeiter eventuell noch anderweitige Unterstützung braucht.

Dieses Controlling sollte, wie gesagt, Bestandteil jeder Coaching-Sitzung sein. Zusätzlich empfiehlt es sich, nach drei bis vier Sitzungen gemeinsam mit dem Mitarbeiter eine Zwischenbilanz zu ziehen, ähnlich den Meilensteinen im Projektmanagement. Dabei schauen Sie sich gemeinsam an, von wo Sie ausgegangen sind, wohin Sie wollen und wo Sie im Gesamtprozess gerade stehen.

Wenn sich dabei zeigen sollte, dass wenig oder womöglich noch gar nichts erreicht wurde, müssen Sie noch einmal eine gründliche Problemanalyse vornehmen. Vielleicht ist das Problem zunächst nicht richtig verstanden worden. Oder vielleicht sollte es noch auf andere Art und Weise definiert werden.

Auch das führt möglicherweise dazu, dass man noch ganz andere Maßnahmen, die helfen können, entdeckt. Unter Umständen müssen Sie auch gemeinsam die Ziele neu definieren.

Doch es ist wichtig, sich davor zu hüten, einen Endlosprozess aus einem Coaching zu machen! Das geht ganz leicht, denn man kann natürlich immer neue Probleme entdecken, an denen man auch noch arbeiten könnte, und das lässt sich vermutlich fortführen bis zur Rente. Ganz davon abgesehen, dass das nicht im Sinne des Unternehmens ist, ist es auch im Sinne des Coachings kontraproduktiv. Bei einem Mitarbeiter, der aus Ängstlichkeit noch nicht mit dem Coaching aufhören möchte, würde genau diese ängstliche Seite durch ein ewiges Fortführen des Coachings verstärkt. Denn die Botschaft, die man ihm als Coach gibt, lautete ja eindeutig: »Du kannst es noch nicht!« Damit das Coaching wirklich ein Erfolg wird, ist es viel sinnvoller, ihm die Botschaft zu vermitteln: »Du kannst es jetzt! Also tu es auch!« Und gerade die Perfektionisten unter den Mitarbeitern haben ja meist das Gefühl, es fehlte ihnen noch etwas, gut genug könnten sie es noch nicht. Auch die brauchen die Botschaft: »Jetzt ist es so weit!«

Es wäre auch falsch, jemanden so lange coachen zu wollen, bis er seine schwierigen Situationen ohne ungute Gefühle bewältigen kann. Gerade wenn es um Befürchtungen geht, ist es sehr viel sinnvoller, wenn die Menschen lernen, etwas trotz der damit verbundenen unangenehmen Empfindungen zu machen, statt zu warten, bis alle Befürchtungen weg sind. Selbst absolute Profis wie der Opernstar Placido Domingo haben vor Premieren immer noch Lampenfieber. Was wäre aus seiner Karriere geworden, wenn er hätte warten wollen, bis das Herzklopfen und die Aufregung vorbei sind? Außerdem können gerade Befürchtungen und Ängste nur durch Erfahrungen verschwinden.

Als Coach sollten Sie deshalb sehr genau nachprüfen, wann jemand wirklich noch ein Problem zu bewältigen hat oder ob es nicht so ist, dass einfach noch die Übung und deshalb die Erfahrung fehlt. Wenn der Mitarbeiter so weit ist, dass er nur noch die Übung und die Erfahrung braucht, kann man das Coaching getrost beenden und zu regelmäßigen Feedbackgesprächen übergehen.

So, wie man für die Coaching-Gespräche einen formalen Rahmen suchen sollte, sollte man auch einen formalen Coaching-Abschluss machen. In dieser letzten Sitzung gibt es keine Interventionen mehr, sie dient allein dem gemeinsamen Bilanzziehen und dem Feedback.

Dieses letzte Gespräch sollten Sie sinnvollerweise damit eröffnen, dass Sie noch einmal zusammenfassen, welches die Ausgangssituation und die vereinbarten Ziele waren. Sehr gut bewährt hat es sich, den Mitarbeiter daraufhin seine Sicht des Coachings und des Erreichten darstellen zu lassen. Denn wenn die Führungskraft ihre Sicht zuerst darstellt, ist möglicherweise nicht klar, ob der Mitarbeiter sich nachher einfach daran anpasst oder ob er die Dinge wirklich genau so sieht wie sie. Es kommt immer wieder vor, dass es Abweichungen in der Einschätzung des Erreichten gibt. Meistens sieht der Mitarbeiter selbst sich wesentlich kritischer als die Führungskraft. Er sieht den Berg, den er noch bewältigen will, und im Vergleich damit kommen ihm die Fortschritte nicht so gewaltig vor.

Deshalb ist es wichtig, dass Sie als Coach dem Mitarbeiter ein deutliches Feedback über die Ergebnisse, die erzielt wurden, geben. Das darf auf keinen Fall pauschal geschehen, sondern Sie sollten anhand von Beispielen anschaulich belegen, welche Veränderungen Sie wahrnehmen. Sie können das auch untermauern, indem Sie eventuell Feedbacks von dritter Seite zitieren. Solch ein ausführliches Feedback zu den guten Ergebnissen ist auch deshalb wichtig, weil viele Menschen sehr viel mehr an kritischen Feedbacks orientiert sind und das Positive einfach so an ihnen vorbeirauscht, wenn es nicht durch Beispiele bestätigt wird. Außerdem ist nichts so erfolgreich wie der Erfolg – ein positives Feedback ermutigt sehr, so weiterzumachen, um ähnliche Feedbacks zu produzieren. Als Führungskraft sollten sie diese Art von entwicklungsbezogenen Feedbacks auch über den formalen Abschluss des Coachings hinaus noch mehrere Male geben.

Schließlich können Sie gemeinsam mit dem Mitarbeiter reflektieren, wie es für ihn mit dem bearbeiteten Thema weitergehen kann, woran er weiter arbeiten, was er weiter trainieren sollte.

Wichtig ist, zum Abschluss noch einmal deutlich zum Ausdruck zu bringen, dass Vorgehen und Weg jetzt klar sind und nur noch Übung und Erfahrung fehlen, weshalb der Mitarbeiter den Weg jetzt allein gehen kann.

Und ganz zum Schluss dieses Gespräches können Sie auch für sich selbst noch ein Feedback für Ihr Coachingverhalten einholen und den Mitarbeiter danach befragen, was besonders hilfreich für ihn war und was weniger. Seien Sie dabei durchaus auf die eine oder andere Überraschung gefasst! Denn Sie werden immer wieder dabei erleben, dass der Mitarbeiter tage-, gar wochenlang mit etwas, das Sie erwähnten, beschäftigt war, was Sie schon längst vergessen haben. Wohingegen etwas, das Ihnen ganz besonders wichtig erschien, auf ihn keinen besonderen Eindruck gemacht hat.

Für Ihre eigene Entwicklung als Coach können solche Feedbacks sehr nützlich sein, denn sie helfen Ihnen einzuordnen, wo Sie des Guten vielleicht zu viel, wo vielleicht zu wenig getan haben. So bekommen Sie immer mehr Sicherheit, welches die Dinge sind, die sich für Mitarbeiter als hilfreich erweisen, und je mehr Sie Ihr Coachingverhalten optimieren, desto mehr Freude werden Sie am Coaching haben und desto erfolgreicher wird das Coaching für Ihre Mitarbeiter!

Checkliste für jede Coaching-Sitzung

- ✓ Welche Aufgaben hat der Mitarbeiter bekommen?
- ✓ Welche Maßnahmen hat er umgesetzt?
- ✓ Welche Maßnahmen hat er nicht umgesetzt?
- ✓ Wenn Maßnahmen nicht umgesetzt wurden: Habe ich das Problem richtig verstanden? Welche Unterstützung braucht der Mitarbeiter zusätzlich?
- ✓ Überprüfen der Zielerreichung.

Literatur

Covey, Steven, *Der Weg zum Wesentlichen. Zeitmanagement der vierten Generation*, Frankfurt/New York 2003.

Covey, Steven, *Die sieben Wege zur Effektivität. Ein Konzept zur Meisterung Ihres beruflichen und privaten Lebens*, Frankfurt/New York 2000.

Dehner, Ulrich und Renate, *Als Chef akzeptiert. Konfliktlösungen für neue Führungskräfte*, Frankfurt/New York 2001.

Dehner, Ulrich, *Die alltäglichen Spielchen im Büro. Wie Sie Zeit- und Nervenfresser erkennen und wirksam dagegen vorgehen*, Frankfurt/New York 2001.

Dietrich Dörner, *Die Logik des Misslingens. Strategisches Denken in komplexen Situationen*, Reinbek 2003.

Hagehülsmann, Ute, *Transaktionsanalyse – Wie geht denn das? Eine Einführung*, Paderborn 1992.

Prior, Manfred, *MiniMax-Interventionen. 15 minimale Interventionen mit maximaler Wirkung*, Heidelberg 2003.

Schmidt, Rainer, *Immer richtig miteinander reden. Transaktionsanalyse in Beruf und Alltag*, Paderborn 1998.

Scott-Morgan, Peter, Little, Arthur D., *Die heimlichen Spielregeln. Die Macht der ungeschriebenen Gesetze im Unternehmen*, Frankfurt/New York 1994.

Simon, Fritz B. et alii, *Radikale Marktwirtschaft. Grundlagen des systemischen Managements*, Heidelberg 2001.

Register